光明版
GUANGMING VERSION

知识分子的精神家园

博物馆长 Bobot 女士和作者在画展开幕式合影

Chère Amie,

Après vous l'avoir dit de vive voix, je voulais vous remercier de vous être une fois encore entremise afin de nous obtenir le don de quelques peintures à l'encre de jeunes artistes chinois de Paris ou simplement de passage.

Il s'agit ici de quatre oeuvres, déjà signalées à notre Direction pour une acceptation officielle dans les collections du Musée Cernuschi : un "paysage" de Zhou Zhilong, un "paysage" collages abstraits de Wang Zhiping, un "nu" de Wu Xiansheng ainsi qu'un "double taureau" de Luo Xiaohua.

Ce genre de dons contribue à enrichir notre original ensemble de peinture contemporaine traditionnelle et je vous en sais gré tant pour le présent que pour l'avenir.

Je vous prie de croire, Chère Amie, à l'expression de mes sentiments les meilleurs.

雙牛圖 /1990年/140 × 70cm

Marie-Thérèse Bobot
Conservateur en Chef

法国塞努奇博物馆收藏作者作品的证明

熊秉明先生、法国艺术家协会主席和作者在画展开幕式合影

作者与 WFA 理事长 Stephan 和秘书 Karine 在 WFA 总部

法国电视台为作者做专题节目时的合影

作者邀请央视记者采访法国政要
作者（左）、央视记者（左二）、阿兰·佩雷菲特（右）

全国人大副委员长楚图南先生 1989 年为作者题词

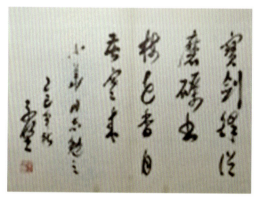

1984 年，著名出版家、国家出版局局长王子野先生为作者题词

2011 年，全国人大常委会副委员长韩启德鼓励作者坚守艺术纯洁题词

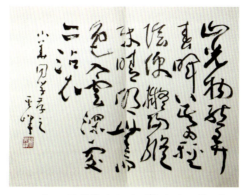

1989 年，孙琪峰先生送别作者去巴黎题词

国家文物局原局长、故宫博物院原院长吕济民先生题词（左）
清史专家朱家溍先生题词（右）

2000 年，作者巴黎归来，国家文物局局长、故宫博物院院长吕济民先生为其题词

恩师亲笔书信摘录：

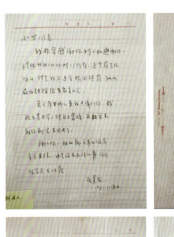 

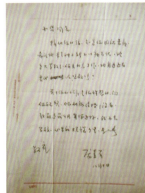 

庞熏琹书信
庞熏琹，中央工艺美院
创始人、中国现代艺术
先驱，20世纪30年代
著名旅法画家

故宫院长杨新书信
杨新，故宫博物院原副院
长，著名中国书画鉴定家

王仿子先生书信
王仿子，著名出版家，中国出版
协会会长

熊秉明先生书信
欧洲著名艺术史专家、艺术评
论家、雕塑家和著名书法家，
巴黎第三大学东方艺术系主任

赵无极先生书信
世界艺术大师，法国巴黎国立
高等装饰艺术学院教授

中国公使周维均先生书信
周维均：新中国成立后留苏博士，后常年任苏联、土耳其等国文化参赞、公使

法国参议长夫人
莫诺里女士书信

陈可淼先生书信
联合国教科文参赞写给联合国合作总署主席的推荐信

从 搬 运 工 到 艺 术 家 的 传 奇

艺路传奇
从故宫到巴黎

罗小华——— 著

光明日报出版社

图书在版编目（CIP）数据

艺路传奇：从故宫到巴黎 / 罗小华著. —北京 ：
光明日报出版社，2023.1

ISBN 978-7-5194-6787-6

Ⅰ. ①艺… Ⅱ. ①罗… Ⅲ. ①罗小华－事迹 Ⅳ.
① K825.72

中国版本图书馆 CIP 数据核字（2022）第 161327 号

艺路传奇：从故宫到巴黎

Yilu Chuanqi: Cong Gugong Dao Bali

著　　者：罗小华

责任编辑：舒　心　　曲建文　　　　责任校对：傅泉泽
封面设计：MXK DESIGN STUDIO　　　　责任印制：曹　净

出版发行：光明日报出版社
地　　址：北京市西城区永安路 106 号，100050
电　　话：010－63169890（咨询），010－63131930（邮购）
传　　真：010－63131930
网　　址：http://book.gmw.cn
E - m a i l：gmrbcbs@gmw.cn
法律顾问：北京市兰台律师事务所龚柳方律师

印　　刷：北京文昌阁彩色印刷有限责任公司
装　　订：北京文昌阁彩色印刷有限责任公司
本书如有破损、缺页、装订错误，请与本社联系调换，电话：010－63131930

开　　本：889mm×1194mm　　　　　印　　张：25
字　　数：365 千字　　　　　　　　插　　图：194 幅
版　　次：2023 年 1 月第 1 版
印　　次：2023 年 1 月第 1 次印刷
书　　号：ISBN 978-7-5194-6787-6

定　　价：68.00 元

引子：一个不足月的丑小鸭

我的祖上是在浙江绍兴，到妈妈这代人迁徙到苏州。记忆中的爸爸很少说话，他出身于一个河北农民家庭。妈妈的奶奶是清代大官的独生女，因为妈妈的爷爷是穷人的孩子，进了罗家后，苦苦读书，最终考上了状元。没想到，封建社会也有勇敢追求爱情的官员，太爷爷离家出走后，从此太奶奶下定决心从商，从此罗家后代只姓罗！

因此，我家无论怎样折腾，我都姓罗，太奶奶的气场太强，影响了几代人。

这段故事在妈妈的传记《罗家女人》中，有详细描述。

到了妈妈那一代，为罗家创下辉煌的历史，开创了罗家的商业奇迹。最终成功推出全国几亿人都知道的"中华牙膏"品牌。妈妈的光芒令我们这一代怎么努力奋斗也跟不上。

户口本上我是江苏人，但实际上，我是妈妈在沈阳发大水的那一年去大水里抢救岸上的货物，在木盆里早产7个月的一个丑小鸭，我就这样迫不及待地出世了。我家祖祖辈辈没有一个艺术家，沾不上任何"文人世家"的边。思来想去，早产7个月，据说还没有脱离"灵性阶段"就来到人世间，是带着灵性来的，也许是唯一沾艺术灵性的"理由"。

丑小鸭在富足的经济条件下，着实享受过几年美好的童年。小学一年级就成为当时电视节目的小童星，成为老师、校长的得意门生、街坊邻居和同学们的公主。

噩梦始于12岁，"文革"开始，抄家批斗，家立刻变得一贫如洗。12岁的我，让我来管理一大家子。

少年时代经历种种苦难，赋予我成年后在任何情况下都有生存下去的本领，赋予我能应对艰苦生活的内在积累。

在成年后的日子里，无论是当搬运工，还是在冰冷的巴黎街头，我没有觉得艰苦，因为相信没有过不去的坎……

第一章

艺考之路

求学

"在我们这个年代，强烈的求知欲促使人们能够得到的，不仅仅是科学知识，还有那不以求知为装饰，而是发自生活本身追求的精神状态，才能产生冲破层层阻力的能力。"

"无论发生什么事情，我们必须努力，因为我们不知道等待我们的是什么。"

这个故事，每句话都是真实的。

每个人都有自己的青年时期。青年时期的一切都是那样的新鲜，充满动感。在那闪烁迷离的思绪中，最幸福的和最痛苦的总是交织着、缠绕着，留在人们的记忆中。

"文化大革命"刚刚结束，人们像经历过异常激烈的歇斯底里的阵痛，格外疲倦。劳动纪律松散了，制度冲没了，大家懒洋洋地应付着工作，似乎连每天的太阳都打着哈欠起床。

1970 年，我进工厂当了一名搬运工，负责开摩托车往车间运羊毛。我曾经下决心非做出一些成绩来，手捧一本"柴油机修理"一遍一遍地手抄，希望找到事故频繁的原因，为安全生产做贡献。我努力着，即使春节也不休息，独自一人带着干粮到厂里，加班鼓捣机器——一次又一次地失败。

"文革"期间的"读书无用论""停课闹革命"耽误了整整一代人的黄金时期。可怜的几滴"小学墨水"，自修那摸不着边际的专业技术，实在牵强。

随着失败的次数增多，我已经明白知识的差距和没有人指点的无奈。

等待，等待，默默地在盲目的生活中等待。

"偌大个世界难道真的没有我的出路吗？"

一天清晨，工友小于跑来告诉我："喂，知道吗？小孟被保送上大学了！"

"什么？他？不就是那位和我在哲学会议上争辩最激烈的小伙子吗？"

啊！找到了！上学！对，就是上学！我一下子找到了目标！

"可是，怎么才能上学呢？小孟是工农兵子女，可以保送上大学，而我……"那个年代上大学必须保送，而且必须是"工农兵红五类出身"，没有平等的考试机会。

在"文化大革命"的旋涡里，我远远地躲在不显眼的角落里。曾经在小学一年级就有令人关注的"电视小童星"的光环，被出身问题无情地一扫而光，我已习惯了任何好事都不可能轮到我。

伴着冷漠、旁观、思索长大了，唯独没有学到知识或者专长。

一没有好爸爸；二没有专业知识，虽有了目标，但达到这个目标真的好难啊！

1972 年的秋天是那样的清爽，我骑车来到天津第二文化宫美术班报考处。考生一个又一个过去了。该轮到我了，可是速写是什么？奇怪，听说写文章有速写，画画还有速写吗？那什么是画画的速写呢？

我紧张地看着别人画，可一贯听话的笔到自己手里怎么也不灵！我不得不承认自己一点基础也没有。我小时候图画课永远都是"甲"，可是现在的考试却是另一类。

"文革"后第一次恢复"画画"学习班，考生至少都是一些"文革"前培训过有基本功底的优秀人才，而"文革"前我只属马路上跳皮筋一族！

但这难不倒我，一定要试一试，因为有着强大的"饥饿"在督促我寻找东西。

"求求您，让我参加吧！"人已经走净了，只有我还哭丧着脸哀求着。

我决心用自己的答卷方式来应付这场考试。

"200多名考生只招十几名，你是没有基础的，根本就没有可能。你就是进来了也是受罪。"二宫的杜明岑老师和蔼地笑着说。很显然，他还是喜欢眼前这有股子倔劲的小姑娘。"不，我会学会的，进不来就更没有地方学了。"我开始耍赖了。"你不要我，我就不走了。"要知道我是多么看重这个寻找多时的机会，我可不愿意再回到那无所事事的空虚的状态里了。经过一番努力，我终于考完试成为破格录取的旁听生。

1972年的天津二宫，"文革"后焕发着久违的生机。在那个"读书无用论"的年代，这里无疑是一条光彩夺目的风景线。

在学员们看来，二宫主人就是杜明岑。

杜明岑老师是二宫负责学习班的科长。杜老师是个拼命三郎型的人物，几乎所有的助手都受不了这样一位"没有黑白天的老板"。很多人说，杜明岑工作能力不亚于一位部长。他不仅能调动全天津市的著名老画家，而且能调动全国著名画家来天津二宫给学员讲课。他制订的培训计划很紧张，每天晚上灯火通明。

"什么？""啪"的一声，政工干部拍了桌子，"你人不大心不小，5位政工干部做不通你的工作？退出宣传队？如果你一定要退出宣传队，就立即回搬运组干你的搬运工去，你想学画画，没门！哪个文化宫敢收留你，我们就以单位名义去通知断了这条路，走吧！"

我在宣传队是台柱子，很多节目没人能接手，俗话说"救场如救火"，难怪厂里的主管干部要生气。可是文化宫提出我应当全

天津二宫杜明岑老师在组织工人学员画画

心学习画画，不要再到处去演出，分散精力。也不是没有道理，本来基础就比其他学员差，再三心二意就没有希望了。

为什么大家不能理解我呢？宣传队几乎是专业演出，想听课就别演出。总得选择一样吧？"咳！就凭你？不会想当中国的画家吧？"政工干部鄙夷地一笑。

我忍不住了，因这个问题已经被停职反省几天了。可我觉得自己已经选择了这条路，何必再施压呢？冷嘲热讽只能助长青年人的逆反心理。

"鲁迅先生说过，只要你有才能，社会早晚会承认。别说我还没有这野心，就是有这个理想也不是什么错误吧？"我倔强地冲出大门。

好心的同事们都来劝："算了吧，得罪那么多领导究竟为什么呢？学画画有什么用？""大概她和什么人沾气了，不然画画有什么非要学的？""你真的想当中国的女画家？"大家七嘴八舌地议论。要知道每一次宣传队演出，都是那个枯燥年代唯一的娱乐活动。报幕的演员不干了，这影响可是非同小可！厂领导确实无法解释。

至此，我回到了搬运组。人家议论着，我的名气越来越大。

"咦，这次演出怎么小罗没有报幕？换报幕员了？"人们习惯了我的报幕，换人很扎眼。

"哎，人家要当中国的女画家了，咱厂里装不下了！"

"快来看，就是这位，要当中国的女画家！"

"有什么显摆的？整天在外面和一群秃小子混，大冬天晚上11点多才回家，当然有兴趣。""谁知道是哪门的艺术家？姑娘大了心思就是多！"

人们在我背后指指点点，无论是到车间运原料，还是到食堂买饭，甚至到澡堂洗澡，到处是这些冷嘲热讽。人们不接受这位受大家欢迎的报幕员要离开的事实，似乎是我背叛了大家一样。

我感到格外孤单，但仍然认为自己没有错误，我从书本中找出一句话为自己解脱困境："走自己的路，让别人说去吧！"

周围的舆论把我孤立到一个被隔离的世界里，就像"文革"中被隔离的"黑五类"。每天没有人与我说话，我从一个"工厂演艺圈的热明星"掉进了冰冷世界。

二宫的杜明岑老师知道了我的遭遇，鼓励说："告诉工厂，二宫大门是永远敞开的，不需要他们的介绍信了。你每天都可以来参加各种学习班，无论国画还是油画，无论素描还是创作。你一定要坚持，再苦也要坚持！等你真正成为一个画家了，工厂就自然另眼看待了！"

我默默地下定决心。

于是，师徒俩做了一个约定：允许我参加所有的著名大师的课程，每天除了上班，得在二宫才能完成这些学习课程。交换条件是"勤工俭学"：

每天给老师们准备笔墨，整理桌椅，收拾画具，如同"专业服务员"工作。

在二宫学习的这些日子里，我最亲近的国画老师有天津最著名的画家孙琪峰、孙克纲、王学仲、赵松涛、溥佐先生；国画人物老师是杜滋龄、张德育等，几乎囊括了所有天津美院著名的老师。

我最亲近的油画老师有沈尧伊、张京生、王元珍、傅乃琳等老一辈的先生们。学习中接触到的外地的大师有黄胄、石齐、石鲁，等等。当年大师级别的艺术家，来来往往，好不热闹！

作者第一张国画写生

于是，我获得了比美术学院还要优质的、得天独厚的学习条件。这样的"勤工俭学"使得我见识了好多大师的优秀作品。我画的生平第一张国画人物和第一张油画人物写生，意外被老师称赞。

至此，我的奋斗和努力，如同脱缰的奔马，一发不可收拾。

我在家里是个好孩子，是家中的顶梁柱。"文革"后全家经济进入困难状态，我从12岁就开始管家，成为一个"准家长"。我每天要做9样饭菜，总是为妈妈做一碗米饭，为爸爸蒸一个馒头，然后给弟妹们做玉米窝头。每天全家只有两角钱菜钱，要拿出1角5分钱给生病的妈妈买点肉，剩下的5分钱就是全家8口人一天的全部菜钱，当然是要配合着捡菜叶才够吃，这样就可以节约钱。

作者第一张油画人物写生

弟妹们长大了，衣服不能穿了，我就去最便宜的商店里买零碎的布头，自己染色，自己裁剪，自己做新衣服，乐得其所。这种日子不仅锻炼了我的管理才能，更锻炼了一个"任何困难生活都能对付"的本领。（这为我成年后独闯巴黎奠定了重要的基础。）从工资收入到柴米油盐，从衣食住行到弟妹读书。经济困难的家庭居然被我管理得井井有条，在我细心的支配下和谐和睦。

有了画画这个事情，我的精神世界充实了，一切都变得更加美好了！

每天早上5点，先到外面去画一张风景写生，然后回家做早饭；有时还要拆洗被褥、收拾房间，一切妥当后才去工厂上班。我没有周末，所有的周末都被学习占领了。不仅如此，搬运工最大的好处就是每天工作3小时后就没有事情做了，我可以利用师傅们织毛衣、打扑克的时间，溜到车间画速写。

下班后必定会赶到郊外画一张写生，然后急急忙忙去文化宫参加晚上7点开始的模特素描课，或者国画课。每天晚上回到家里最早也要到11点。

最能考验人的莫过于恶劣的天气，无论是数九寒天的漆黑夜晚，大雪后马路上形成厚厚的坚冰；还是炎热难熬的酷暑，头顶着瓢泼大雨、渡过半腰的积水，很多时候不能骑车，只能手推自行车一步一步走到遥远的学习班。几乎没有一天能阻挡我和这些热血青年赶去刻苦画画，每天下来至少要有3张作品。

几年过去了，我已经有了上千张作品的积累。

人们对我的议论随着时间的推移渐渐淡忘了，没有人再关注我，我也不过多关注周围世界。每天做好搬运工的本职工作，就立即埋头于自己的美丽世界里。

对我来说，二宫，简直就是"天堂"！亢奋、充实、满满的幸福！

渐渐地，文化宫以它的教学方式，培养了我。

一晃几年过去了，老天不负苦心人。一向在厂里低头沉默干活的我，为厂里画了两幅大宣传画。这下子惊动了党委书记。"什么？这是咱们厂的工人画的吗？咱们厂能有这样的人才？"

随着大宣传画闪亮登场，高高悬挂在厂里大会堂主席台的两边，人们惊叹了！由原来的嘲讽，逐渐变成赞扬，成为鼓励别人的榜样。不久我的工作有了变动，离开搬运岗位进入科室做了一名管理干部。

"我们的科室不允许'白专道路'。"科室一位师傅说，"放下账本拿画本，成什么体统？一个人心思跑到不务正业上，能搞好工作吗？必须控制她！"一些老职员出身的人看不惯我，尽管我在别人织毛衣或者打扑克的时间去画画，但人们认为织毛衣、打扑克是正常的，可是去画画，而且这么投入地去画，总让人觉得"心思"不在工作上。

"可别是要成名、成家吧？这里是工厂，这里可供不起。"不知道为什么，一些人尤其不喜欢别人学习，也许他们觉得与大家不一样的事情就不是好事情。

科室的书记经不起这些议论，也觉得有那么一点"不像话"。

终于在有一天的科室会议上，科室书记点了名：

"小罗，你注意听一下，从今天起，党支部决定将张师傅和李师傅的工作全部合并到你这里。一来可以腾出两个人手；二来是相信你能做好——你的精力很旺盛嘛！"

天哪！这是7个单位的外加工账卡两套系统的工作。过去是4个人负责两个单位，账卡必须分开管，就像会计与出纳不应当一个人管。如今将7个单位的账卡统统压到我的头上，仅仅配上一位年迈体弱的老病号做助手！

我的眼泪刷刷地掉下来，却毫无能力改变这个局面。

不知道为什么，我觉得自己是那样的渺小，那样的软弱。我没有犯一点错误，可是在这些长辈面前，又不得不觉得自己是一个内硬外软的"罪人"。

下班后，小于和我走同路："算了，别伤心了，钱一分不多挣何苦呢？工余时间本来就不多，你就和大伙一样，打打扑克、织织毛衣，就不会有人找你的麻烦了。干吗要画画？别人都说你在出风头，更难听的我都不敢告诉你呢！"

小于和我是一起进文化宫学习画画的，她的基础比我强多了，但是屈于厂里的压力，小于早就退出学习班了。

"不，你别说了。我不想听，你不懂……"

我低头走了。人最难过的莫过于失去友谊，离开人群，将自己封闭起来，可是难道屈服就幸福吗？生活教会了我沉默，这是对陌生世界最好的避风港。

"什么？纺织局长亲自来商调她去画画？太不务正业了！这是什么局长？！"近来科室的书记火气越来越大，对上面不断抽调我去创作越来越反感。"我不管她什么作品被选入全国美展，我只知道我是她的科室书记，要完成工作。不管谁来调她，没有人顶替她的工作，我就辞职！"

科室书记终于火了！

天黑了，只有厂党委杨书记的办公室灯还亮着。杨书记耐心地对科室书记说："这也是一门文化，我们在有条件的情况下应当支持。我反对那些动不动就给人家扣上'白专''知识无用'的说法。现在许多年轻人已经不懂得什么叫作'文化'了！"他摸摸花白的头发，"如果我还有希望的话，倒也真想学点什么了。"

科室书记仍然挺着脖子："别的我不管，我只知道'抓革命，促生产'，再多出几个小罗，我就甭抓生产了！"

他有他的道理。

"可是你的科室不是还有小韩吗？别跟我哭穷，我是知道底细的。我们有些同志，不知道从什么时候起，一沾青年人学习就一种本能的反感，处处加以阻挠是不对的。这次市里将小罗的作品定为重点创作要参加全国的评选，局里特别强调让我们支持，本来一个月的创作假期已经只剩下几天了……"

老书记耐着性子继续做工作。"正是这样，我才越发感到以后不定还要有多少事呢！这次不拿出个说法来，叫她走也可以，我这个书记不干了，我替她工作。"科室书记从委屈到开始叫板了。

"老伙计，你知道什么是党性吗？现在党组织要求你安排好工作，将她抽出来，别的不用说了。"杨书记不得不强硬地下命令。

积累的矛盾终于爆发了，科室书记回到科里，向班子领导转达了厂级党委的谈话和命令。

不久，我被正式调离科室进入工会工作，其实我还是很感激工厂。在那个年代，我画画的所有用具都是工厂报销，这对于家庭经济困难的我是至关重要的。

青春永远是美好的，成功的路上必定坎坎坷坷。

爆竹声不断，人们奔走相告："四人帮被打倒了！"

今天我感到特别兴奋，仔细地梳了梳那久被冷落的小辫子，换了那件被称为"四季衣"的小褂。四季衣伴随我好多年，因为经济困难，一年四季都要穿这件衣服。

我从心里想到大街上跳舞，为什么？不知道。四人帮距离我太遥远，我并不了解上面的事情，也不大关心国家大事。"文革"以来，我对所谓的大事失去兴趣，我只是本能地感到一种说不清楚的、长期的压抑即将被去掉了。人性本能的、久违的亲切感就要回到人世间了。人们该正常地生活了，就好像长时间被扭伤的筋骨，突然顺过来一样，好舒服。目标在正前方，可以大胆地去走正前方的路。

"抓住主要色调，不要抠局部，注意整体，把握住关系才能达到最后的效果。"画画仍然是我最主要的生活内容。

1976 年惊天动地的唐山大地震，天津成为最重的受灾区之一，这场灾难波及我们工厂。一夜之间，几乎主要的厂房都塌了，面目全非，厂区地上冒出 1000 多个泉眼，"突突"地向外冒黑水。

厂领导决定立即成立赈灾中心。不久，厂里进驻了军队。

哪里有灾难，哪里就有解放军。抗洪救灾的紧张工作和备感亲切的军民鱼水情，让我所在的工厂获得了一段难得的幸福时光。

为感谢解放军，我得到厂领导的指示，为解放军画一幅巨大的华国锋主席像，将放在军部的大会堂中央。

我感动得不得了。终于不再被人指指戳戳地指责"不务正业"了。我终于可以光明正大地画画，而且还是代表全厂几万人，向解放军送最好的礼物。

我很郑重地接受了这个任务。这是我几年来因为学画画被孤立、冷落最好的平反机会。我在厂大礼堂的后台架好支架，正正当当地摆好各种颜色，再也不用躲躲藏藏地画画了。我让车间做好将近 4 米高的画框，爬上梯子，开始画比自己还高出许多的画像。

这样的阵容当然会围拢厂里的工友参观：

搬运工时期的作者

"看看人家就是有出息，说学就学会了！"

"这就是那个当年想当中国女画家的吗？"几个女工叽叽喳喳。

我猛地回头狠狠回了一句："你们再瞎说，我就骂你们！"

我的感情很复杂，回敬了这么一句。

女工们莫名其妙地看着我，她们不了解这几年我是怎么过来的。

多少日日夜夜，我除了回家睡觉，所有时间都在画布前。

终于完工了。

天津二宫的美术训练，给了我坚强的后盾，我不怕任何有难度的画画任务了。

厂领导很骄傲地将这份礼物送交部队。为了送这幅巨大的画像，厂里就像女儿出嫁一样隆重，大红绸子包裹这巨大的画像，一队人马加上厂长亲自坐车送到部队。

画像作品送走了，我的心里空荡荡的。我第一次感受到一个画家与作品的感情，原来就像自己的孩子一样难以割舍。我真的想去看看这幅作品挂在部队大厅的状况。

两天后厂里通知，部队首长提出要请我去部队一趟。

我就像公主一样，被首长用专车接到部队。

我从小就崇拜解放军，梦想当解放军，看过太多的军队故事书籍。长大后明白了自己出身不好，这条道路是走不通的，也就早已放弃所有的梦想。

这次突然要见很多部队领导，让我感到很心慌。

部队在厂里抗震救灾的时候，我能接触的都是连长级的干部，这次都是更高的领导。厂里没有派其他随同，我根本就不知道该如何应付这种高级别的场面。

走进一间高档的房间，里面有十几位军官，大家立即起来齐刷刷地鼓掌。我很不自在，尽管我曾经随宣传队在各大剧场演出过，也到处在下乡演出时得到领导们的接见。但这次不同，这次是我一个人应对这场面，不知该谢谢还是该回送鼓掌，似乎都不对。

最后走进来的显然是级别高的领导，所有人向他敬礼。他示意大家坐下后笑着对我说：

"小姑娘，你画得不错啊！比队部原先的那幅主席像画得好多了！"

我不知说什么合适。只好说了句"首长好"！

原来这次是首长请客，专门叫来一群下属作陪。

我长这么大还没有出席过军队首长的宴请，根本就是"刘姥姥进大观园"。

席间大家一起站起来，每一位军官向我敬献一大碗白酒，要求我只喝一小口。

这样的场合没有厂领导在旁边指示该怎样做，我只能服从。

吃饭的时候，首长谈道："最近部队招女兵，你要不要考虑？因为我们听说你会唱歌、会跳舞，还会开车和画画，我们还没有招到过这么全才的女兵呢！"

我完全蒙了，这是我小时候的梦想。"文革"以后从来就不敢有这个念头，今天首长突然提出来，看来不会一点希望也没有。

20 世纪 70 年代初期，因为一些专业文艺团体不敢冒被扣上"封资修节目"帽子的风险，多数处在瘫痪状态。所以大城市里的各个工厂宣传队非常活跃，几乎都是脱产演出，成为"准专业"。后来这批人才里造就出一大批 21 世纪的影视歌手等明星。我所在的宣传队活跃演出几年里，曾经同台演出过的一些"台柱子"分别去了歌舞团、部队文工团或者专业文艺剧团。我最熟悉的几位"台友"都离开了工厂。

现在领导发出这个信号，我当然不敢怠慢，要很好地考虑考虑。

似乎来不及考虑，也来不及回复领导的提问，我已经渐渐地感到头脑发胀，整个身子轻飘飘的。眼睛已经模糊了，只看见眼前还有军官不断地前来和我碰杯。随后，连军官也看不清楚了……我却还在不断地说着："很好，谢谢！"然后只记得自己满嘴在胡说八道，究竟说些什么连自己也不清楚了……

傍晚，我醒过来，突然觉得不对。这是哪里啊？

军官们都不见了。一位战士过来向我敬礼，问有什么要求？

"快回家，我要赶回去。"我很清楚，一定是自己喝醉了。

我下定决心：这是唯一的，也是最后一次喝白酒。

但是我清楚地明白这次酒席最大的收获是"参军问题"。

欲望鞭笞着生活。

…………

"小罗你可以报名考学了，我把你找来就是这件事情。美术学院需要事前摸底，业余这块有多少水平高的，可以推荐一下，这样招生工作就能够准确一些。我们需要招些有培养前途的学生……"天津美术学院院长、著名老画家孙琪峰先生和蔼可亲地说。

我在文化宫参加各种绘画班，凡是著名画家来文化宫讲课都由我负责

孙琪峰先生给工人学员教学

接待。孙先生这些老画家都拿我当小孙女，高兴时像哄孩子一样送给我一些画。所以当美术学院刚刚有内部政策可以推荐时，孙老先生立即派人将我找来。

"我？"很惊讶，这不是以前自己曾经朝思暮想的目标吗？

突然上天给我降临了两

个喜讯：参军或者上大学！

这些最美好的愿望被这些年繁重的工作和兴奋的创作都忘掉了！那被出身、自卑和无休止的矛盾压抑下深深埋葬的期盼似乎被重新呼唤回来了！生活充实就十分满足了的我，终于想起自己的初衷。

我考虑再三，还是选择考大学，没有回复部队的邀请。

那天，我骑车下班，一辆军车急刹车停到我的旁边。首长从车里出来，笑眯眯地问我："小鬼，为什么不和我们联系啊？"我一惊，还是本能地感觉到解放军的亲切。但是我对艺术太有感情了，无法兼得两份"美餐"。我只好诚实地告诉首长，已经有了选择。

从此，人生的道路截然不同。

我完全没有想到，有时人生道路其实就取决于几天甚至是几小时。

考学

1976 年的夏天是那样的炎热，炎热得令人烦躁不安。地震灾难的余后建设令所有的工作都无法进入紧张状态。一切的恢复工作都是慢腾腾的状态。

这是"文革"后恢复高考考试的元年。

一切旧的体制在延续，新的机制尚未建立的转折期。历史上记录的是 1977 年恢复招考，但实际上是从 1976 年开始做工作。

这种新机制的恢复是漫长的，夹杂许多的旧东西不知道该如何改革，或者说吃第一口螃蟹的改革，永远都是一个复杂的过程。

我终于等得不耐烦了。我来到教育科，刚恢复考试机制的第一关仍然必须是由单位先上报。

"李师傅，报名的事情怎么还没有消息？不是早就报上去了吗？"我问。

"唉，小罗我一再催促工厂，上报的名额怎样了？你是知道的，有许多麻烦，需要一层一层地推荐上去。厂里车间通过后，是厂党委审批，然后上报工厂，工厂党委会议批准，才能上报纺织局。纺织局党委批准后，才能上报市里。然后市里再与教育口协调，教育口根据下面的推荐情况，参考各个大学的招生情况权衡会议，再确定招考指标。然后再一层层地批准分配未来的考试指标。获得考试名额后才再一层层回来通知考试，这真的是过五关斩六将呢！你要做好准备，不行的话就算了吧！"

"您为什么要和我说这些？前些天不是说厂党委同意推荐我了吗？一定是有什么事情了，告诉我吧，您是知道的，我盼着上学已经盼了好些年了。"

我很着急。要知道根据规定，自己还差一年就会受到年龄限制，没有上学资格了，这一年是最后的机会。好容易盼到今天，这些年的甜酸苦辣一齐涌上心头，千万别出差错了。

"嗯，怎么说呢？"李师傅支支吾吾的，"公司在向上级报单位推荐名单时，将咱们厂给忘记了，补也来不及了，都过去好多天了，算了明年再说吧。"

"什么？"我一阵眩晕。是的，我没有听清楚，也不愿意听清楚。

"真的、真的。"

这么轻率，这么简单就完了？

我盼啊、等啊，这么多天，就这样完了？就那么一位工厂的干部，因为"一时大意"就毁了别人？真是百姓的命不值钱啊！

不，不成，我决定要去问一问，他有什么权利这样玩忽职守？

"算了"，李师傅说，"现在的工作出现这种事情并不稀奇。再说你不想想，你找了他，他能帮你使劲吗？那不是等于让自己下不来台吗？如果他有这个觉悟，早就自己补上去了。"李师傅说的不能说没有道理。

不管怎样，我还是骑车来到工厂的上级单位毛麻丝公司。我怎能放弃这个机会呢？说不定将来会对自己这样轻易地放过这次机会要后悔一辈子呢！

站在这个庄严的公司大楼前，我又胆怯了。这是上级主管办公的所在地，能听一个小小工人的申诉吗？

我犹豫地在楼道里走来走去。这是我第一次到一个陌生的领导机构来办事。我敲了敲自己的脑袋："咳，厂里以前的老书记不是调到毛麻丝公司来任领导了吗？为何不找找他？"

记得当时的老书记是很关心宣传队员们的，那可是厂里的"宠儿"。我是宣传队的主要演员，还是报幕员，老书记不会不记得我。

我等在公司会议室外面，据说老书记在里面开会。

我忐忑不安地徘徊着。终于到了中午，会议室里的人群陆陆续续走出来。我探着脑袋，看到会议室最后一个出来的人正是老书记。

"老书记，还记得我吗？"老书记接见了我，事情一切就变得简单了。

从大楼里出来，我长长地出了口气。事情清楚了，老书记亲自找了那位姓孙的干部，并批评了她，让她设法补上去。这下可好了，终究还是有讲理的，对我来讲，老书记就像是救命恩人！虽然那位姓孙的女士狠狠地瞪了我两眼，毕竟事情圆过来了。

"初起轮廓的时候，形要起得准。更要注意的是步步深入中，把握轮廓和结构。否则后几步深入得不好，照样要毁掉本来可以画好的画像。"

绘画班老师的教导，一直在耳边。

我骑车在回家的路上偷偷地笑了。想起美院院长孙琪峰先生找我谈话后，我上纺织局招生办公室的情景：那天，我习惯地背起自己的"小临建"，地震期间没人不知道什么叫作"临建"的，凡是能够解决自己临时需要搭建的住处，而后衍生为临时需求的设备。

我的"小临建"——装满了颜料、笔、纸板和备用做水罐的破罐头盒，照例在马路上画完一张风景写生后，来到纺织局的大楼。

纺织局是毛麻丝公司的上级单位，坐落在过去的法国租界地段，一座欧式的洋楼很是讲究。优美的装饰雕刻在建筑上，楼里铺上柔软的地毯，墙上装饰着讲究的老式紫红色的围木墙，来回走动的都是一些身穿中山服的干部。我穿着劳动服装，左肩膀上背着"小临建"，右手提着滴滴答答漏水的破罐头盒子，一双旧得发白的球鞋上，色迹斑斑，红润的脸庞上，抹上了无意间几笔新鲜的"群青蓝"的水粉颜色，在此地确实别有风味。

这样一位不入调的"另类"，自然吸引了不少眼球。

有些人，虽然不相识，但一见面就给人家好感。纺织局招生办公室的老马就让我有愉快的感觉。老马亲切地接待了我，周围人也像欣赏淘气的小顽皮一样，好奇地围拢来，你一言、我一语地附和着，这使得我本能地感到这里是自己的"根据地"。

按照老马的说法，"等到公司上报人数后，局里再到市里开'平衡会'。根据学院情况分给各局指标后，再落实到各个报名的人头上。"就是说，目前为止，厂里、公司、局里的三道关都没有问题了！我想着想着都觉得沾沾自喜。

厂子里近来在排练"白毛女"，我已经退出宣传队，不再演出了。但是为了表达对厂里的感激，我主动提出帮忙画"白毛女"歌剧的布景。

一个主要演员转到后台工作，这在许多文艺团体里似乎是"降级"待遇，可是我完全不是那样想的。文艺演出该留给更年轻的女孩子们，画画已经是我坚定不移的选择。

和队友们跳《洗衣舞》

我每天借着画布景消磨等待时间，尽管周围的人都一再地赞许，"这次演出布景比演员水平高"，对我来说这些称赞都不是我想要的。我每天默默地画画，不愿多说一句话。

我不担心美术学院的考试，我有自信根本就不需要准备，因为我在业余圈子里已经名气很大了。只是为什么这么长的时间考学的事情还没有下文？

等待中的时间是多么令人煎熬啊！

尤其是命运难测的关键时刻。一晃一个月又过去了，我觉得自己都焦虑得变老了。

这一天，我越发感觉坐卧不安，习惯性地来到画店徘徊游览，偶然碰到文化宫绘画班的学友。"咦，这不是小罗吗？怎么样，你考完了吗？"

"这不在等着吗？"我没好气地说。我以前和他并不熟。

"一共分三批考试"，男学友耐心地说，"我已经参加第一批考试了。"

"什么？"我愣住了。局里面不是说，一层层上报，层层下批，有了指标才能获得准考证，他怎么就已经考试完了？难道………

我扭头冲出画店向纺织局大楼跑去。不，不会的，我不会被甩掉的，究竟是为什么？

为什么？我耳边的风在呼呼地响着。

"老马，怎么回事？怎么回事啊？"我气喘吁吁、劈头盖脸地问。

"坐下，坐下，喝口茶。"老马沉着地应付着。"小罗啊，考学不那么容易，要各种准备都做好才行。考不上，安心工作。当然你的心情我们是可以理解的。"

"不，不！请你告诉我，究竟为什么？我还没有考，怎么就知道考不上了？"我带着哭腔。

"我不愿意隐瞒你"，老马有些犹豫，"本来是不应当告诉你的，这是我们内部的事情。工作中发生了意外，在市文教会的'平衡会'上，我们纺织局的名单登记表装在一个档案袋里，被一位同志在开会前给弄丢了。所以这次会议上没有来得及赶上。本来咱们纺织局连同你上报了7名，结果因为这次的工作失误，'平衡会'后一个名额指标都没有分下来，所以咱们局里今年就没有……"

天哪，又是失误！我不禁愤怒了！还有没有制度，还有没有责任？虽然说"四人帮"使工作乱了套，人浮于事，工作懒散，可也得想一想别人的时间和命运啊！

我难过极了。怎么办？别人第一轮的考试已经结束了，而我？我真的不明白，为什么如今的"意外"这么多？初出茅庐的我哪里有这么多的经验去应付这些"意外"啊！

我痛苦地摇着老马的胳膊："老马，求求你，一定要想办法帮助我，我不能等明年！这不是我的过错，为什么要我等明年？"我知道，明年我的年龄超出报考资格了。

老马沉思了一会儿，"好吧，过几天我带你去市文教组再看一看，看看能不能有办法补救，如果再不行可就是真的没有办法了"。

我心情沉重地走出来。是的，希望很渺茫。可是最多也只能如此了。

秋风开始沙沙作响，炎热的夏天已经过去，我已经熬过一个季节。

周围显得格外令人孤寂。我感觉很冷，秋叶落下来是那样轻飘飘，那样无力，任风随意摆布……我就觉得自己像这秋天的落叶，完全无法按照自己的意志飘落到自己想去的地方……

在万般无奈的等待中，我想起来应当去美术学院一次，究竟是否还有机会补考？

第二天，我来到美术学院招生办公室。美术学院的老师们都认识我，因为这些老师都在文化宫绘画班担任教师，我在美术班的情况他们都清楚。由于"文革"时期的美术学院学生几乎都是保送的工农兵学员，很多来自农村贫下中农的孩子，画画不一定有文化宫的学员们水平高。老师们对我们这一拨的学员水平都早有耳闻。

我带着哭腔将自己的作品拿出来请老师们看，又十分伤心地将自己的遭遇讲了一遍。老师们很同情我，商量了一下庞黎明老师对我说："这样吧！业务考试这次是最后一次了。这次招考又必须由基层推荐，分配到指标以后才能考试，考试不合格就要刷下去，各个局再重新推荐名额。所以必须有推荐和考试两个条件，缺一不可。我们不能为你一个人等来指标后单设考场，你的水平情况学校比较了解，咱们采取一个折中的办法，你先参加考试，考完试再继续努力去争取指标。如果指标能够办来，考试成绩就算数。这样手续就齐全了。"

我不知道这个决定最终是否能改变命运。多少年以后，我一直感激庞黎明老师英明灵活的处理方式。如果换上一个死心眼的，准没后面的故事。

我含着眼泪谢过老师，默默地走进考场。我的心情是那样的沉重，我知道自己是一名没有户口的"黑"考生。

考场里一排排的考生都在安静地、专心致志地画画，时间一分一秒地过去。

不知道什么时候，在我画架的周围陆陆续续地围了不少人，甚至引来不少正在上课的美院高年级的学生；大家看我的起型、调色，就像看表演一样。

我已经习惯了这种场面，在市里每年的绘画表演台上，我是唯一的女画家。在众多画家作画的时候，每次我的周围都围满观众，好像老师在示范作画。

二宫美术班画模特现场

但此时此刻，我完全没有心思去理睬周围对我的赞美。因为很清楚，没有正式的准考证，在考场上成为"明星"也是"黑明星"，这场考试还不属于我。

"写生考试到此结束。考生们请注意发榜日期。榜上有名的可以按照指定的日期、地点参加文科复试，也就是最后一次考试，复试后就回家听通知了……"

我几乎将头低到胸前，悄悄走出考场。我不愿意看到那些赞许的目光，更不愿意看到熟悉的身影。眼下老师的这些通知对我来说，没有任何意义。

夜深了，我辗转反侧地睡不着。

"不知道等待我的是什么？"我一点也不为自己的考试担心。因为平时没少流汗水，从小我就是班里的优秀生，成绩优异，我一向自信。

第二天，我和老马一起来到市文教组，我还是穿着"四季服"，自觉地等在一旁。不知老马对文教组的工作人员都说了些什么，只见文教组的同志不时地看看我，偶尔提一些问题。

好不容易盼到他们的谈话结束。

"就这样吧，过几天听我消息。"市文教组的同志说。

老马笑眯眯地看了看我那张阴云密布的脸："好了，回去吧，文教组的同志答应过几天看看其他局有没有富余的名额，到时候优先考虑你们……"又是一个未知数！

这一回，我不敢大意了。三天一趟，五天一回地跑到局办打听消息。希望就像一块"蛋糕"在鼻子尖前挂着，尽管你努力张嘴，却吃不到嘴里。

等待，多么烦人的等待啊！

燕子飞向南方了，冬天即将来临。我在磨炼着自己的耐性。一分钟又一分钟，往日不停的画笔再也没兴趣拿起来了。

终于有一天，老马高兴地打来电话："好消息，上级允许给我们指标了，你这回算是有户口了。知道吗？你能有户口多困难！招考工作中有一条：1000名考生中只允许有一名'可以教育好的子女'的比例数。这是经过几番周折为你争取来的，你一定要珍惜这次上学的机会啊！"

"是真的？"我不敢相信自己的耳朵——多不容易呀！在争取这千分之一名额中，可想而知，素不相识的老马他们尽到了怎样的努力！

我就像等了许久好不容易拿到的接力棒一样，马上骑车来到学院找到监考老师。"老师，我——"

"噢！知道了，祝贺你！在评比考生成绩中你是几百名考生中前六名之一，这前六名可是学院打算必保的。这回你可是板上钉钉了，回家等复试的消息吧！"

这么多天提着的心终于回到原位。

我一下子感到轻松许多，天气是这样晴朗，初冬的太阳格外温暖，惹人喜爱。我像小孩一样奔跑起来——谁能体会和品尝到这心情呢？

日子一天又一天过去了，十二分的热度总有平静下来的时候，我把手头那些参考书看了一遍又一遍，复试究竟什么时候开始呢？

闭上眼睛，我想象着如何坐在明亮宽敞的教室中，如何第一个交卷，如何等到拿录取通知书的那天。对，一定事先不让别人知道，假装沉默……然后来个突然袭击！

我不相信命运会再捉弄我了，自己并不比别人缺少什么，这次招考中——总算得上"好事多磨"了吧。可命运却不这样，它并不那么慷慨。

这一回来到局大楼面前，我已不像过去那样诚恐诚惶的样子或焦急不安地奔跑，我安静地敲敲门，本来我就是一个文雅的姑娘。

"进来！"正巧，这回老马终于在家。"噢，你来了。"他正低头写材料。

"老马，该有复试的消息了吧？"我小心翼翼地问。老马抬起头默默看了我一会儿。这沉默我最害怕，凭着我从招考以来的一一不顺，我的眼睛闪出疑惑和胆怯的光。

过了一会儿，老马说："还是回家等消息吧，等单位通知你。"

这话从字面上讲无可挑剔，这是工作程序。可是严肃的气氛使我越来越感到不祥的预兆："不！该有好消息了，这么多天了，这次招考从一开始我就那么倒霉，如果有什么不好的消息，请不要瞒我吧！"我说着委屈地低下头，我知道，霉运并没就此罢休。

钟在嘀嘀嗒嗒响着，每响一下我都意识到自己的感觉越来越接近真实。

也许是老马实在不忍心看我这个样子吧，或者也是出于长辈的同情心："小罗，作为工作人员，我是不该讲的，应该等招生工作结束后，由基层单位转告你。可是因为你一直不大顺利，而且我们也有了一定的了解，你是一个有志气的孩子，相信你任何事情都能顶得住的。这次招生，你落榜了。学院通知我们，因为从档案中看你出身不好而被刷下来了。不要难过……"我脑子"轰"地一下。

好一会儿，我才断断续续听清下面的话：

"这不是你的过错，你的成绩是很好的……本来也是学院打算必保的考生……回单位后不要闹情绪，出身不好，道路可以再选择！业余也照样能干好！要记住和师傅们搞好关系，做好本职工作，处理好画画与工作的关系，这很重要。这样以后有什么事，大家都会支持你的。前一段，厂里有人向局里反映，说你工作表现不太好，将账目弄得很乱，甚至有一次差一点错了 3 万元账的情况。经过我们调查，才弄清并非这么回事。但你要吸取教训，为什么有人会这样反映呢？"老马语重心长地说。

为什么？！为什么？！那么多个为什么？一向单纯的我在现实中无法找到答案。谁都知道，自从我调入科室管账以来，过去陈旧的乱账都弄得清清楚楚，外单位来核查账目的人这样夸奖我："过去是豆腐账，提不起，拿不清。自从换了咱们小罗，现在呢，豆腐拌了小葱，一清二楚了。"这是对莫名其妙的匿名反映的最好回应，我根本就不怕调查。

回到家里，对着饭碗出神，长期潜在心底的自卑又抬了头。记得"文化大革命"被抄家后,学习成绩一向优秀、文艺方面出众的好学生,突然变成了"狗崽子"。

我曾经是校长和老师们的得意门生。由于我在电视台和市里的少儿比赛演出中多次获奖,附近几个小学的师生都认识我。原来高年级的大哥哥、大姐姐们,平时见到我哪怕在水房打水或在商店里买东西时,都要围过来逗逗我。而现在,他们不仅远远地像躲苍蝇一样躲避我,孩子之间的恶作剧更是那样"天真和露骨"。走在马路上,这个"小明星狗崽子"比任何人都显眼。

从那时起,我心灵上就蒙上一层阴影。甚至我自己也觉得,自己就是一个"小罪人"。什么罪?不知道。只觉得自己像马路边的垃圾一样被人们遗弃,我害怕看见人。

记得有一天,我去买煤,迎面走来一向最疼爱我的班主任。小学时期我担任班长的时候,班主任和我的感情就像母女,经常偷偷地将我一个人叫到老师宿舍给我糖吃。如今老师已经戴上红袖章,还能像母女一样吗?

我没有想到,老师亲切地喊了声:"小罗,买煤吗?"

我顷刻间眼泪像断线的珠子滚出来,我感到那样温暖,多么想扑到老师怀里,得到一点温暖啊!可是我不敢,甚至连话也不敢回。在我小小的心里,已经明白不能让别人知道敬爱的老师和一个"小狗崽子"亲近,不能连累老师。直到老师走远了,我才控制着自己的情绪,久久地望着老师远去的背影……此后,上中学,进工厂,出身问题像个魔影跟着我,任何一个无理的事都能以此理由来征服我,一直使我变成一只任人欺负的小绵羊。没有申诉,没有反抗,只有忍受。如今这倒霉的魔影又追来了,死死地跟着我,在我克服了重重困难,好容易找到一朵心爱的红花时,魔影又追来了……

可是这一次我并没有像以前那样默默忍受。也许是因为这次招生中几次不幸、几次挽回的过程激励了我,或许我实在是想得到同一般人一样能读书的权利，我感到内心增加了一股新流。这股新流的出现，使以往温顺、任人摆布、沉默的状态注入一股动力。我决定去找学院，申诉一下自己的想法。

学院里一片繁忙的景象，考生、教师进进出出。

我找到监考老师，平静地讲述了自己的想法。万万没有想到，老师听完我的诉说后很诧异地看着我："可是，请原谅我打断你一下，第一，艺术院校招生，在控制出身问题上并不是相当严格的，尤其是音乐学院的学生，有许多'臭老九'出身的。第二，据我所知到目前为止，我们还没有做出通知你们局录取与否的决定。我记得我曾告诉过你，你是千名考生中前六名之一，属于必保之内的……"

我不敢相信这是真的，因为老马不会欺骗我，这是毫无疑问的。那么眼前这个谜，究竟问题出在哪里呢？最近的一条路，必须向老马问清楚。

"如果是这样，看来还有挽回的希望。"老马也露出笑容，"小罗，真有你的，你可以告诉学院，来我局查档的是一位戴眼镜、高个子的人。过了一周左右的时间，我们局接到学院招生办的一位男同志的电话，就是我上次讲给你听的落榜原因。"

究竟是监考老师不知详情，还是老马的工作不彻底呢？

程序流程正常，工作人员却屡屡出现问题。面对这些问题他们显得束手无策，正规的招考却要依靠非正式的渠道，可谓"过五关斩六将"啊！

我真没想到一个招生考试竟会发生这么多额外棘手的事！

一个个问题对我来讲也是考试，看来不解开这些题，考试是及不了"格"的。

我再次来到学院，恳求招生老师查清楚到底是怎么回事。

"放心吧，据我们所知，你并没落榜。至于谁打的电话，我们可以查一查。"

几天后，我接到通知，学院已经派了一名党员教师去局里重新查档，告知我做好复试准备。

对于我来讲这已经是很大的安慰了。至于这位打电话的神秘人物究竟是谁？背景？动机？最善意的解释是，一种无恶意的失误？

"小罗吗？你好！准备得怎样了，接到通知了吧？复试题并不难，后天就考了，抓紧点吧。""什么？"怎么我没有收到通知？这么紧迫，老马也不知道？招考中屡次面临着这种突然袭击的情况。我已经不能再等待层层下达通知的工作程序了，必须直接找老马。此时是"非常时期"，最愚蠢不过是"守株待兔"了。

老马确实不知道。"小罗啊！到目前我们已经无能为力了，你们单位的厂级领导知道你在这次招考中遭受了一次又一次的挫折。为了你能上大学，除了群众对你的评议外，破例又特别补充了一次鉴定，破格送了两份鉴定，我们也就能做到这儿了。"

我是深深感激这些领导的关怀的，许多事能怨谁呢？

天气还是那样寒冷，我从外到里都感到寒冷。

我回到厂里，没有说一句话。厂宣传队为新春排练"白毛女"的老朋友们，每天对我考学的关心成了"白毛女"以外的第一工作。

老伙伴们围拢来，七嘴八舌气愤不平："罗，咱不上了！哪有这样考学的，不把人考熟了？""罗，等招生结束后，咱拿着纸、笔去刷上一条大标语，要不用大喇叭给广播广播，出出气！别生气了，快活点儿吧……"工会主席孙云章师傅很幽默地说。

宣传队里有位叫维维的手风琴手是我的好朋友。维维将我悄悄拉到一边低声说："别难过，我爸曾经是艺术学院里的音乐系老师，他认识不少人，也很熟悉美术学院的老师们。今晚你来我家求求我爸爸，打听打听情况，看看有什么办法？"

还有什么话比这更动听、更亲切呢？我感激地看着好友，默默地点点头。

好容易盼到天黑，我来到好友家。维维总是那样爽快，一副笑眯眯的样子。"告诉你，爸爸答应了，我把你的情况告诉他，当时他就答应了。他说要找一位叔叔，让这位叔叔帮助你，因为我爸现在不在学院工作了。"维维的父亲是在"文革"中调离学院的。

维维的父亲带着我来到毕叔叔家，毕叔叔正在弹钢琴，弹完后他认真听了我的讲述。"这样吧，我给你写封信，直接找一找招生办一位主管佟老师，将你的业务考试情况和单位推荐情况和他讲一讲，请他查查原因。"

天黑透了，我裹紧身上的衣服，饥寒对于我来讲已经无所谓了，我在学院宿舍的附近徘徊着。我觉得这是一次决定性的谈话，希望、挫折、担忧和不甘心围绕着我，我几次走进101——那是佟老师的宿舍——又几次退回来，我揣测这次谈话的结果是什么？又犹豫着如何开口？佟老师是一个什么样的人呢？他能同情我吗？听说他是一个很厉害的人，说一不二，这使我更感到这次谈话的关键性。要知道，时间越来越少了，明天就是最后的一场文科复试了，机会一去不复返。倘若谈不好，又增加一个"大榔头"——"算了，就像病人上了手术台，好歹这一刀吧！"我鼓足勇气敲敲门：

"佟老师在吗？"

"妈妈不在家。"一个细声细气的女孩子的声音，是女老师？真没想到，不知为什么，我稍稍安静下来一点儿。一阵稳健的脚步声，不用说是佟老师回来了。

也许是出于一种在女性面前特殊的感情，话没说出口，我已经是泪盈满眶："佟老师，我是来找您的……"佟老师耐心地等待着我把话说完，不动声色地说："关于你的情况我是知道一点的，是啊！考学不那么容易，这样吧，你先回家，过几天等消息。"

"可是明天就是最后的复试了……"

"不要紧，你属于遗留问题，放在招生后期处理。"

我茫然地眨眨眼睛，可是究竟为什么学院不让我参加考试呢？我想不通：成绩没有问题，出身现在也不算问题了，单位确保推荐，又获得了市里的考试指标，还能有什么理由呢？

又熬过了几天难耐的日子。

我来到学校再次找佟老师，干练的佟老师正忙着和别人谈话，顺便回过头来说了一句："噢，关于你的事情学院招生办公室已经研究过，同意你来复试了，等通知吧！"

招生办公室正在忙收尾工作。

这一回，我并没有像以前那样高兴。本来已经不是什么高兴的事了，何况别人都已经复试完了，招生基本结束了，我越来越有了紧迫感，我觉得每一步努力是那么的吃力。

眼前又浮现起几年前在干搬运工时的情景：那是一个大雪天，厂里泥泞的土路上，我弯腰吃力地拉着几百斤重的羊毛平板车，一步一步向前迈。娇弱的身躯，内心又充满力量，可是不成比例的重量压在我的身上。难以行走的道路，每走一步，车轮都懒洋洋地"嘎吱"一声缓慢地移动一小步。眼看这条路上就只剩下自己了，孤零零的，艰难地行走，而距离终点却还是那么的遥远………

我回到厂里，别人都去吃中午饭了，而我太疲倦了，躺在画画的长椅子上睡着了。

教育科长李师傅心疼地走来，将自己的大衣盖在我身上。维维悄悄走过来，推了推我："罗，醒醒好吗？告诉你一个内部消息。"

"什么？"我猛地睁开眼睛。

"你知道为什么美术学院不让你参加考试吗？因为我爸爸在'文革'期间和招生办的一个人是对立派，关系一直都不好……"

"可这和我有什么关系？"我更加糊涂了。

"因为你和我是同姓，又都是在这个厂工作，他们以为你是我爸爸的女儿呢！后来你去了院办公室，才弄清楚不是一个人。"

真是无奇不有，竟然有这样的事？我哭笑不得，半信半疑。"那他们又是怎样找到正当理由来恢复我的复试呢？"不管怎样，院办不是已经通知复试了吗？

几次去学院招生办公室都没有人，这里已经是人走茶凉。我不得不来到监考老师家里，听说他也快回教研室了，因为招生工作基本结束了。

"老师，我的事情怎么又没有消息了？"

"这几天你一直没有来，我们也无法告诉你，这一回是学院的系里不同意招你了。原因是你所报名的专业这次的考生人数不多，能否组成一个班是未知数，当然这不是最主要的原因。主要原因是你在参加业余学习班的时候，社会上有一些舆论，传到学校影响很不好，特别是系主任听到后很不满意，怕将来给学校添麻烦。就是你和他的事情，还有一点怕将来关系不好处………"

在这个招生的最后时刻，听到这样的消息，对于我来说，无疑是一个致命的打击。在这迎面扑来的巨浪面前，我几乎有些挺不住了。我知道，没有人能够替我说话，没有人能够为我挽回这不可弥补的损失，没人能替我解开这些不白之冤，也没有人能为我主持公道。

"走自己的路，让人家说去。"如今正因为"让人家说去，就无法走自己的路"！

几年前，就在我处于厂里种种矛盾和不理解的情况下，我决心努力学习绘画。在学习班里，我是一位惹眼的学员，回回必到。国画、油画、素描各类学习班都能看到我的身影。早来晚走，在仅有的几名女学员中尤其突出，引起不少人的注意。

特别是在学习班前，我曾经是文化宫大剧院演出的报幕员。老师和学员中很多人看过我的演出，台上我在跳舞，台下画速写的都是绘画很有功底的画家们。这使得走下舞台的我成为人们眼中关注的对象。

20世纪70年代不像今天的电视大众传播得这么快，没有那么多的文艺人才能够供人们关注。我成为这个绘画人群中的"明星"，常常被人们议论。

本市中有一位著名青年画家，也是美术圈青年人的崇拜偶像，而我出于一种本能敬而远之。因为身处逆境，除了认真学习，不能惹任何麻烦。

也许命运偏要安排我去认识他，他的确是一位很善良的好心人。太过善良了，甚至不愿意轻易地向我吐露心中长时间的秘密。日久天长，周围的好友们都看出这单方的秘密。好朋友们立刻积极行动起来，遵照他的意思，不在不成熟的时候惊动我。朋友们想尽各种办法"导演"一场又一场的活动。随着各种戏剧性的故事，我终于觉察了，明白了，就在我如大梦初醒的时候，才知道，几乎圈子里所有的人都知道这个故事，只是我这个当事人被蒙在鼓里。

此后的三年里，我觉得自己就像一只新奇的"动物"，无论走到哪里，无论任何一个展览会、美术馆、文化官里，在这些公共场合迎接我的就是一些不相识的人的议论和"目光雨"，最常听到的就是"喏，就是她"！

为了躲避这些可怕的目光和可怕的舆论，我很长时间不去文化官了。许多过去熟悉的场所都不去了，只是闷头关门画画，努力忘记这所有的一切。

我以为经过几年的"隐居生活"，这些不快乐的事情已经过去了。可是万万没有想到，在考学经历了如此复杂的挫折中，最终又来了！

这难道也要成为我不能上学的理由吗？我伤心极了，确实感到自己是没有指望了。我知道，这一次不同于前几次：招生办公室已经面临解散，招生的老师们已经完成了任务，没有心思再花费精力去处理"额外"的工作了。

如今，我面临的几乎是不可逾越的鸿沟——已经没有余地再做任何的周旋或者澄清了。

"老师，"我抬起头来，"我还是从心里深深地感激您，至少让我明白地知道自己究竟是为什么被刷下来的。"

老师的眼睛里流露出同情："大家听了不少流言蜚语，可是都并不了解你。除了让系主任了解你以外，是很难再挽回了。系主任是一位很不错的老师，很正直，敢拍板。我是不能为你帮什么忙了………""不，您已经尽到了责任。我谢谢您！"我发自内心感激不尽。

北风是那样的刺骨，像刀子。我呆呆地站在河边。天气是那样的无情，强迫着欢腾的河水结了冰。我不想回家，我不能想象以后怎样平静下来去工作。我只知道自己有诉说不完的委屈。"上帝啊！为什么这么不公正？"

不知道过了多久，我抬起头，现实是那样的无情，希望就像这夜空，看不见一点光亮。"不，我要去诉说，至少我是无辜的。"我觉得命运会让我选择一条坚强的路。"即使我上不了学，我也要振作起来，向命运挑战！第一次、第二次不是过来了吗？第三次、第四次不也是过来了吗？我为什么不将最后的一步走完呢？"

我擦干了眼泪，返回学院的宿舍楼。风还是那么大，不一会儿，我那冻得红扑扑的脸上已经布满尘土。

我来到系主任家里，主任出去办事了，招生期间这些人似乎是不分白天晚上的。

只有主任夫人在家。朴实、热情的主任夫人，心软、善良。

"唉，你们这些考生真不容易！"看来，主任夫人也接待过不少考生了。

时钟敲了十下，主任还是没有回来。窗外的北风越刮越响，几乎到了恐怖的地步。

一整天了，我没有吃饭，丝毫不觉得饿。

"阿姨，您也困了，我不等了，我给主任留一封信吧！"我小心翼翼地说。

主任夫人拿来了笔和纸。

"主任，您好！虽然我们素不相识，也许您早已听说过我吧？今天，我来您家里不是来求您的，而是想向您诉说——我是无辜的！"

写到这里，我终于再也控制不住这些日子经历的种种委屈和压抑，眼泪像泉水一样喷涌而来！冲得那红扑扑的、布满尘土的脸上形成一道道小水沟，直落到纸上，留下一片片水印……

"姑娘，快别这样"，主任夫人慌了，"我给你洗洗脸，煮碗面吃吧！唉，有话慢慢说。"

我轻轻地推开夫人的手，默默地坐着，像一尊石像一样，一动不动，只有笔尖沙沙地响着……

从我开始学画的第一天，就开始得到种种不该得到的对待。从我开始报名考学的第一天起，就遭遇没完没了的灾难……

我不明白，实在不明白。我不过是一个正常的人，最最普通的要求，就是想读书，想上学。我没有侵犯过任何人，没有做过任何违背良心的事情，为什么命运一定要捉弄我——一个无力而又无辜的人！

我想上学，是那样的想，几乎将它看成是自己的"生命"，我是多么珍惜这"生命"，多么希望得到这应该属于我的"生命"啊！

不知道为什么，从我报名的第一天起，我就从来没有得到像一个普通人那样去报名、去考试的权利，总是作为一名"黑人"在一旁陪衬着。如今我有了权利，这权利又是那样的虚无缥缈。好容易盼到今天——别人都已经考完试，招生也即将结束，我却又因"遗留问题"失去这次录取的机会——为什么这样对待我呢？如今，您又来阻住这最后的一关，我不明白，实在不明白为什么？

过去，我一向这样勉励自己"走自己的路，让人家说去"！如今我同样回答您的轻信和不负责任！在这场考试中，我只知道我是无法走进你们学校的门槛了，可是我可以这样说，三年以后，我可以和你们培养的学生比一比，我绝不会比他们差的！

居里夫人说过："我们的努力超过我们的力量，我们的贡献，超过我们的职责。"我是不会忘记这一切的。居里夫人还说过，社会往往就是这样残酷，当她努力进取的时候，给予她各种各样的阻挠，却在她备受种种艰苦，获得成功的时候，又给她毫不需要的光荣！

难道您不代表这样一种倒退的社会阻力吗？难道您的教育事业是应当这样去进行的吗？！

一个不属于您的学生

放下笔，我已经泣不成声。随着泪水，发泄了一顿心中久久的积怨。

回家的路上，我显得格外平静。想了许多许多……

我觉得我变了，变得坚强了。再不是过去的那种逆来顺受的小绵羊了。我要开始一种新的生活，开始走一条新的路，一条向命运挑战的不屈不挠的路了。

我变了，我觉得这时候的自己真正长大了。

正直的老主任回到家里，看到我的信，久久沉默着，没有说话……

几天以后，老主任派人通知我：准备复试。

春节来临了，这场考试从夏天考到冬天。人们忙着过节的准备。招生办公室已经基本搬空，老主任告诉我："耐心等等吧，院办又出现了新问题。只因为考生当中只剩下你这个最后的名额指标，系里决定录取你了，可是院里有了新的问题：某局党委书记的儿子也想进学校，虽然他的业务不好，但是他的父亲能给咱们学院办理盖房子的材料，他父亲是坐小轿车来学校协商的。要知道，这个条件对学校的诱惑力是很大的。"

"当然，这个指标不是你，就是他了。系里作为教学单位，还是考虑以业务为主，所以在为你做争取工作……"

我无语，也知道，自己也无能为力。只会在自己的考学日记上，再增加一个"故事"。

我相信，一个人的成功，条件固然重要，实在得不到又怎样呢？什么叫作生活？这次招考，使我悟出一个道理：幸福不仅仅在于取得胜利的瞬间，因为那永远是短暂的；胜利是一个事物的终点，若不是为着新起点，便是宣判生命力的终止。而真正的幸福恰恰在日积月累的勤奋中、充实中、积累中，在那里显示着人的全部生命力……

这场考试，我已经显示了自己以前所不具备的素质，这是很重要的。相信在未来，无论在何种条件下都会从这次招考中得到不少的收益和帮助。

我坦然地等待"招考判决书"。又是一周过去了。学院已经准备开学了。

"小罗，你的复试考试通知下达好几天了，你怎么也不来考试？只剩下你这最后一个钉子户了。招生办的使命已经结束了，可总也见不到你的影子。"学院老师说。这回角色换了，轮到招考老师主动了。

"可是，没有人通知我啊！"我奇怪了。

"赶快到你们纺织局问一问！"老师也急了。

又来到那熟悉的大楼。纺织局的招生办也结束了，只剩下老马做善后工作。

"噢，你的事情又出现麻烦了，真可是久经磨难啊！就是你们厂里第一次报名的时候，把你们毛麻丝公司上报名单忘记的那位同志，死活不同意放你走。他那里给卡住了，局里做了很多工作，就是做不通。只好先放下。因为这是手续，必须层层下传的，我们没有权利直接通知你。他不开介绍信，我们就无法转信通知。"老马无可奈何。

"究竟为什么？仅仅是因为我一开始捅了他的娄子，他脸上挂不住了吗？"我问道。

"不，他一定要送一位另一个厂的青年，还质问局里为什么对罗这么卖力气？如果是罗去上学，就必须带上这位青年，否则罗也不许走。口气很坚决，你看看你是否自己再找找他？"

噢，买胡萝卜必须带小白菜？考学也考出买卖来了，真新鲜！我直接找到那位干部。

"罗，这次我们说什么也不让你考了，你想想，学院都快把你搞成神经病了，这回他们又行了？！咱们争这口气，还就是不去了！"这位干部假惺惺地说。

"不，我争的是偏要去上学的这口气，一定要去！"我说得斩钉截铁。

当然，单凭我的地位是说不动这位干部的，对他来讲根本就不把我放在眼里。我又找到毛麻丝公司领导办公室，搬出了老书记。

真是一把钥匙开一把锁，尽管那位干部嘟嘟囔囔，还是开了介绍信。

我来到空无一人的天津美术学院。学院已经开学一个多月了。某月 14 日上午 10 点 30 分。校园里在上课，静悄悄的。招生办公室里只有两名在喝茶的老师等着我。

"啊，终于来了！你把这份考卷拿到传达室去写吧，这间房子已经用作别的用途了。"我终于参加了这次与众不同的、独一无二的入学复试。

母校天津美术学院

中午 12 点 30 分，我不慌不忙地将最后一篇作文写完。老师一手接过卷子，另一只手交给我一份入学通知单，日期是 11 日报到，而考试这天是 14 日。

"好了！从现在起，招生办公室彻底完成使命了。这是你的入学通知单，但是前提条件是：你必须到另外一个专业学习，而不是你先前所报的专业。你可能先跟着二年级班学习，否则就取消资格。"老师的通知就像最后的通牒，不可以商量。

1977 年的春天来了，全国第一年恢复高考的决定令举国欢腾！

严寒的冬天过去了，一去不复返！

当我拿着报到单来学校上学的时候，问传达室：

"请问，我是来上学的，教室怎样走？"

传达室的老大爷惊奇地说："你就是传说中的小姑娘吧？快去吧，已经开学一个月了！"

在那冰天雪地的冬天，能够得到一朵可爱的小红花是多么的难啊！那么在山花烂漫的季节里，人们是否还能够坚定、执着地追求、爱护这生活中不可缺少的美的生命呢？

第二章

在故宫的日子

进入中央工艺美术学院

庞熏琹先生在家中绘画

认识庞熏琹老先生，是我整个命运的重要转折点。

1977—1978年，我在天津美术学院读书的时候，整个艺术教育界处于半开放的状态。刚恢复高考，很多艺术领域还没敢打开大门。在经历了刻骨铭心九起九落的"考学"经历后，我格外珍惜上学的每一天。

一次，学校组织到北京写生。我是班长，每到一个地方都要去打前站，为班里同学找住宿的地方，因为学生没有钱，所以往往找那些不花钱的单位或者学校求宿。

我第一次来到中央工艺美术学院，我的感觉是好像从花果山来到了天堂。

这里有著名的国家级老教授：庞熏琹、张仃、雷圭元、祝大年、吴冠中等，他们都是支撑全国最权威学府的栋梁，我更觉来到了天子脚下。

那个年代，不需要介绍信，不需要人际关系，只靠硬着头皮前去联络。

教务处的袁老师热情地接待了我，得知我是为班集体联络住宿，笑眯眯地告诉我，人太多无法住宿，每个宿舍中本校的学生都已经住满，如果只是我一个人还可以想想办法。当晚，我被安排在教务处办公室里，在一个办公柜后面用长椅临时搭建一张床。袁老师为我从家里拿来被褥，让我将就着对付一个晚上。

如今的大学可能不会出现这样人性化的接待。那个年代，不仅北京，我在天津美术学院的宿舍也是出名的"不花钱旅馆"，经常接待不相识的同龄人。来求学的外地孩子或考试没有地方住的学生，我们都慷慨借住，甚至如果宿舍没地方就领回自己家里住一晚，不需要认识，第二天走人。这似乎是我们美术圈子的"行情"。

就这样我挤进了中央工艺美术学院。第二天，我"得寸进尺"，请袁老师帮忙想办法找一个宿舍，于是我熟悉了如何住宿舍。

那个年代美院的女孩子们，比的不是"淑女"而是邋遢。谁最邋遢谁就最显得有"艺术气质"。比如，一身衣服扣子全掉光，故意将自己搞得其貌不扬却特有个性，秉承一个潜台词："花瓶一样的摆设是耻辱的，只有艰苦中出来的艺术家才有令人仰慕的精神。"艺术学院的学生崇尚的是有艺术创作的能力和与外界交往的能力，因为我们常常需要说服他人为我们免费当模特，或借住老乡家写生等。美院的女孩子很自信，自认为是到处都可以生存的精灵。

从此，我与中央工艺美院结下了深深的缘分。

那个年代有许多令人兴奋的事情和令人兴奋的人。每次来北京，看到蔚蓝的天空，绿绿的树木，就觉得连呼吸都格外清新愉快。

在以后的两年里，我经常从天津搭乘一辆不花钱的大卡车到北京，到中央工艺美术学院蹭课，最吸引人的是每周五都有大师们的讲座。

当时是北京艺术界的"激情燃烧的岁月"，人们热情高涨，被"文化大革命"封闭10年的艺术大师们一个个在讲坛上露面，激情澎湃，一场场系列讲座轮番上演，焕发着英姿勃勃的生命力，几乎是场场爆满，吸引了无数的优秀学子从全国、从国外涌向北京！那真是我记忆中中央工艺美院最红火的年代！

这个时期的我处于持久的亢奋中，每周我都到天津美院读书，周五早上 5 点起床，跑到北京中央工艺美院去蹭大师们的课。这样我争取到了同期读两所学校的机会，为自己开阔了视野。

同时两地求学所遇到的种种困难，没有激情是不可能克服的，特别是没有钱的困难。那时天津到北京的火车票只要 6 元，但对学生来说是很昂贵的，是一笔无法承担的巨大开销。每周五我到北京都要在早上 5 点来到专门的停车场，千方百计找到头一天从北京来的大卡车，请求人家早上回京的时候带我一程，免费蹭车。无论春夏秋冬，还是刮风下雨，我都坐在卡车顶上。

每次在中央工艺美院听完课，我还要千方百计找到回天津的免费大卡车，因为我没有住宿的钱。

有一次听完课，天下起倾盆大雨。已经下午 5 点了，如果再找不到回天津的大卡车，就不会再有机会了。这个钟点司机们大都着急回天津，担心赶不上下班的时间。而我站在空旷无人的郊区，那是司机回天津的必经之路，暴雨无情地将我的雨伞打烂，而周围连棵避雨的大树都没有。天渐渐黑了。那一刻，我真的领略到了什么是身处荒野中的凄凉和恐惧，即使想回到北京城里也根本不可能，因为没有钱，也没有车。

我完全不知道该到哪里去，在哪里过夜，明天吃什么。

突然，一阵汽车的引擎声音，从朦胧不见五指的不远处传来，显然大雨使司机不敢开快车。我意识到这是今天最后的一个机会！我如同见到救命稻草，冲出去，跑到马路中间，扬着手大声喊叫着。与往常不同的是，司机没有停车，他巧妙地绕过我，加大马力冲向前方！

我不知道当时脑子里在想什么，也不知道哪里来的力量，飞快地跑上去，追上汽车，就像铁道游击队队员，一个箭步攀上司机驾驶室的把手！

司机惊呆了！我的形象肯定像暴雨中的白毛女！不，黑毛女！

他一定以为我是抢劫的！

暴雨仍然在无情地咆哮着，根本不允许我和司机之间有任何交流。空旷无人的郊区，一个女学生能够将年轻力壮的司机吓成那副模样也实在是老天捉弄我！

司机颤抖着为我打开车门，我还在为他不停车逃避我而不满。如此没人没车的荒野，稍有人性的人也该帮帮一个孤零零的女孩子吧！怎么可以踩油门呢？

我看到司机眼睛中的妥协和无奈。我没有抱怨，而是转为解释和安慰。

不同的困境在每周来回京津的旅途上，屡屡发生。

我在蹭车这方面的表现并不算厉害，我的一位叫小平的好友，属于男生眼中的"四大怪女生"之一，每年暑假居然找外省的大卡车去山东、去海南，去她只要能够想到的地方，全部是免费蹭车。我很担心一个女孩子的安全，我问她的妈妈："您不担心一个女孩子去那么遥远的地方的安全问题吗？要知道卡车司机通常都是男同胞！"

小平的妈妈开朗地告诉我："我不担心她的安全，我担心的是她会不会把人家吓坏了，她居然可以淘气地对叔叔说，叔叔，帮帮我们这些没钱的学生吧！在叔叔让她搭上卡车上路后，她还可以再要求，叔叔，外面风大，你坐外面，我坐里面吧！"

小平完成了我们这些学生完全没有能力去的祖国大好河山的写生！每次暑假回来，她的作品足以让我们惊讶得合不上嘴！

我不敢跑太远，但北京我绝不会放过。

当时的北京刚经历"文革"，如同久旱经历暴雨后的晴天。北京奔放、热情、丰富多彩的艺术生活无时无刻不在强烈地吸引

1980 年进入中央工艺美术学院

我，没人能阻拦我的求知欲望，天津美院的老师不仅善意地默许我这个经常"逃学"的学生，还拿我们为榜样教育其他学生，鼓励学生找机会开阔自己的眼界。

我们的行动很快感染了低年级同学。有一次，低年级同学效仿我们，半夜跳墙骑自行车从天津到北京，冬天夜里路黑，一个女同学掉到了沟里，将胳膊骨头都摔断了，愣是手托胳膊看完展览后再去住院接骨头。

那个年代的学生是那样充满着求知欲和理想！

每周五早上从天津赶到中央工艺美院的讲座会场时，多数已过9点半，正是大师讲得最投入的时候。每当这时，大门"哐"一声被推开，那一定是我灰头土脸地跑进来。因为搭乘的是露天大卡车，几小时狂风吹得我头发像草窝，一路下来人早已是风尘仆仆，于是整个教室的人齐刷刷地扭过头来看我，一次，两次，三次……这成了大师系列讲座中众人眼里的一道特殊风景。

没人歧视我，也没人因此生气，相反大家用很理解很赞赏的眼神宽容我的一次次出现。我甚至听到一些研究生学长私下称赞我的求学精神。如今回想起来，我深深感激和热爱那些淳朴的老师和对我宽容的同学。所有人都欣赏我们热切的求知欲。即使我们做得有些出格，他们也表现出善意的接纳和鼓励。

而我当时仅仅是一名外校生！

我不得已多次打断大师们的讲座却反而得到了大师们格外的关注。他们很欣赏我"疯狂的求知欲"。每次讲座后，老师们都为我早上从天津蹭车来北京而感动，于是我被一位又一位的大师请去谈话，甚至柳先生当场说："如果你考研究生，我带你！"

我的行为不仅感动了老师们，同学们也主动请我挤到她们宿舍住。

这真是一个人与人真诚、善良、质朴相处的地方。

一天，同宿舍的古素敏老师找到我，她要带我去见我最崇拜的大师庞熏琹先生。我很紧张。古老师给我讲了很多庞老的故事：庞老是中央工艺美院资格最老、人品最高的大师之一，20世纪30年代庞老与徐悲鸿等一起赴法国留学，当年的画并不比徐悲鸿差，如果继续下去肯定能成为一名国际知名的大画家。但是庞老看到中国没有自己的工艺美术设计学院，他决然放弃了个人绘画的光明前途，转而为祖国进行开拓性的探索。新中国成立初期，各行各业都需要美术设计，庞老接受周恩来总理的邀请和委托，回国组建自己国家的工艺美术学院！他的这段历史成为中央工艺美院的骄傲。

就是这样一个老"海归"，"反右"期间被打成右派集团的头头，而"文化大革命"期间又难逃干系，这一晃就是20年！满腔抱负成为一个个泡影，20年的苦苦煎熬，老人等到头发花白了，一生最好的时光就这样被痛苦地耽误掉！

后来中央工艺美院30年校庆的时候，多年不见的老校友们欢聚在校园，前面几个流程被大家久别重逢的热情谈话所淹没，而当庞老先生慢慢走进会场中央时，一时全场肃静，随即大家以热烈持久的掌声来感激这位工美的创办人。大家都知道，历史走到今天是何等不容易，掌声已经完全不足以表达对老人的敬意！

我被庞老的故事深深感动，冥冥中似乎我与他将会发生什么，总之我莫名其妙地紧张、激动，还有些说不清楚的感觉！为了见庞老，我花了整个晚上精心准备我的画作，反复精心演习如何向这位大师介绍自己！

第二天，我小心翼翼地随古老师来到白家庄的一座小楼。静静的房间里，坐在桌后的是一位红颜白发的老人，就像神话故事里的老仙人一样。老人让我先说说自己为什么要见他。

我不知道自己是怎样开始的，只记得我的嘴在不停地说，有时很激动。

我讲述了自己从一个搬运工开始艰苦地学习画画，如何被不理解的单位领导设置种种障碍。在特殊的时期，我被天津文化宫的老师特殊招聘，参加一次又一次的画展创作，作品被如何选送参加各种展览。最终为了报考美术学院却又如何因为出身不好，在没有考生名额的"黑名单"中参加艺术考试。幸运的是考试成绩位居前6名，成为被学院内定必保入校的"黑人"考生，但却遭遇九起九落反复挫折的痛苦经历……

我就像面对西方教堂里的神父一样，倾诉心中的积怨，我仅仅是单纯表达了自己想学习的渴望，根本就不知道这些诉说的目的是什么，也不知道是什么力量支撑着我要向这位陌生的大师滔滔不绝地倾诉。

我更不曾想过，对这样一位没被平反的右派教授诉说这些会有什么后果。

庞老先生看过了我的画作，又听了我的坎坷经历，沉默了许久后，极其平静地说："你是一个可塑者，目前还不知道你究竟能做出什么。我要把你调到北京来观察你。你要相信我，我已经接到上级的通知，我可能要重新出任院长了，那时我要把你调到我的身边，我要单独培养你！"

我惊呆了！不敢相信自己的耳朵，这无疑是来自天堂的声音！

我顿悟出原来上苍在不断设立不同的考场。为什么唐僧要经历九九八十一难？上帝在安排每个人所经受的挫折时，也会安排后续的考分和结果。

那一刻，老先生拯救了将要沉没的我。我确实太累了！

两年后我从天津美院毕业之时，庞老如约通知我直接到中央工艺美术学院报到，我考学的人生又迈入了第二个特殊的考场。

正如庞老的计划，我们这对师生以特殊的方式学习，他一直是单独培养我。每次都是在他家里亲自授课并安排我去做什么内容，完全按照庞老的思路设定学习计划。"我是研究生院院长，但我不允许你考研究生，因为

光华路上的中央工艺美术学院

那样会浪费你很多时间去应付考试。你必须抓紧时间做研究，祖国很多空白学科没有人做，你是可以做出来的！"

我不知道为什么庞老会那样肯定，连我自己都不相信自己可以做"开拓者"，也许大多数人遇到自己最尊重的老师的特殊鼓励，都能激发深深的潜力。这对于一个年轻人是多么重要的教育方法！它能主宰一个人的命运！

庞老通知我与他的研究生们一起学习。当时他的研究生是刘巨德、王玉良，同届的研究生还有杜大凯、王怀庆、王小飞等，这些人都是我眼中最具才华的精英人才。他们经常在一起探讨，亲如兄弟般的友情极其令人羡慕。能和这些人一起学习，是我青年时代记忆中最快乐、最向往的事。

这些研究生对自己导师的态度，继承了中国古代文人们的传统，爱之真，拜之切。不仅向老师学艺术，更是学做人。

我难以忘记这些研究生不计较每日三餐进食的粗茶淡饭，说出的却是才思泉涌的"精彩篇章"。记得我当年经常到刘巨德家里蹭饭吃，他忠厚善良的夫人钟蜀珩总是在经济拮据的情况下，给我们变出一些好吃的食物。

而好几次我却看到刘巨德很不在乎地拿出长了毛的馒头，拿手蹭一蹭就放到自己嘴里。这些不经意的动作，也像艺术一样表现出人的真善美，深深刻在我记忆中。

尽管刘巨德先生现在已经是德高望重的清华美院退休的院长了，受到学生们的崇拜和尊敬，而我对他的印象还习惯性地停留在那个年代。

更加深深打动我的是庞老的高尚人品。我与庞老的关系，似乎不仅限于师生，更有当年寺庙里的师徒感觉，这也许是出于我对庞老的崇拜。

庞老的人格具有特殊的魅力，这是渗入我的灵魂中的东西，以至于深深烙印在我以后几十年的人生中。

热火朝天的新教学规划启动后，许多大师在学校讲演。

一次，一位著名老师讲演的题目是"毕加索成功的秘诀"。这样的题目对涉世不深的学生来说无疑太具有吸引力了。

在众多被吸引来的听众耐心地听完所有的内容后，没有找到"秘诀"类的启示，我作为最后一个听众冒昧地提问："请问老师，毕加索成功的秘诀到底是什么？"

老师避而不答，只是告诉我们："不能说，要靠你们自己去悟。"

在善于制造悬念的学术时代，庞老做人就从不会失去真实。

那时候，中央工艺美院教学的大致方向是"越个性、越阳春白雪，就是越发'艺术'"。这种观念一时笼罩了整个校园。

在这些充满活力的"头脑风暴"中，一个严重的问题被忽略了：社会需要什么样的设计人才？什么样的艺术家？难道普通大众看不懂的艺术就是我们追求的艺术吗？

不仅我有这种疑问，似乎许多来进修的、在其他艺术领域工作过一段时间的老师们也都有这种疑问，但没人敢挑战权威。

一天，庞老讲座的大幅通知豁然登在校园公告栏里。这次讲座是为全国艺术院校的师资进修班讲课，这个班的水平代表了全国艺术院校教师的水平。

庞老的讲座很特殊，面对全国艺术院校的老师们，他的讲座从"你们考考我"开始，一时间令台下的老师们不知所措。

终于有大胆的人，开始反客为主给庞老出题目。他要求庞老当众画出随机提出的"命题画"。这些命题很抽象，多数属于人的情感表达一类：

"狂欢""悲哀""春天"……

庞老一口气当场画出 20 多幅命题构图。没有人不惊叹他的丰富的想象力和表达力！台下的人都亲眼看到了这位老艺术家磨砺多年的功底，是今天的艺术家们所难以超越的基本功。

热烈的掌声替代了评分。

庞老突然转向我说道："小罗，请你提最后一个问题。"

瞬间，我脑子中迅速闪过"是否留情面"这个念头。

一秒钟后，我自己的回答是"不"。因为我面对的是庞老。

我就像剥开"皇帝的新衣"一样，直指教学的基本问题："请问庞老：中央工艺美院的主要教学宗旨是为社会服务的。设计不同于绘画作品，设计附属在工业产品上。但是，我们的学生在毕业后，常常不能适应社会需要，设计也与社会需求发生很大的冲突。而作为中国最高学府，美院的教学却以提倡个性化的'阳春白雪'为最高方向，我们到底该如何理解我们的教学宗旨？"

这个问题顿时引起全场听众的呼应，因为这本来也是全国艺术院校的教师进修班同仁共同认识到的问题，只不过平时没人敢得罪人提这样的问题。

庞老停顿了一下，冷静地回答："我们的雇主就是我们的上帝。"

这种坦诚的回答，与当时的风气截然不同。敢于讲真话在学术界一直是很宝贵的品质。我深信那个时期的艺术圈子没有几个人能做到像庞老这样真实。

可惜的是，庞老的诚实并没有改变当时学校的教学风气。

20 年后，当我成为世界创意产品最大雇主——世界广告主联合会的中国顾问时，我回到中国，亲眼看到在世界最大市场之一的中国，大量的国际订单落到国际广告公司，相比之下中国本土公司获得的市场份额很少，我深感痛心。

当艺术创意家们在谴责雇主们"美盲"的时候，企业家们同样在批评艺术家们是不懂市场的"一群白痴"。

我亲眼看到了"种瓜得瓜"的历史回报。

欧洲的美术创意教育同样推崇"阳春白雪"的专业训练，它与中国式教育最大的区别就是：欧洲教育体系是建立在社会市场需求基础上的"阳春白雪"训练。

这些基础理念的设置，就如同盖大厦的根基一样，如果基石没有经过严格把关，盖起来的大厦就必然不够牢靠。

庞老对我的严格几乎是无处不在的。无论是我当时的思想、学习状况还是遇到的各种问题，每当我陷入深深的痛苦时，导师都会倾注全部的关心。青年时期是世界观很不稳定的时期，多数青年人这个阶段的苦恼无处发泄更不肯对父母说，但我很幸运，我可以向导师倾诉。

也许很多青年都有过这样的时期，投入最多精力探讨人生。记得有一个时期，我莫名其妙地有了一种悲观厌世的情绪。这种人生暗淡消沉的情绪严重地侵扰着我，使我整日痛苦不堪，似乎得了抑郁症。我实在走不出来的时候，只有给庞老写信。

每一次庞老都会耐心地给我回信。

而我每次在收到庞老的信件后都会感动无比，立即去见庞老。每个人都需要一个灵魂支柱，我有意无意地选择了庞老。

庞老的家原来在白家庄，后搬到和平门。无论在哪个家，我每次拜会庞老都是在他的客厅里，微微暗淡的灯光，照在老人雪白的头发上，他那慈祥而深刻的面孔，就像小说中的"来自深山常年洞察人间的老仙人"。

"哭什么？有什么好哭的？"不知为什么，庞老轻描淡写的一句话，顿时抚平了我原以为很严重的创伤。面对饱经沧桑的老前辈，我这点挫折算什么？我不由得羞愧难当。

"当你觉得自己走不出来的时候，就到大自然里面去寻找力量。"这是导师留给我的一个至今仍记忆犹新的法宝。

那年，我怀揣这个法宝，随着中央工艺美院组织的团队去爬泰山。我以全团队第 2 名的成绩一口气爬上泰山顶上的最高处，确确实实感觉到了大自然的力量是无与伦比的。

我独自站到泰山山顶最高处的石头上，感觉到大自然的力量就在我的周围。空旷而深奥的巨大空间中，远处是一座座被光阴雕凿的、铿锵铁骨的山峦，宏伟的大自然雄壮地显示它的内涵。我不由想到，这些自然界的英雄，经历过多少开天辟地的历史，经历过多少风雨雷电的洗礼，经历过多少人类无法探知的奥秘和惊天动地的挫折——而我，何止我，即使整个人类在这大自然中也显得那么渺小。人类一代又一代地繁衍，短暂的人生中经历的一些小小的挫折，如何与这千亿年光阴的山河去比？

我默默挺立在山顶上，久久享受这种大自然的洗礼，我被深深感化了。

我突然明白了什么是微不足道，我知道我所谓的痛苦，是大海中微不足道的一滴水！我看到了大自然的变迁，也看到了人类在大自然中从未停止过的"骚动"，发现其实地球在宇宙中是何等的渺小。

为何不在有限的生命中去尽可能地制造每一分钟的快乐呢？

我顿时豁然开朗，解开了久久深陷其中的心结。

下山后，我就像换了一个人，精神焕发。

早在 20 世纪 30 年代，庞老与倪贻德等著名画家曾经一起发起过艺术史上著名的"决澜社"。在当时的状况下，"决澜社"起到了呼唤艺术同仁

庞熏琹先生

奋发激进的作用。

那时候，一批传承本土艺术的优秀艺术家，一批来自延安的优秀艺术家和一批优秀的海归艺术家组合成了中国的现代艺术。

其中海归艺术家起到了很重要的作用，代表人物包括著名画家刘海粟、徐悲鸿、庞熏琹等人。他们深深扎根于自己祖国的艺术，又将在海外拼搏所积累的当时西方艺术的精华带回祖国，这种复合型的知识结构，为祖国的艺术领域引进了新鲜的血液。前辈们建立了一套西方美术中国化的体系，同时学会了用比较思维方式重新思考如何发扬中国艺术史的方法。

新中国成立后，庞老最著名的研究、最著名的贡献就是开辟祖国的空白学科——中国古代装饰艺术史。但可惜，这些研究成果至今在中国还没有获得应有的美术史地位和应有的认知。

如今大众艺术市场上一提到中国画就是指传统国画。其实中国其他古代艺术元素远远丰富于传统国画，震惊世界的敦煌艺术就是最好的证明。中国古代就有西方最追捧的抽象艺术，有与西方同步甚至远远超前的丰富的创作元素，虽然西方人知道中国国宝的价值，在那个年代里掠夺走了大量敦煌艺术财宝和古代艺术品，但他们缺乏深厚的中国文化底蕴去发展和研究这些财宝。他们掠夺了金矿，却掠夺不走开发金矿的钥匙。

而庞老从西方回来，认识到自己祖国的丰厚矿藏，他独具慧眼坚定不移，如同一棵独立的大树，虽历经磨难却仍旧坚定不移地探索着，挖掘着这个祖先留下的宝藏。

他最可贵最忠实的伴侣，夫人袁韵宜这样形容他最后的生命时刻："他拼命地赶啊！他要和自己有限的时间赛跑，拼命地写啊，最后还是没有跑过时间，留下了所有完成的和没有来得及完成的……"

庞老的研究深深地影响了我，10年后当我延续庞老的足迹重返欧洲，在"不认中国传统画"的欧洲，我毫不犹豫地举办了14场具有"中国古代元素"艺术风格的画展，作为一名华人艺术家，在法国获得了空前的成功，受到了欧洲人的追捧。尽管这些艺术元素至今在中国尚未引起足够的重视和市场认知，但它却被欧洲人看懂了。我的这些成就与当年庞老在欧洲的探索和回国后的研究积累是分不开的。

研究中国古代艺术元素是庞老留给我的接力棒，也是庞老留给我的传家宝。

这就是中国老海归艺术家们给祖国留下的最宝贵的财富。他们对教育事业的奉献，使得今天中国产生了一支庞大的当代艺术家队伍。

中国美术史上应当铭记这些创立者的贡献。

中央工艺美院就是庞老这代海归艺术家们在新中国成立初期创立的一个开创性的结晶。没想到这样一个巨大的品牌，近年被很遗憾地取代了！

就在我从海外归来的时候，一天，我接到中央工艺美术学院继任院长常沙娜的电话，她告知我"中央工艺美术学院"从此不存在了！！

我大吃一惊！

这是庞老和他的团队们毕生的心血！如果庞老在世这种事情绝对不会发生。我应邀紧急来到常沙娜院长的家，向常院长详细了解了情况，原来是一些著名画家上递报告，最终推动中央工艺美院变成了"清华美术学院"。

不了解内情的人一定会认为"清华大学"是大品牌，这是好事情，何以惊讶？

中央工艺美术学院庆祝庞薰琹教授执教 52 周年纪念会

但确实"隔行如隔山"。

画家的思维并不能替代教育家。画家更多时候是很单纯的，画家的思维方式很个性化，很难换位思考，更缺乏宏观管理的判断能力，否则就不会成为通常意义的画家了。专业人员和教育家都很清楚：一个建设了50余年的、中国唯一的"美术设计学院"的龙头学院从此消失了。

20世纪30年代，庞老在法国留学。当他了解到法国巴黎国立高等装饰艺术学院（Ecole Nationale Supérieure des Arts Décoratifs）时，联想到自己的祖国没有这样一个学院。这个学院不仅仅包括绘画艺术，还囊括了社会需求的艺术创意范围的所有艺术设计行业，包括艺术、装潢、工业造型、壁画、特种工艺美术、服装等各个行业的设计专业。而这些行业直接在工业领域中起到"创意改变世界"的举足轻重的作用。

这么重要的一个领域，当时的中国还没有。无人认识到其重要性。

庞老独具慧眼，认识到未来祖国建设必定需要这个行业，他要为祖国充电。他极力想进入这个学院，但当时这个学院是很难批准中国人进入的，中国人只能进入巴黎国立高等美术学院。而这两个学院巨大的区别在于：前者是综合社会各个学科的创意艺术领域，后者仅仅是单纯的美术学院，涉及专业只有油画、雕塑、版画等。这是两个不同内涵的艺术学院。

和清华大学原校长王大中座谈
WFA 理事长 Mr Adriaensens（中）、
清华大学原校长王大中（右）与作者会谈

对于一个国家的美术历史来说，建立两种性质的学院应当是并行不悖的方案。

然而，中央工艺美术学院被改变成"清华美院"后，等于中国在继中央美院等八大美院后，重复增加一个同类性质的院校，却失去了中国唯一权威的

"美术设计学院"。

这对中国的艺术教学领域是何等的损失！

从此，中国艺术领域在与国际对接时将失去一个有50年历史的独家品牌！我深信，庞老在地下有知一定会深感不安。

我毫不犹豫地参加了中央工艺美术学院最后的研讨会。老教授们痛心地发言："你们是否太匆忙了？"对管理者们最直白的质问都为时已晚，都无法挽回错误的决策所造成的损失。

我们决定做最后的努力。

在常莎娜的安排下，我顺利地拜会了当时清华大学资深的老校长王大中先生。作为国际组织成员，作为庞老的学生，我详细地讲述了一个国家艺术领域的分布情况，国际上如何安排社会所需要的不同艺术教育类别；中国即将损失一个50年的品牌，这是怎样分量的损失……

正直的清华老校长沉默许久，告诉我："罗小姐，你回来得太晚了！我们当初并不很清楚这些艺术专业的分布作用和品牌作用，是一些著名画家提议推动的，而更改校名和大学间的合并，经历了许多审批程序，有的程序甚至是高级领导批准的，现在改已经为时太晚了……"

尽管清华美院没有更改学院内在的专业体系，但是"名"与"实"的距离产生了，重复建设和取消唯一中国品牌的事实已经无法更改。中央工艺美院50年的品牌，从此绝迹了。

我怀着深深的遗憾，不得不眼看着庞老用一生心血筹建的中央工艺美术学院消失。从此这个名字将只会在记忆中出现，这段历史和这个名字下曾经有过的许许多多的故事将在时间长河中一点点逝去。

但是庞老育人的成果没有消失，他的思想深深地埋在每一个向往艺术的人的心中，就像种子一样，遇到合适的土壤，一定会重新发芽、成长。

积累了很多年的阅历后我才理解，庞老他们这一代经历了被历史耽误的痛楚，强烈地希望自己的学生能够接替他的理想和远大抱负。就如同千万家长对自己子女的期望一样，往往是自己这代没能实现的理想，希望自己的孩子能实现。

如今 20 多年过去了，我没有辜负先生的期望，不断去开辟祖国的空白学科，遵照先生的嘱托去奋斗，忘我地奋斗着，以至于回国后不能被很多人理解。也因为追求这些理想，我完全没想到以后几十年的开拓生涯让我品尝了难以预料的痛苦和美丽！

解读恩师庞熏琹

庞熏琹先生

庞熏琹（1906—1985），原名鋆，字虞弦，笔名鼓轩，江苏常熟人。著名工艺美术家、工艺美术教育家，被当代艺术评论家誉为现当代艺术先驱。

1921 年 15 岁，考入教会学校——震旦大学，学习 4 年法文及医学。

1924 年 18 岁，因神父脸色阴沉地说："老实告诉你，你们中国人，成不了大艺术家！"庞熏琹随即离开学校，投奔艺术的怀抱。

1925 年 19 岁，到法国，经徐悲鸿妻子蒋碧薇介绍，进入叙利恩绘画研究所，画素描、画人体速写，也画油画，技巧上有了很大进步。

1927 年，听从常玉的建议，在巴黎格朗歇米欧尔研究所深造。

1925—1930 年，活跃于巴黎各派，认识马奈卡茨、常玉等著名艺术家，推崇毕加索的创作精神，应邀出席各类画展。法国贵族以优厚待遇聘他，被他以为"自由而创作"的理由谢绝，后经刘海粟介绍认识傅雷，成为好友。

1930 年，庞熏琹回国，系统研究中国画论、画史。参加旭光画会、苔蒙画会，成为当时有进步倾向的新兴美术启蒙运动组织者之一。

1932 年，他参与发起和组织了中国现代美术史上第一个美术社团——决澜社。

1932—1949 年，决澜社举办画展、创作，熏琴画室关闭，1934 年决澜社欠债，他独力承负，1935 年决澜社第四次展后结束。

1938 年初识好友林风眠、赵无极、董希文；1939 年经梁思成推荐进中央博物馆筹备处工作；1944 年与刘开渠、吴作人等成立现代美术会；1946 年傅雷主持他的第六次画展，享誉中外。

1947—1948 年，创作多幅新作品和举办多次具有国内外影响力的画展。1949 年，同梅兰芳、周信芳、刘开渠等出席第一届文代会，周恩来鼓励他先下去生活 7 年。

1953 年，任中央工艺美院筹备会主任，1957 年受周恩来委托，为北京中国画院成立致贺词。同年，被打成右派。

1957—1979 年，22 年的右派生活中，创作大量作品并研究中国古代装饰艺术。

1980—1985 年，是他的第二次艺术生命期。他一生创作大约 700 多幅作品，现存约 50%，除绝大部分收藏在常熟《庞熏琹美术馆》，有些作品收藏于中国美术馆、故宫博物院以及中央工艺美院等。

这里，我向读者介绍了我的恩师庞熏琹，网上有不少介绍他的文章，大家给他定位为现当代艺术的先驱。但我仍感觉大众并没有真正了解他，并没有把庞老对中国艺术的贡献客观地介绍出来。有"大评论家"这样评论庞老："早期艺术造诣很高，很多优秀作品远超出他的同代人艺术家，可惜后期放弃了，改做工艺美术教育。"

今天，当我进入国际视野，走进更宽阔的世界，再看这种评论，这些"大师"级别评论家的论述角度似乎太狭窄了。

那些以一个画种出名的画家，最终多以成就自己"个人出名"为目标。

但庞老，心里装的是中国的百姓，是让艺术这个人类的工具，最终成为改变社会生活的"普渡众生"载体。这个伟大的目标，诠释了艺术的终极功能和使命！

中华人民共和国成立初期一穷二白，几乎没人意识到，我们需要"美育"和"美育"带来的社会文明建设。

这里提出一个问题："究竟艺术的终极使命是什么？什么艺术算是伟大的艺术？"

2014年，我有幸担任一个中法艺术家合作项目的顾问，负责协调中法艺术家的合作，在鸟巢举办"龙马"雕塑剧。

法国艺术家说：我们给中国朋友送来的是一个创意。当年法国南部一个工业城市叫"南特"，被经济大潮冲击，工厂倒闭，市民失业。这个城市的生存出现危机，这时候，来了80位艺术家，利用倒闭工厂的机器设备，创作了举世罕见的巨大动物雕塑，并演绎了含意深刻的剧情，在世界各大都市巡回表演，拯救了这个城市的就业。我赞叹这样的艺术家！

这样的艺术家，用行业最精华的内涵，为一个城市立下汗马功劳，没有比这样的功劳更伟大的艺术家了！

"人民艺术家"的内涵究竟是什么？仅仅是个人的画卖个千万？

"钱"不能成为评价艺术的标准。市场价格仅仅属于某阶段、某些人的，不是人民的。

2019年12月，北京歌华集团在为引进"北京国际设计周"的四位开拓者颁奖。

据歌华集团上报的总结介绍，北京国际设计周十年，为国内创下8700亿产值。

按照这样的计算，我不知道以庞老为首的，中华人民共和国成立初期创办"中央工艺美院"，囊括了装潢设计、服装设计、室内设计、工业设计等专业，为后工业时代的中国经济支柱——房地产、汽车工业等行业的贡献，该怎样计算呢？

没有人给他颁发"人民功勋"奖章，但他的成果，扎扎实实融入亿万民众的生活里。

我知道，庞老不需要谁给他这些荣誉。他像一头不知疲倦的老牛，只是付出，不图回报。他是我心目中的中国艺术历史上的无冕英雄！

写到这里时，恰巧庞老的小女儿庞琪来电话，我俩沟通了对庞老上述内容的讨论。我俩认为，之所以国内至今没有人准确地解读庞老，原因是评论者没有超越他的高度来认识他。

我的记忆中，庞老从来不引导我成为什么"知名大画家"。我牢记一生的是，庞老给我的使命是"开拓祖国空白学科"。这是符合他的艺术格局和他的做人胸怀的！

我是庞老晚年收下的一个特殊学生。庞老被政治运动冷落了几十年，1980—1984 年，他生命最后的几年里。被重新起用。他犹如《西游记》里被大山压了 500 年的孙猴，腾空而起。

最荣幸的是，在 1979 年，他重新站起来的前夕，我与他相遇，直到他生命的最后一刻；其至他去世后，他的影响力仍然在帮助我。他以宽阔的胸怀和对艺术的挚爱，对我这个晚辈寄予深深的期望和扶助。

2018 年，在中央工艺美院老学长聚会上，庞老曾经的得力助理兼秘书、装潢系的秘书许敏老师说："小华，你是多么幸运！以我对庞老的了解，他从来没有对一个人像对你一样，把他一生最重要的社会关系都给了你，像赵无极、吕霞光这样的大师，连他的儿子和女儿，这些著名画家，庞老都没有给他们介绍，却都介绍给了你！"

我深深感动，也许，就像多年后，牛津院士苏立文老先生所说的，20世纪 80 年代初期，多年的压抑被释放，是前所未有的，也是庞老最后的腾飞时期。这个阶段，庞老沉寂多年，苦思冥想多年，加上年龄的感化与觉悟，思想和胸怀，远远超出一般艺术家的胸怀！庞老最成熟的阶段，恰恰让我赶上了！

庞老 1980 年恢复中央工艺美院院长职务，也是我在天津美院毕业之时。1979 年他对我说："我马上就要出山了，很快恢复院长职务了。你毕业后要来找我，你是一位可塑者，我要很好地培养你。"

如今我 60 多岁了，才体会到一位老人，被积压 26 年的激情是怎样的力量！

1980 年我进中央工艺美院时，中央工艺美院已焕发青春的活力，迎接庞老的回归。

庞老让我以独特身份与他的研究生一起学习，同时允许我参加所有各系不同专业的学习。而落脚在装潢系。多少年后，我明白了这种苦心，也许今天能够为国内的艺术教育、普及教育带来一些思考。

1980 年庞老解放直到 1985 年去世，我一直和他及其夫人往来频繁。他把我从厄难中拯救出来，亲自安排我工作，调入北京，调入故宫，像慈父般亲自帮我决策我的婚姻等问题。他去世后的几年，他的夫人袁韵宜仍然遵循庞老在世的习惯，帮助我解决一个个难题，同时我则像女儿一样，帮助先生料理身后的家事。

我幸运地得到庞老在他一生中最终绽放出来的最后几年！

他的夫人以他的影响力，委托好友赵无极先生帮我走进他年轻时梦寐以求、被拒绝的"巴黎高等装饰艺术学院"。进入巴黎第一天，我就知道：我，最终替他完成了他的这个梦，感恩恩师！

那么，圈外的读者会问：庞老是个怎样的人呢？

1953 年，庞老筹备中央工艺美院，我同年出生。

1979 年，偶遇先生，告诉我他很快解放，让我 1980 年天津美院毕业时来找他。

1980 年，先生恢复中央工艺美院职务并任研究生院长。我被他调入中央工艺美院学习。他说："你是一位可塑者，我要把你调入北京。我不允许你考研究生，因为我就是研究生院院长。你的时间不能用在考试上。你来之后，我会和刘巨德、王玉良说（庞老当时的研究生），你和他们一起学习。同时，你还要进入一个专业班里学习，学习的同时你要参加各个专业系的选修课，选修你感兴趣的课程。"

1980—1982 年，我在中央工艺美院期间见证了先生焕发了第二次青春。爆发的艺术激情，深深感染那一代青年学子们。那是被积压 26 年的爆发，是中央工艺美院激情燃烧的年代！

1982—1984 年，庞老积极调我到北京故宫博物院。

1985 年，庞老仙逝。

1989 年，庞夫人继续庞老对我的指导，写信给巴黎的赵无极和吕霞光先生，请他们在法国继续指导我。经赵无极先生积极努力，我 1990 年赴法国，担任赵无极先生所在学院"巴黎高等装饰艺术学院"访问教授并享受法国政府奖学金。

这所学院是 1925 年庞老很想进入的学院，被法国拒绝。因此庞老励志回国建立自己的"中央工艺美院"。如今庞老走了，他在天上继续指导我，我替代他走进这所学院。我秉承庞老生前指导："你的时间不可以用在考试上。"在巴黎期间，谢绝博士考试，将时间用在深入法国艺术社会和实战学习上。

走进故宫

20 世纪 80 年代初，当我即将结束在天津美院学习的时候，遇到了一次特殊事件。我自以为是做了一次路见不平拔刀相助的事，没想到却导致一场灾难降临到我的头上，我被命运抛向空中！那是一言难尽的故事，却连接了一些中国高层权力人物的命运。

故宫

就在我被莫名其妙的命运推向一个难以生存的境地时，庞熏琹老先生知道了我的处境，恩师再次出手了！

他以一个老艺术家的特有感慨、正直和激情，立即写信给当时的国家出版局局长、德高望重的王子野老先生："培养一个人才是多么地艰难，而毁掉一个人才却是何等容易！让我们这些老头子都行动起来吧，把罗小华调到北京来！"

与此同时被邀请的其他几位德高望重的老人家也纷纷行动起来，迅速在北京与天津的几个相关部门中传递高级领导的文件，帮助我这个没有任何背景的学生。那一刻，先生的那种善良、正直的高尚人格充分显示出来。他珍惜人才、抢救人才的忘我激情把我惊呆了。这是先生以他几十年的、被人为牢狱所耽误的青春为代价换来的力量，他拼命抢救人才、抢救职业生命的精神令我刻骨铭心！

这段经历犹如昨日。以后每当我见到一个有才华的学生遭遇困境的时候，我都情不自禁发自内心地去尽力帮助他，这都是因为我有了先生。

我无法想象庞老发出的是怎样的呼吁，奇迹终于出现了！

就像小说里写的："中央一道令箭，解救了水深火热中的我。"

庞老先生的行为，感动了国家出版局局长王子野老先生。王老奋力洗刷了盖在我头上一年多的"冤案"，我终于被"解救"出来。

解决户口到北京后，我迅速被转到中国出版协会主席王仿子老先生那里，王老立即介绍我与著名散文作家刘北泗老先生，即故宫紫禁城出版社的创办人见面。

紫禁城出版社刚刚成立，坐落在故宫北门西角楼下的一个院内。这个院子是故宫的"才子们"集中的地方。这里有最著名的古画鉴定家徐邦达先生的工作室、最著名的陶瓷鉴定家冯先铭先生的工作室、故宫的老国宝清史专家朱家溍先生等，是故宫的国宝级人物所在地。

因为出版社与研究室在一个院内，这里被称为故宫的"老专家基地"。

也许与中国皇室的"世袭制"传承有一定的渊源，故宫的"老专家基地"院子里也盛行"师徒制"。甚至一些著名老专家的助手就是自己的子女。

出版社主要负责人是著名散文家刘北泗先生。刘老高高的个头，胖胖的身材，鼓鼓的大肚子，却从来没有笨拙感。相反，每次见到这个大大的肚子，我的感觉就是，里面储存了一肚子的学问，这才是真正的"宰相肚子"。

刘老和蔼可亲，为人宽容、慈祥，属于那种你可以向他撒娇的老爷爷。见刘老是很不容易的，有时候人不得不相信"缘分"，其实"物以类聚，人以群分"是气场带来的。

我如约第一次来到刘老面前，刘老看过我的作品和获奖证书，当时就对我说："你这个人我要了！"

前后没有半小时，我就这样被确定来故宫工作。

一切就像灰姑娘瞬间变成公主，迅雷不及掩耳。我还没来得及明白是怎么回事，就深深领略了什么是"触动国家神经的力量"。

我从不知道别人怎样找工作。多年后，故宫的人事部门告诉我："故宫可不是随便能进的单位，大家都不知道你是怎样硬的后门进故宫的。"

我惊讶不已！我是真正的灰姑娘！

我已经不再属于自己，我将与过去告别，我来到一个新的世界。我感谢庞院长、王局长、王会长这些老一辈对我的关怀，给了我新的人生机会。

进入故宫后，我没有忘记用行动回报老先生们的恩情。几年后在我离开故宫的时候，我完成了《中国近代书籍帧（1919—1949）》，填补了祖国出版装帧学科的历史空白，给我的导师交回了一份"开拓祖国空白学科"的作业！老出版家王子野局长欣然挥笔为我题词："钩尘发微，煞费苦心！"

那个年代回报恩情的最高方式，就是用最有价值的工作成果来回报。对于恩师们来说，帮助一个人才成长，无异于自己干出业绩一样快乐！一个好学生就是自己的延续，好学生可以完成自己没有完成的事业，好学生就是自己的好后代！这是多么高尚的情操！

我以此感激前辈们对我的厚望。

20世纪80年代初，我终于正式调到故宫博物院工作。

我小时候听邻居大姐神秘而兴奋地讲过她到北京参观过故宫，就像她到过月亮上那样遥远，当时我们只能晚上做梦时想象一下，如今我要成为这皇宫里面的一员，这是真的吗？

怀着劫后余生的深深感慨，我默默来到故宫北门下，仰视高高的城楼大门，就如同一个人从冤狱出来终于走到世界尽头，突然来到一个人间天堂。高高的故宫巍然耸立，我显得那么渺小。

这就是世人代代传颂、神秘莫测的皇上的宫殿？

我在北京没有家。故宫人事处临时将我一个人安排在宫内的西边房中住下。故宫内是不允许有住家的，晚上也不允许开电灯。但新鲜感赶走了我的孤独，我甚至不知道什么是孤独。每天晚上，当喧闹了一天的游客离开了故宫，两扇大红宫门紧闭后，我成了这个皇宫世界的主宰者。

每天下班后的傍晚，同事们都离宫回家了，我独自漫步在宫里。

硕大的宫殿和殿前的广场空旷无人，使人感到阴森森的。尤其恐怖的是位于东路两宫院中间长长的、笔直的大长廊，夜幕下一个人走下来真需要极大的勇气。隔壁就是珍妃跳井的地方。每次路过我都担心不知道哪个门洞会钻出什么，而我深知无论叫喊还是抗争，都没有任何可能自救。

不记得是哪个媒体报道过，说有一次故宫的红墙上，出现了过去宫女们行动的影子！科学的解释似乎是"海市蜃楼"，但民间传说却有更多的幻想色彩，各种版本，比如，当年冤死的珍妃，被虐待致死的宫女们的冤魂都继续留在大红宫墙里……身在宫中，我想象着，虚拟地比较着，明代和清代一个又一个皇帝与他们的后宫如何在这里生活。我开始想象自己就在此时此刻却过着另一个世纪的生活……

在这个真实的与世隔绝的环境中，我看着高高的红墙，时时刻刻在幻想是否过去的情景就真的显现在我的眼前？

每到这时，我会拼命地跑过这个漫长的通道，唯恐被拽回去，再也回不来了！

突然，西华门后宫的草丛中跑出一只小狐狸，它着实地吓了我一跳！

但是一到早上，当一缕红色的阳光照进故宫的时候，金色的太和殿宫顶，沐浴在金色的阳光中，红墙变得格外红。我一个人走在太和殿广场，周围一片空旷，没有皇帝，没有宫女，没有游客，也没有领导和同事，更没有导演和演员。此时此刻只有我一个人，我享受每一步的穿越空间，真是世界上无比美妙的事，因为现在我就是皇上，我就是大臣，我就是所有一切生命的代表。我相信，每一位曾经生活在这里的皇帝都没有我这样奢侈地独自一人享受这宫殿的时候，我漫步着。

我每天清晨的必修课，是去浏览这世界上独一无二的美丽宫殿群。

每当这时，我常常会想起小时候听过的一个美丽的童话——《一朵天下最美丽的小红花》。

从前一位老国王遭遇了国难，能够拯救国难的是另一个国家的隐形魔王。而这个隐形魔王实际是一个被施了魔法的无影而又丑陋的王子，只要能获得一位公主的爱并成为他的妻子，就可以破除魔法。老国王有3个女儿，为了拯救老国王，拯救国家，最小的公主答应去往魔王的宫殿，她唯一的要求就是得到天下最美的小红花。

小公主到了宫殿，魔王为了不让公主见到自己丑陋的模样，命令所有的人都变成隐形人。于是公主看到的是一个又一个硕大的美丽宫殿中，只有自己一个人，但又似乎每个宫殿都有无形的人在服务。每到一处，小公主想要什么，面前立刻就会出现她想要的东西。公主执着地在一个又一个的房间中寻找，毫不停歇。魔王被公主的纯真感动了，他在公主走完了众多宫殿的最后一个花园中，让公主看到了园中小山上，独立着一朵世界上最美丽的小红花。

最终小公主为了感谢魔王，向魔王表白了自己的爱，并要求魔王现身。王子终于获得了新生。

我仿佛在兑现这个神话故事的生活。沿着如此阔大的故宫，我走过一个又一个的美丽宫殿，空旷无人的广场上，隐隐约约流动着隐形人的身影。与小公主所不同的是，我不害怕，因为我知道，一到 8 点 30 分，就会有陆陆续续的参观者们到来，我也会从神话的幻觉中回到人间。

我贪婪地呼吸着故宫独一无二的空气，享受着清晨空旷无人的故宫中灿烂的阳光，独自一人站在太和殿最独特的角度，俯瞰这座鬼斧神工的创造物——皇家宏伟建筑群。我就像站在世界建筑艺术的巅峰上，品味着中国人的艺术智慧，感受着中国几千年的文明精髓。那些日日夜夜的美妙时光，似乎都凝固在我的记忆中，给我留下刻骨铭心的印象。

多年后我在另一个国度法兰西，美丽的巴黎，重复同样梦幻般的生活，每天孤独漫步在法国总统府花园中，无数个清晨和傍晚只有我一个人，伴随着美丽的小红花的故事——无论在中国皇宫，还是法兰西的皇家花园，我重复品味着没有随从、没有伴侣、周围没有任何人的时光。

20 多年后，从法兰西归来的我，再次来到故宫，再次站在高高的故宫城门下，我不再诚惶诚恐，我是故宫博物院新中国成立以来第一位公派出国的博物馆馆员，在我游历欧洲，游历世界另一个千年文明后回来了，我知道了：故宫就是那位王子，他同样给了我一朵世界上最美的小红花。

故宫的第二个"罗小华"

到故宫工作后，第一件事是核实溥仪皇帝的哥哥——溥佐先生讲的故事。

在我就读的第一个美术学院——天津美术学院，国画大师溥佐先生是我的国画老师。

为了表示尊重，我们每次都骑着三轮去溥佐先生家里接他来学校。这在当时是比较奢侈的行为，那个年代学生不可能找到汽车。

如同师兄师姐们讲的，溥佐先生讲课最有意思的是他经常喜欢在课堂上讲皇宫里的故事，这对于平民百姓的孩子来说，就像天上来人了，讲天上的故事。

那是我们开课第一天。当溥佐先生晃动着充满智慧的、圆圆的大脑袋走进教室时，全体学生都屏住呼吸：这可是皇上的哥哥哟！

我坐在前排，由于我以前多次与溥佐先生接触过，我没有那么诚惶诚恐。我上大学前是市文化宫的"公主"，所有著名画家来文化

作者在故宫西角楼下的紫禁城出版社和
故宫研究室的办公院子里

宫表演，都是我负责接待。所以在我上大学以前，天津这些资格最老的著名画家没有不知道我的。

溥佐先生坐定后没有说一句话。厚厚的眼镜片后面，两只圆圆的眼睛盯着大家看，静静地过去了两分钟，真让人发毛。课堂里安静得如同没有人。大家等待聆听皇宫里的故事，这是溥先生最吸引人的地方之一。

喝口茶，溥先生讲起溥仪皇上几位兄弟的故事。溥先生与皇上好像是堂兄弟，从小就一起在宫里玩。但是自从皇上掌权后，安排了其他弟兄担任官职。溥先生不急不慢地讲述着皇上都是如何安排弟兄们各个位置的。

"我等了很久，皇上也没有安排我，最后我才知道，皇上认为我不是执政的材料。"溥先生停顿了一下。

我们都为溥先生惋惜，其实皇上安排当官的那些兄弟，未必就是"执政的材料"。不然，为什么清朝还是灭亡了？

但溥先生很想得开："今天想起来，幸亏皇上没有安排我当官，不然几次运动我就惨了！我的兄弟们都没我好，最后连皇上自己也没有好下场。我如今成为画家，就是最好的结局了！"

我们沉浸在皇宫争权夺势的故事里，听真人讲与电视里讲感觉完全不同。

高年级的同学们早在溥先生给我们上课前就绘声绘色地给我们描述过，溥先生的各类段子都很精彩，虽然上的是绘画课，但似乎令师兄师姐们更感兴趣的是"皇家历史课"。

在溥先生兴致勃勃地讲完一个段子后，我们都期待着这位皇爷爷为我们展示国画的奥秘。这可是皇家教学！

突然溥佐先生说了一句："你们知道罗小华是怎么回事吗？"

没人想到，这就是国画课的第一句开场白？！

又是沉默！没人知道该怎样回答。所有人摸不着头脑！然后大家一齐说"不知道"！

大大的圆脑袋突然转向我："你呢？"

我慌了："我也不知道。"

"你不就是罗小华吗？"——我好尴尬！

虽然溥先生上课从来不点名，但我的名字在上大学前，溥先生早已经耳熟能详了。我顿时满脸通红，不知所措！

我不知道我有什么逸事能传到皇爷爷这里，何况这会儿也不该是论说我的时候啊！我蒙了。

完全没想到，溥佐先生讲起了故宫博物院200年前的另外一个"罗小华"。

"这个罗小华，是一位著名历史人物，不仅是画家，更是著名的制墨专家。他的墨是用麝香、香油等名贵中药材烧出的灰炼制成的，那真是价值连城。如今世上仅剩下一小块墨头，留在故宫里……可惜他的命不好，最后被皇上杀了……"溥佐先生晃动着大圆脑袋，讲得津津有味。

从此我在学校有了个新外号"小墨块"，也许这为我与皇宫结下了缘分。

因为200年前另一个罗小华曾经与溥先生同住一个宫殿的故事，我和溥先生的友谊增进不少。在以后的许多课程当中，溥先生对我的关爱表现在很多特殊的场合。

那一年，我上山下乡的姐姐患上了严重的骨结核病，溃烂到喉咙深处、手臂的静脉深处，脚指头已经肿成鸡蛋大小。所有的大医院已经拒绝治疗，表示没有任何药物和方法能够挽救她的生命。

全家人已经耗尽所有的精力和钱财，只能眼睁睁地看着她一天比一天更重地溃烂下去，全家人的这种痛苦比她本人更痛苦。

我突发奇想，皇爷爷一向知道很多宫里的故事，也一定知道很多民间医生为皇宫敬献的灵丹妙方！

我是班长，我与溥先生的友情已经到了随时可以去他家拜访的地步。

傍晚间，我莽莽撞撞地找到溥先生家。

我快急哭了，告诉皇爷爷我姐姐已经到了无医可救的地步。溥先生厚厚的眼镜片后面，两只圆圆的眼睛盯了我很久，这是他集中精力思考时的表情。终于，他告诉我："别着急，我想到一位民间医生，他有家传秘方。"

溥先生拿出笔墨，亲自写了一封信，溥先生的书法秀丽端庄，不愧是皇家才子。

溥先生告诉我，这位神医并不住在市里，而是要到他经常去写生的密云山区里找。他封好信，找出地址，详细地嘱咐我该如何找这位神医。

那个年代，老师和学生就如同家里的祖父和孙女。

溥先生的这封信，最终真的救了我姐姐的命！

这位名不见经传的神医薛大夫，表面上是一个普通农民，医术却很高明。家传秘方需要很多种剧毒的蝎子，老先生就自己上山采，免费给姐姐治疗。不少慕名而来的重病人，凡是家庭困难的，一律免费治疗。

最终姐姐从病魔手中被拯救出来，从此再也没有复发。

溥先生不仅知道几百年前的制墨良方，还知道几百年前的制药秘传。作为溥先生的学生，我们也跟随受益于"皇家资源"。

溥先生字画如人，严谨而正统。我们不仅学画，更是学人。至今我珍藏着溥先生的一幅精品教学范画，那是我们故事的见证。

人生是无法预测的，溥先生当时无论如何都不会想到，几年后命运会鬼使神差地安排我追踪到故宫，寻找他讲过的我的"老祖宗"罗小华。更不会想到就在他给我们讲述溥仪皇上如何不重用他的故事后，我会在十几年后主持《末代皇帝溥仪展览》总体设计，亲自挑选皇上的东西，去重温和触摸他提到过的历史故事！

也许这就是佛教讲的前因后果的关系。

命运似乎隐隐存在着人类尚不熟知的规律——溥佐先生讲课的 8 年后，

我作为在故宫工作的第二位罗小华，走进了故宫。

这座皇宫到底还有多少上天意志所安排的未来故事，我不知道，但是我相信一切自有安排。

我到故宫工作的第一件事情，就是冲向档案馆，找我的老祖宗罗小华！

果然，故宫的历史文字资料中，清清楚楚地记录着200年前的罗小华。

神秘的故宫

就像故宫所有好奇的参观者一样，我带着十万个为什么进了宫。

我所关心的当然是最新奇、最结合自己专业的地方。除此之外，我尽可能地去发现一般条件下无法实现的"探秘"。

我来不及细细品味故宫所有的公开参观路线，因为那是随时可以去的地方，只要你有足够的时间，就可以从头到尾仔细参观。如果以走马观花的方式去参观，那肯定是辜负了故宫门票。

每天的工作空余时间，我去得最多的地方还是御花园。

我很喜欢御花园，因为这里很少有被束缚的感觉，比起其他宫殿这似乎与大自然更接近一些。深入

故宫角楼

其中，才发现御花园里原来也有很多参观者们没有注意的地方，蕴藏着许多不为人知的故事。

御花园西半园的鹅卵石地面上，每一个方块设计的造型故事都不一样，不仔细看是不会注意这些故事的。这里记录了当年一些来自民间的传说和典故，充分体现了御花园的原创设计者丰富的想象力。他们专门设计了当年历史时期的人文故事情节，放在鹅卵石地面上，也算是巧妙地丰富每一寸空间。我不知道皇上当年是否注意过这些故事。

但是，我料定当年的皇上一定忽略了一个重大的事故，否则必定会动怒，必定会命令御花园做一些重要的修改。这是连故宫的老人们多少年来都没有注意到的一个重大事故，被我发现了！其实与其说是我发现的，不如说是我听人说的。

在故宫学习的日子里，我深深领略到皇宫的威严，任何细节不容忽视。

那一天，我在御花园散步，无意间碰到一拨气度非凡的客人。这些客人中间有一位具有艺术气质的人引起我的注意，立即产生一种互相吸引的磁场。很显然，这拨人不是中国人。

我慢慢地走过去，假装是游客。

为首的是一位很帅气的男子，高高的个头，大大的眼睛炯炯有神，一头的卷发，胸前挂着一架很高级的照相机。从轻盈的步伐和艺术气质判断，他很像一名专业摄影师。以他为首的几个人在御花园门后的两头金色的雕塑大象前叽叽喳喳地不知道说些什么，然后是大笑，拍照。

我很奇怪，外国人就是与中国人不同，往往取景角度和意义都与中国人不一样，但也不至于如此大笑啊！

我走向前，礼貌地问翻译："请问，有什么需要帮助吗？我是这里的工作人员。"

这下翻译笑了，好不容易止住笑才告诉我原因，令我大吃一惊！

原来这拨人从泰国来，领头的"摄影师"是位泰国王子。他们告诉我，过去的中国人也许没有见过大象，因为大象下跪的姿势是两条前腿从前面向后弯曲，而故宫御花园的大象却是两条腿从相反的方向弯曲，这等于是大象的腿折掉了！

我恍然大悟！原来如此！

如果当年皇上发现这个失误，雕塑大象的人一定会被砍头！御花园是皇宫的后门，这两头卧象，负责守卫这皇宫的大后门。如果遇到一些好事的"迷信帮"知道这两头大象居然腿折了，那会是什么后果可想而知！好在这么多年以来，历任皇上都没有发现这个错误！连新中国成立以来的故宫历任领导们也没有发现这个错误，不然一定会在"故宫解说"中解说这个典故。

我想象着为什么当年的工匠会忽略这样重要的事情，是有意还是无意？如果编成电视剧是什么故事情节？这就是像集邮迷找到了200年前的"错版邮票"一样珍贵的花边历史故事！

我的好奇心促使我继续探寻着故宫的秘密。

当我听说故宫居然有一处从来都不开放的"西式花园"的时候，发现新大陆的兴奋又让我以"锲而不舍"的精神去软磨硬泡我的领导，一定要求在"个别"被批准的时候，带我进去。

按理说整个中国传统的古建筑群是无法存在另类风格的，为什么宫里居然有"西式风格"的花园？当年的总设计师是怎么想的？这种"西式风格"有什么特别的？

我被种种问题缠绕，期盼去领略这个故宫不开放的"禁地"。

那一天又是个特别的日子。

不知道什么原因，几位领导被批准进这个"西式禁地"。我并不关心为什么批准进入，我集中精力只关心一点：它到底是什么样子的？

至今故宫的大墙内很多地方对我来说都是迷宫。我完全记不清绕来绕去都走过哪些宫殿，终于来到一个荒凉的宫殿门口。

我不知道故宫有多少这样荒凉的、不开放的宫殿。总之我曾进去过的，不开放的宫殿就不止一两个。

这次进门感觉不像前一次去过的另一宫殿那么陈旧，似乎还比较新。

时光闪过，今天我已记不清楚这个西式花园的全貌。印象最深的、最令我好奇的，是院子中央有一个大亭子，而这个亭子被周围的玻璃团团围住，据说这是当年皇上的金鱼缸！

这简直是一个巨大的金鱼缸。我似乎在现代的"海底世界"参观时才有过这种感觉。我的脑海里立刻呈现出当年皇上游玩这个花园的情景。

原来皇上就是这样玩？总想制造个"中国第一、世界没有"的玩意儿？

如果这么大的金鱼缸还原后该是怎样的景象？

每当我看到故宫一些不开放的场馆和特殊场景，总希望能够与别人分享，总有一个念头冒上来：为什么故宫不恢复这些好玩的景观呢？

既然新中国成立了，既然皇宫成为老百姓的了，为什么不让老百姓"体验一下皇上的生活"呢？看来我并非异想天开，10 年后我住在法国总统府旁边，法国的总统府在每年 7 月固定一天就是让百姓免费参观的。

走进故宫我立刻注意到故宫的主要业务部门：研究室、保管部、陈列部、古建部、复制古画部、出版社、研究室、保卫部，等等。

宫里凡是向往业务、希望向专业上发展的工作人员，都自然而然地关心哪些是最具有含金量的，最令人向往的部门。

作者在故宫

似乎排队下来，我们院子里的研究室是普通人望而却步的，因为这里是国宝级大师们的领地。一般青年人都会希望被分配到陈列部或者保管部，当然还有古建部。前两个部门比较有机会进故宫的大库，而进大库显然是一件非常具有吸引力的事情。

似乎所有业务部门的员工们，都盼着工作中的哪一天能够碰上进大库。

故宫里到底有多少大库？这是外面世界一向猜测的热门话题。

故宫的大库充满着神秘，不亚于"深山探宝"。

故宫到底拥有多少没有开放的宫殿？这也是外面世界关心的热门话题。我想也许包括院领导，很少有人将整个故宫大库和故宫没有开放的宫殿全部参观过，因为所有工作部门都遵循着"片区警察只管自己这一段"的严格制度。

故宫到底有多少珍宝？除了保管部的极少数专业人员，普通的故宫工作者都是不得而知的，甚至一些国际著名的专业机构，也经常会出一些笑话。

2008年，我陪同故宫的陶瓷鉴定家叶佩兰先生一起参观苏富比拍卖行在北京的拍卖巡展时，叶佩兰先生手拿着一个珍贵的黄地兰花的瓷盘，对苏富比的一位负责女士说："你们可不能说这是世界独一的盘子，连故宫都没有，这类的话，这可是大笑话，故宫的大库里就有这样一件东西，我亲眼看到的。"

世人对神秘的故宫所产生的种种猜测，都在不断地加深我在宫里"探秘"的好奇。当后期我终于有机会走进大库的时候，我被震惊的程度不亚于"发现新大陆"。

作为艺术院校毕业的学生，我总想发现与书画有关的新东西。

终于有一天，我发现了一个艺术院校里没有的宫廷艺术作坊。原来这里是古画复制品车间。一些最珍贵的历史名画，在故宫展出或者出宫巡展的时候，并不是每次都拿出原始作品。因此需要高水平、高质量的古画复制技术。同时这个部门还肩负修复古画的任务。

古画修复部门坐落在宫里深处，我曾经去过几次，如今也完全忘记路线怎样走了。记忆犹新的是，修复部门的工作程序、环境和技巧。

这些画工有些是家庭传下来的，有些是师傅带徒弟带出来的。他们的造型能力都很强，也很技术化，加上故宫现代电子设备，所有需要的都已齐全。

我很快熟悉了"古画修复"的技术，因为我有国画基本功，又在杨柳青画社的水印木刻作坊专门培训过。

我还是有些遗憾。因为很多艺术院校的学生可能还不如这些画工的技术娴熟，而画工们稍差一点的是艺术院校强调的"创作"。如果画工们被训练一下创作思维，那一定是非凡的艺术家。

艺术院校的学生们如果想打开眼界学习故宫的珍藏，最好在北京的秋天去故宫。因为北京秋天的气温和湿度都是最好的时期，故宫常常会在这个时候，将最好的作品从库房里拿出来展览，也是为晾一晾潮气。

10年后我在巴黎遇到一位在卢浮宫修复古画的中国人。修复古画在不同的国家要面对不同的品种，这个中国人过去在国内是完全不懂画的。看起来，画工最重要的是需要有敬业精神，而不一定要有专业技能。

深深的宫殿群，神秘的气场，我根本无法完成我好奇的探秘。

和国宝级鉴定大师们在一起

我很幸运。

故宫出版社与故宫最高级的研究室在同一个院子里，都位于故宫西北角的四合院里，我们因此背地里偷偷地自称为"西太后"。

"西太后"院里的"大臣"都是故宫也是中国顶级的大师们：古画鉴定大师徐邦达、陶瓷鉴定大师冯先铭、清官历史权威朱家溍等，我几乎坐上好运火箭，"一步登天"地和这些大师在一个四合院办公。

当时我有一位在北大考古系学习的德国朋友，羡慕得不得了，他说我找到了全世界最好的工作。我经常找机会无忧无虑地"串门"，贪婪地倾听大师们的每一句金口玉言，他们口中点点滴滴的知识，对我来说都太新鲜，太宝贵。

难道这不是现代版的"皇宫轶事"吗？怎会只有明清故事？

这里不仅有他们精辟的鉴定故事、经验，还有他们每天发生的生活故事。如果有人记录这些大师的鉴定经验，我总以为一定要了解他们的生活故事。每个人的鉴定经验都是离不开他的性格、做事方法和为人处事的，因为鉴定经验如同绘画，无法像数学那样计算，经验往往靠悟性和机会积累，这与性格、人品、人格、人生理念、做事风格都密切相关。

"西太后"院子里流传着徐邦达老先生这样一段精彩故事：

中国的一幅古画被美国的著名大鉴定家们鉴定为真品，在国际学术会议上长年争论不休，已经到了关键地步。令中国人无法接受的是，最后决定宣布这幅画真伪的时候，才通知中国的鉴定家前去。这是很不礼貌的，因为这意味着根本没有给中国人留出研究这幅画背景和相关资料的时间。

故宫"西太后"院子里的成员们纷纷不平地议论这种不公平的"比武"。一时间，这件事成为这个中国最高级专业人才集中的院子里最热的话题。

这是一场对方有着充分准备，而对中国进行突然袭击的较量。

薛永年、杨新、朱家溍、善国强等专家在鉴定古画

就像一场战争，对手蓄谋已久。

最后故宫决定派徐邦达老先生出席，并代表中国发言。

据说，国际会议气氛非常，从一开始就是一个"满盘倾向"、对手胜利在握的局面。全体出席者对于美国的大鉴定家们所拿出的种种理由，纸张，印章，笔触，包括仪器检验等论据，几乎没有异议。他们已经征服了到会的出席者，似乎再没有理由去改变这种局面。

中国代表是后来者。

然而，徐老出现了，他仔细看过这幅画后，肯定地说："这是假的。"

所有人惊讶，但没有人轻易地改变立场。

随即，徐老用一句话，以秤砣虽小压千斤的气势，征服了所有的出席者："一切都可以复制，而气韵和精神是不能复制的，这幅画的气韵不对。"美国的鉴定家瞠目结舌。

瞬间，所有在场的人都倒向徐老这边，徐老让所有的国际大师认识到：什么是中国人的水平！

我每听到这里，都习惯地要求讲演者再说一遍，因为我太享受这种为中国人争气的快乐和震撼了！

据说徐老从14岁就开始看古画，过目不忘，人称"徐半尺"，意思是古画打开半尺，他就知道是什么，是真是假。徐老具有无与伦比的天才记忆力和高超的悟性，不是每个人都能有这种能力。但我想，如果他不在故宫工作，如果故宫没有赋予他无数看古画的机会，恐怕再天才的人物也未必能够达到徐老今天的成就。这也是他能稳坐中国古画鉴定第一把交椅的原因之一。

历史上的才子佳人常常伴有风流韵事，而"西太后"院里很正常地流传着徐老与他的红颜知己的故事。每次大家谈论徐老的红颜知己，都带有一种理所当然的欣赏、赞美和那么点"如果没有红颜，徐老就不是徐老"的意思。

很奇怪，包括故宫大院的行政领导们，在谈到徐老的红颜时，如同谈论一项正常工作并总连接一句"故宫的大才子"，似乎潜台词是：没红颜怎成大才子？而如果其他人员出现"招蜂引蝶"，简直就会满城风雨，绝对让他没好日子过，绝对不让他成为"才子"！

徐老在生活中种种性格的体现，都糅到他的鉴定风格中。他认准的事情不容置疑，斩钉截铁，没有模棱两可。不管别人意见如何，我的意见我的理由是不容置疑的！这种十足的底气也造就了他在中国鉴定界的权威地位。

进宫不久，我的运气来了！

新中国成立以来，故宫内有大批秘藏的书画没有整理。虽然这些字画几次在历史的动乱年代被作为一级文物保护起来，但究竟是什么等级无法确定。1984年春天，"西太后"院子里开始流传一件大事情：酝酿已久的启封和鉴定整理工作终于有了眉目。

这是历任院长们的心头大事之一。

这种工作一定是在和平年代静下心来做的事情。而启封和鉴定整理这些书画，会经历一个很复杂的程序。但是中国顶级鉴定家们几乎都已年过古稀，必须抢在老国宝们头脑清楚的时候，推动这个工作，因此与其说是抢救皇宫文物书画，不如说是抢救老国宝们的时间。

相反，如果老国宝们不是用一生的时间专门研究这个工作，恐怕也不能胜任这个工作——天时、地利与人和的时机终于聚焦到了一起。

经过国务院和国家文物局层层反复的审批程序，最终落地。

国家批准决定，对故宫长久以来这一大批尚未鉴定的古画一一做出鉴定。而国家钦定的几位鉴定师，都是顶级鉴定大师：徐邦达、谢稚柳、杨仁凯、刘九庵、启功先生五位大师。

这与今天电视里"鉴宝"栏目的大众行为相比完全不可同日而语，这是国家级别的专业项目，是关系到今后千秋万代的使命。对中国鉴定行业而言，当然是最高级别的鉴定大师组合！

这是一个重大机会，因为即使故宫"老专家基地"的工作人员平时也很难见到大库中的古画。戒备森严，每次拍一张照片，都要经过很多层批准、很多道程序才可以从大库中提取一幅画。而这次是"一大批"古画需要仔细端详，能"看个够"，重要的是与顶级大师一起看个够，这可是世界任何最高级美术学院都很难得到的千金难买的顶级机会！

我开始泡磨刘北泗老先生，请他批准我参加大师们的古画鉴定。

为了"看蹭画"，必须找出合理的理由。因为国家为了安全，严格控制国务院古画鉴定小组的在场人数。

泡磨刘北泗老先生是很令人快乐的事情，因为刘老总是最大限度地帮助我们年轻人，就像一位善良的老爷爷对待自己宠爱的小孙女，他甚至会帮你找理由。凭借刘老的高资格和地位，加上他找出的"最合适"的理由，最后，我终于以一个"特例"挤进了"国务院古画鉴定小组"。当然是编外人员。

当时我怀着身孕，奇怪的是这么好的胎教我儿子长大后怎么没干艺术？

国务院古画鉴定小组的工作地点在故宫御花园里的漱芳斋，这个地方平时不开放，从来不允许游客进出。漱芳斋院里有很精致的戏楼，会客的大堂中竖立着大型的百宝阁，里面摆放的各种物件不亚于珍宝馆。

在我以后的生活中，包括到现在，社会上轰轰烈烈的收藏与艺术品投资都没有引起我的占有欲，可能就是因为在这之前，我经常能看到这些珍宝和古画，我从没有自己拥有这些宝藏的欲望。也许就如你在食品厂工作，每天看到大量的食品就不那么想吃了。

但领略大师的鉴定经验的机会是极难得的，人总是格外珍惜克服困难才得到的东西。

第一天，五位大师开始进场了，几位老先生慢步走来，与电视里的中央首长进来的风格完全不同。大家寒暄着，现场一派大艺术家交流的氛围。通常徐邦达、谢稚柳走在前面，启功先生经常会找出一些令人开心的话题活跃气氛，点缀整个"五仙小分队"。后面是寥寥几位被严格控制人数的工作人员。

穿过几个精巧别致的小内厅，大师们晃晃悠悠边说边笑地来到一个大厅。大厅中央摆放着一个古典大台案，案上铺着桌布，案旁摆放着五把明代雕刻的椅子，这是为大师们准备的。

还有三个特批入场的人是：徐邦达老先生的弟子杨臣宾和王连起，另一特例是我。

我们三人站在大师座椅的背后，完全按照中国的传统规矩。大案子的另一端不许有人，是为了上画用的。

待几位大师坐下后，旁边的屋门打开了，一个人手戴白色手套，推着一个小推车，车上堆满从故宫大库中提出的古画画轴。两边各一位守护小车的工作人员，同样戴着白色手套，一起缓缓走来。顷刻间空气凝固了，所有的人屏住呼吸，如同在迎接老祖宗的到来。

我相信那一刻，肯定有老祖宗们的灵魂也跟着来了。

对我来说，这实在是太神圣的时刻，太神圣的氛围。

似乎整个厅中都有微微颤抖的气流声。

中国国家级顶级团队的古画鉴定开始了。

打开第一幅作品的时候，我感觉就像五星红旗升起的时候那么庄严。

两双白手套，从案子的两边将画轴徐徐展开在众人面前。五位大师沉默不语，仔细品味。我屏住呼吸，不知道是该仔细观察书画，还是该仔细观察大师们的面部表情，因为两者都很珍贵，瞬间而逝，不可兼得。

书画固然重要，大师们的眼光更重要，每一位大师不同的面部表情尤其重要！我只有一个脑袋，此时做选择何等困难。

鉴定按照程序推进，先看画面，后看题跋，仔细推敲印章，最终连纸张都被认真筛过每一个角落……

率先提出鉴定意见的，经常是徐邦达、谢稚柳这一北一南两位大师，其他人跟随提出意见。然后是记录人员记录每一个字，每一个结论，每一点瑕疵。

有句话叫作"细节万岁"，鉴定尤其是这样。不仅仅是鉴定过程的细节，每次记录的瑕疵，往往也对鉴定结论举足轻重。

大师们在重新决定结论的时候，往往是从"瑕疵"开始。一个瑕疵可能会推翻以前所有的主流意见。就像一位敬业的编辑会在一个逗号或顿号中发现新大陆一样。

所以在鉴定过程中"没有小事"，只有"大事"。

在作品鉴定的时候，专业人员始终戴着白手套，最后是轻轻地卷起画轴，一整套熟练而专业的操作，稳重、紧张而有序。

走完这一整套鉴定程序是很累的，我的印象中好像每天都要鉴定300来幅作品。作为年轻人我在头一天下来已是筋疲力尽，我很惊讶老先生们的体力和毅力。也许我的付出比老先生们更多，不仅要紧紧盯住书画，还要紧紧盯住每一位大师；不仅要仔细辨认书画的每一个细节，还要仔细品味体会老先生们的每一个结论，尽可能地获得最多的综合信息。

这种紧张让我感到前所未有的充实！

以后的每一天，都是这样开始。一幅幅古画随着几位大师的鉴定意见开始编录："这是文徵明的，属于一级精品，字，号，何年何代，落款，印章，题跋……"每一次鉴定都要求每一位大师给出明确意见，而每一次的意见都是经过深思熟虑的。

很显然，每个人都对这项工作秉承极致的认真态度，高度集中了所有综合知识的智慧。这些大师的专业素质以他们精准而博大的综合知识为基础，这是他们获得判断结论的知识保障，是常人所无法替代的。

跟随国宝鉴定团，我真正感受到了老前辈们的无与伦比的严肃工作状态，我体会到究竟什么才叫作"严丝合缝，一丝不苟"。

凡是意见统一的，放在一起；意见不统一的单独做记号。

最精彩和最有历史意义的，是大师之间意见不统一的作品！因为这样的作品往往能够引发最精彩的争论。

每次最精彩的争论往往产生于徐邦达与谢稚柳两位老先生。

当我第一次见到五位"大仙"在一幅作品面前出现分歧的时候，我几乎不能呼吸：徐老的严肃认真和斩钉截铁让人感觉到不容怀疑，而与此同时谢稚柳老先生的细致入微、铿锵有力也让人觉得无可动摇。

该如何下结论呢？

各不相让。

在过去的教育中我从来没有见过这种局面，虽然我曾经接触过一些名家、大艺术家，但是每次都是大师一个人面对学生，只有一家之言。

如今两位顶尖老国宝出现了分歧，各持己见，没有缓冲余地。常常这种时候，启功先生会用幽默的发言来调和气氛，最终工作人员会记录分歧意见以暂时结束鉴定。

我很珍惜这种存在分歧的时刻，因为这是学术的最高境界。如果没有分歧就不是正常的历史，也不能成为正常的学术。

每当遇到大师们之间因不同意见而争论的时候，我相信这就是"鉴宝"史上最珍贵的无价之宝。因为每一位大师都是国宝。每一个人都有难以质疑和难以推翻的依据，谁能给他们做裁判？

读者一定觉得我的讲述不过瘾，希望了解分歧的细节，希望像我一样感受这种分歧带来的"见识"和"学问"。身临其境与阅读作品这可是完全不同的两种感受方式。

这次鉴定，国家安排了文物出版社的编辑，现场记录老先生们的鉴定结果并编辑成画卷。他们的文字记录肯定要比我的描述专业得多。因为当时这是国家文物出版社的重点项目，组织了相当水平的老编辑团队，专门建立一整套操作流程。读者完全可以从文物出版社的出版物中找到一些资料，但是再精准的文字表达也无法替代现场。

这次难得的与大师们学习鉴定的经历使我明白了：在以后各种艺术品鉴定活动中，稍微有鉴定常识的人，一定要"看"原作，而不是"说"原作，更不是脱离开"看"原作来"说"争议。

尽管我来不及思索更多，但这并不妨碍我紧紧追随大师们的步伐，努力去感受这种学习方法，并将其迅速转化成经验意识。

　　每到大师们存在争议的场面，都让我想起历史书上古代大师们聚会的场面，我常想：真应当将顶级大师的争论录下来，几十年后，这将是无价之宝，是真正留给后人的宝贵遗产，因为机会不是很多，恐怕后人很难再有他们这样的机会去看这么多的国宝！

　　我无法实现这个宝贵的想法，当时情况不允许我这样做。当时国家下达的任务只是鉴定出古画的等级，并没有提出保留大师们的工作方法——其实我个人认为，如果当时同时记录大师们的工作方法，将大师们"钓鱼的方法"留给后代，那远比钓到"一条鱼"更重要！

　　几天后，我升职了。原因是每天要鉴定上百幅古画，数量繁多，而每一次打开古画就要为老先生们念出画上的落款、年代、画名、作者名等，如果口齿不伶俐，就需要反复朗读才能让老先生们听清楚，很浪费时间。而我从小就在电视台演出朗诵，可以说是标准的中央台播音员水平，于是这项工作落到了我的头上。我因自己能为先生们服务而感到满足，尤其爱开玩笑的启功先生总是喊"请我们的小播音员来念"，从此我与启功先生建立了深深的友谊。

　　每天几百幅的古画鉴定工作量浩大，一个多月下来，几乎上万幅古画在眼前一一流过。工作太累，我终于因为怀孕撑不住，不得不退出了。

　　五年后，我将离开故宫前往法兰西。在出发前，我特意去启功先生家里看望他并道别。

　　那是一个美妙的黄昏，我如约来到启功先生在北京师范大学的住处。推开门，已经有国务院领导办公室的同志们排队在那里等待启功先生的字，为第二天的一个活动助阵。

　　启功先生见到我立即和我打招呼，仍然幽默地说："我最近不想见人，所以门上贴上'大熊猫病了谢绝参观'，但小播音员要走了，我还是要见的，要不要我给你写一幅字？"说话时，启功先生已经铺好纸，手握笔，并蘸好墨。

　　谁都知道，启功先生的字很难得到，但我却不假思索地脱口而出：

"不，不要，只要您记着我就可以了！"于是我们又很快乐地谈起故宫鉴定古画时的故事。

当国务院办公厅的团队离开后，我独自坐在启功先生颇显陈旧的私人房间里。小房间里堆满了书籍，淡黄色的窗框外，一棵大树的绿叶给这间陈旧的小房间带来一些生气。

突然我感到老人很可怜。大家都在索要老人的字画，有谁在意他这样一位古稀老人的身体已经不能超负荷地工作了？

圈子里的人都知道启功先生独自一人生活。自从他的爱妻去世后，他很痛苦，始终不肯续弦。每次故宫鉴定组的大师们在鉴定之余，开开玩笑调剂气氛的时候，难免开些包括红颜知己的各类玩笑，但启功先生从来都是洁身自好，似乎一直与老伴相濡以沫，犹如她依然在世。

如果启功先生老伴仍在，她肯定会阻止很多人来索要字画的。

启功先生为社会创造出很多的财富，但是他自己的生活却很简朴。

启功先生座位前是一张看不见形状的桌子，上面铺开一张大毛毡和笔墨，随时写或画。这张桌子也是接待客人的桌子。他的生活状况与他给予社会的财富完全不成正比，比起当下很多拥有奢侈时尚画室的年轻画家，这位大师显得很清醇，丝毫不在意所谓的"物质财富"。

我认识的一些大师，多数都是生活简朴，却都留给人间丰富的宝藏。

启功先生年少时开始学习鉴定，他15岁拜贾羲民先生学画，经常跟着师傅到故宫看画。

贾羲民先生虽说不是绘画大家，但鉴定极有功底。启功先生从少年时就和老师们一起去故宫看画，倾听这些前辈的评论，受益匪浅。

启功先生自己就非常重视这种学习方式，按照他的说法是："有时候，他们（大师们）产生不同的意见，互相辩驳，这对我们来说是异常难得的宝贵机会，我们可以从中得知许许多多千金难买的学问。如果还有自己不能理解的问题，或几位的论点有矛盾处，不得已，找片刻的空闲，向老前辈问一下，得到答案即使是淡淡的一句，例如说，'甲某处是，乙某处非'，

便使自己的疑难迎刃而解。"（摘自《启功》一书）

由于我的兴奋点和启功先生相同，我不断地利用与启功先生的会面机会去咨询他对几位鉴定大师分歧的看法。这无疑增加了我的知识储备，就像启功先生自己感受的"千金难买的学问"。

画过画的人学习鉴定，与没有画过画的人学习鉴定是不一样的。这也是为什么徐邦达老先生、谢稚柳老先生有画作存世，当然启功先生也不例外。同样，我在天津美院的启蒙老师郎少君先生，如今已成为中国艺术评论和艺术鉴赏的权威大家，郎先生本人就是学国画出身。这些大师聚在一起进行学术研究可以达到"心有灵犀一点通"的境界，因为他们具备同样的艺术功底。

大师们的严谨与认真，让我懂得什么是"鉴定行业的职业道德和功底"。

无论如何，这是我人生一段精彩的经历。

万万没想到，这次见面竟是我与启功先生最后的一面。

10年后，当我在巴黎购买3件100年前的油画作品时，我的房东是一位经营十几年的法国画店总经理，她不无担心地说："小华，你在巴黎不如我卖画的时间长，你买的这几幅作品是假的，如今欧洲的高度仿制油画已经达到乱真的地步，你不要上当。"我没有说话，我拥有完全的自信，因为我画过画，我了解仿制技术与亲笔作画的区别是什么。

第二天，我将买的画拿到巴黎著名拍卖行请专家鉴定，结论是："虽然是临摹油画作品，却是100年前的原作。"

在故宫与大师们学习鉴定多年后，当我回到祖国，听说启功先生已经不在人世了，我很悲伤。为纪念和珍惜与启功先生的友谊，我特意跑到书店专门买了描述他生平的书卷，在自己的心里为他树立一个小小的纪念碑。

2009年年末的一天，我和徐邦达先生的大弟子王连起电话聊天，王连起一说起启功先生的故事从来就停不住嘴："你知道吗？那时候，出版社小王找启功先生为你写字，启功先生说，'我从来不给美女写字，我怕你犯错误'。"

启功先生永远是那么幽默。

虽然我不记得曾经拜托出版社的什么人找启功先生求过字，但在这时候我才恍然大悟，为什么我临出国前启功先生主动提出给我写字。许多朋友为我那天没有接受启功先生的书法惋惜，我却不惋惜，我获得的不是"鱼"，而是钓鱼的"鱼竿"。

但是在我的收藏中，终于还是保留有启功先生的书法，不记得是哪位先生又替我去求的字。

朋友圈子就是这样，大家以此为乐，为情，为义。

在故宫与大师们学习鉴定古画的 20 年后我回到祖国，看到电视上各种"鉴宝""寻宝"节目的时候，既兴奋又悲哀。

兴奋的是，如此高雅的行当，终于从"象牙塔"中走到民间，终于让更多的世人了解这个常年躲在人们视线后面的文化，走进千千万万的家庭。

悲哀的是，如此专业的事情，由于缺乏专业团队资质认定，缺乏专业鉴定方法认定，缺乏专业高级人才之间的学术观点相互制约的验证机制，从而给大众一种误导，将一个严肃的学科搞成一种"戏说"，使大众很多时候将"戏说"误认为是"正版"。

与此形成鲜明对照的是：1984 年故宫鉴定小组是经过国家文物局极度严肃的考察，反复研究推敲专家的履历程序后组成，是国家建立的层层专业审查制度的结果，即使这样，顶级专家们之间意见还有分歧。

一个媒体或者一个节目组，完全不可能具备这种国家专业审查的机制，如此选拔出来的"专家团队"居然从来没有过分歧？这样业内人士稍微动一动脑筋就可以分析出来的事情，外行人是很难想到的。

然而，很多真正的专家没有获得"话语权"。这也导致圈内很多鉴定专家越来越不愿意在媒体上亮相，这是我周围的故宫同事们和艺术研究高层专家们向我透露的。但是老百姓并不认识谁是"专家"，媒体就像塑造"明星"一样塑造出一个又一个专家。

媒体需要收视率无可厚非。其实媒体完全可以搞"正版的戏说鉴宝"，会更加尊重专业而赢得大众，还给大众一个历史真实。

当我和许许多多的业内人士看到中国艺术市场中，太多被误导的假画、假古董被一些人忽悠而得以完成价值上万元的交易，真的很痛心！

今天的文物鉴宝很难看到鉴定大师们的争论，恰恰那才是该领域最精华的部分。

这个市场是正常的吗？

然而，中国的文物鉴定市场还没有来得及设立"警察"。

这将必然给未来的中国文物与鉴定行业制造太多的"以假乱真""混淆黑白"，可怕的是，一旦这种情况泛滥成灾，将会真正损害老祖宗的国宝文化价值！

我心中还保留着当年故宫大师们鉴定的身影，保留着他们对于学术一丝不苟的专业精神，保留着大师们为一件作品的哪怕一处小小的微妙差别而较真终生的、严谨的从业道德尺度。

审视今天经济大潮的时候，我自认为是有良知的后代，我努力呼吁有关部门，游走在各位高层领导们中间，想尽办法给国家高层领导写报告，试图邀请国际组织参与制定和推进严肃的职业标准，希望找到办法阻止这种假货泛滥盛行于市场，然而"小小播音员"只能播音却无力行动！

如果目前这种情况继续泛滥下去，我相信，国家迟早会组织一次国家行为来清理"鉴定"。就像当年国务院组织国宝们清理鉴定古画一样来"清理鉴定混乱"。因为作为一个国家最高管理机构，如果容忍这样的"混乱"泛滥，容忍"假货"抢夺"真品"的历史，容忍"假结论"占据舆论历史——就等于失去祖国交给管理者们的重要阵地，等于管理者失职，等于拿着人民保管员的薪水却在容忍大肆亵渎老祖宗的文化的行为。

就在2008年我准备回到国内艺术圈时，得知文化部已经得到国家的通知，需要建立鉴定行业的标准。不知何时中国才能与国际接轨，共同保护人类文物遗产文化的要害领域——鉴定行业，才能应对这场看不见硝烟的战争。

当大师们离我们而去后，我相信一定会有后来人成为新的大师，建立新的严肃而高尚的职业操守的大师。

我们无法将某一过渡阶段的历史确定为历史的主干，它只是历史长河流向大海过程中的一段形态。

如果我能将这些大师的精神传给后人参考，就值！

大家想了解的"鉴定大师"，多数只能在电视上看到。可故宫的大师很少上电视，外界很难了解这些大师的情况。

近些年，电视上红红火火的"鉴宝"节目涌现了太多的"专家"。但有多少人了解这些鉴定家的资质？这些鉴定家与故宫大师有什么差距？如果说故宫的大师对一些文物尚有怀疑，那么，社会上的鉴定家又由谁来评定他们的真伪呢？

国际上，别说评定一个鉴定家，即使评定一个艺术家也要由专业机构来审核。审核的标准绝非仅是博士和教授，而是专家。是不是"专家"需要看看履历、经历和实战业绩的记录，一路走过来都经历了什么、在什么层面上等系列实操结果的综合参考，被专业机构评定为鉴定家之后，才能称为鉴定专家。

就像医生要有实习和实操的资质验证合格之后才有医师证、才能出诊；律师需要有专业机构发放的律师证，才能从事律师这个职业。在国内，文物居然可以由"自称专家"的外行媒体说了算？

在本书中，有意把这些大师写出来，另外的用意就是后面将提到的艺术市场、艺术金融中关键的环节——鉴定真伪的"鉴定专家"，几乎不少人连职业鉴定资质都没有。那么谁为买家"风控"？我甚至碰到某省的"法院聘请的艺术鉴定家"，几乎连业余鉴定都达不到。

分享鉴定家的经历，不能不谈徐邦达老先生。

徐邦达：皇宫里的古书画鉴定家兼画家

徐邦达，生于 1911 年，于 2012 年 2 月 23 日仙逝。

徐邦达出生于上海一个书画收藏之家，自幼受父亲熏陶。14 岁那年，

父亲请当时赫赫有名的李醉石（李涛）、赵叔孺等先生教授诗歌和绘画，并开始买画、鉴定画，父亲有意锻炼他的"童子功"。徐邦达早年从事美术创作，在新中国成立前就很出名。

徐邦达鉴定古书画始于 1933 年故宫南迁文物到上海租界暂存时期。徐邦达在库房看到两幅真假《富春山居图》，两幅画上都有乾隆御笔。如何鉴别真伪，成为他后半生鉴定生涯的开启之笔。

徐邦达先生

《富春山居图》为元代大画家黄公望的作品。传说清朝顺治年存于宜兴收藏家吴宏裕之手，吴临终前实在舍不得，想用来陪葬。幸亏在最后一刻，他的侄子急中生智换了一幅作品扔进火里，将《富春山居图》抢救出来。画作被烧成一大一小两段，后被收藏家合并，几乎看不出被损痕迹。徐邦达发现，乾隆御笔盛赞的"真画"提款根本不符合元代规范，而"假画"却找到被烧的痕迹。最终，佐证其他证据之后，综合考量，推翻了乾隆皇帝的"判断"，给真画平反、正名，请回了原位。

从此，徐邦达先生开始了一生的专业古书画鉴定，一路辉煌故事积累，奠定他在中国古代书画鉴定界的地位。

1950 年，国家文物局正式聘请徐邦达担任古书画鉴定工作，并着手重新建立故宫博物院书画馆。就是说，徐邦达是故宫书画馆的"开国元勋"。

从 1978 年起，受国家文物局和国家文物鉴定委员会邀请，徐邦达与启

功、谢稚柳等人组成全国书画巡回鉴定专家组，巡走全国的博物馆鉴定所藏的一级书画，是名副其实的"国宝掌门人"。

中国历史上第一次中国历史古书画鉴定是在北宋宣和年间，留下历史参考文献《宣和画谱》；第二次是清代乾隆和嘉庆年间，留下著名的《石渠宝笈》；第三次是 1983 年中华人民共和国成立后，是徐邦达先生在世时最隆重的一次。这次的鉴定小组成员有：谢稚柳、徐邦达、启功、杨仁凯、刘九庵、傅熹年、谢辰生。前后历经 8 年，共鉴定 8 万余件文物，成为共和国有史以来最为辉煌的国家级鉴定。

我了解徐邦达先生早于来故宫之前。著名中国古书画历史学老师、著名古书画鉴定家、中国艺术研究院资深研究员郎绍君先生，曾经是我在天津美院时的美术史老师。

20 世纪 70 年代末，他就职于中国艺术研究院，经常与京城的一群著名美学才子聚会论书品画。"文革"后的第一批高考生聚到一起，犹如积压的喷泉迸发，整个社会掀起了一股狂热的学习潮。

我在中央工艺美院期间，经常看望郎绍君老师。一天，郎老师为我特意安排认识了同是美学才子的徐书城老师（徐邦达先生长子）。徐书城老师文笔甚佳，连篇累牍地发表相关美学文章。

那时，美术圈里对美学的痴迷成为时尚，美学辩论成为"学术风气之一"。于是，徐书城先生成为主角之一。由此，我知道了他的父亲"京城名流"——徐邦达。经郎绍君和徐书城两位老师之口，我越来越对这位"京城名流"刮目相看。

为见徐邦达，徐书城先生请我到他家做客。拜会过徐老夫人，遗憾的是那次"家访"没见到徐老。

几年后，我调到故宫，我的办公室居然和仰慕已久的徐老在一个四合院里！更有趣的是，在 1984 年新中国成立以来最重要的历史性古书画鉴定项目中，徐老和鉴定小组成员集中鉴定故宫大库古画时，我居然"挤进"鉴定小组，面对面观察和学习徐老如何工作。

徐老清瘦的身材，白净的面容。每次他来研究室上班，西角楼下的院子里立刻有些骚动。徐老给大家的印象是比较严肃的，也许因年事已高，

很少和院子里的同事开玩笑。很自然，许多关于徐老的故事，常常由他的学术助理王连起先生和我们"八卦"。一方面袒露对导师的自豪；另一方面是满足我们这些年轻同事的好奇。

王连起最喜欢讲的就是专业圈子里，徐老被称为"徐半尺"的故事。据说有位朋友将画轴打开半尺，仅仅看到一片竹子的头梢，徐老便脱口而出："李方

徐邦达、杨新、杨辰斌、王连起等在西角楼院里鉴定古画

膺!"由此民间传开"徐半尺"的雅称。

还有人称他"徐一寸"——打开一寸，他便能说出真伪。国内将徐邦达、谢稚柳、启功称为"鉴定三侠客"，但徐老在海外常被称为"华夏第一人"。但徐老对这些称呼不以为然。多次讲过"有的画看一寸，甚至看一个字就能鉴定出来，但有的一辈子不一定能研究准确"。传说归传说，徐老的严谨令我印象深刻。

中央电视台曾经以"国宝"为名，为徐老拍摄过专题片。徐老在80多年的鉴定生涯中，为国家鉴定考证、收购和征集了三四万件作品。

从1933年徐老开始鉴定，到我和徐老共事的1984年，我所认识的徐老从事了整整50多年的皇家藏品鉴定工作，能有机会见到这些"真品"，绝非普通人能遇到的"天运"！

故宫从领导到员工，业内公认徐邦达老先生是"一流古书画鉴定家"。如果按照徐老的阅历、资历和业绩，评为"一流鉴定家"，那么，其他鉴定家如何评定级别？

"古书画鉴定"关乎五千年文明，这个行业，该不该有"评级师"？谁有资格评？依据是什么？这在欧洲有行业规则，我在后面会详细叙说。

启功先生：皇室后人、古书画鉴定家及书画家

启功，姓爱新觉罗，字元白，满族，生于
1912年7月26日。启功先生祖上是雍正皇帝
的儿子——弘昼，封为和亲王。曾祖溥良考中
进士，入翰林，清末曾任礼部尚书、察哈尔都
统。祖父毓隆，翰林出身，为典礼院学士，曾
任学政、主考。

启功先生

1924—1926年，在北京汇文小学和汇文
中学读书，他的书画作品被学校选为礼品赠送
礼宾。

1927—1932年，经长亲带领，拜贾羲民先
生学画，此后作画卖钱帮助母亲养家。

1933年21岁，经傅增湘先生介绍，受教于陈垣先生。

1935年23岁，任辅仁大学美术助教，从事书画创作。

1938年26岁，任故宫博物院专员，负责鉴定文物。

1949年37岁，任辅仁大学国文系副教授兼北京大学博物馆系教授。

1998年86岁，中国人民政治协商会议全国
委员会第五届委员和第六、第七、第八、第九届
常务委员，国家文物鉴定委员会主任委员，中央
文史研究馆副馆长，中国书法家协会名誉主席。

启功先生一生著作丰富，在书画、鉴定、
国学、书法等领域都有很深的造诣。

我认识启功先生是在1984年，中华人民共
和国成立后第一次国家组织的古书画鉴定小组，
我陪同专家一起走进故宫大库。启功先生平易
近人、幽默、风趣，这在鉴定小组严肃的氛围

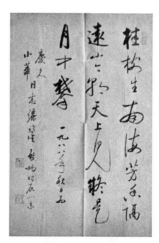

启功先生为作者夫妇提词

中，常常起到"润滑剂"的作用。

在每日鉴定几百幅作品的严肃工作中，作为一个"小兵"的我大气都不敢出。启功先生是我最"敢"说话的大师。虽然启功先生没有在我们"西太后"院子里工作，但由于他的平易近人和幽默，我和王连起在启先生面前，似乎比在徐邦达先生面前要放松得多。

在多日一起相处的过程中，启功先生送我最亲切的礼物是给我起了个名字——"小播音员"。从此拉近我和启功先生的距离，可以随时套近乎。

曾有过几次机会，启功先生提议为我写书法。当时心疼老先生，立即起身谢绝了。最近几年，发现我家藏画中有一幅启功先生写给我和老公的书法，不知是哪位热心朋友到他那里为我求的。

从巴黎回来后，得知先生已经作古。每每拿出这幅书法，"见字如面"，怀念的情感油然而生。

启功先生生于1912年，比我的另一位皇爷爷老师溥佐先生大6岁。

一位是雍正皇帝后辈，一位是末代皇帝的弟弟。我不知他们儿时少时是否一起习文弄画过，但从下面的作品中可以看出，当年他们学习国画的画风一致，都是宫廷派。

中国皇宫画家后代的作品，是法国人重点关注的。因为"皇帝"品牌的传播力，很多时候大于艺术名气。尽管启功先生在中国的艺术领域有很大的社会影响力，远远超过溥佐先生，但《末代皇帝》的电影，形成巨大

启功先生的作品　　　　　　　　　　溥佐先生的作品

的国际社会影响力，在西方的宣传很容易重点提及"溥佐"。

启功先生的传记里有这样一段：在他的朋友中，既有"高官"，也有"普通老百姓"，他都一视同仁，从不厚此薄彼。他十分厌恶某些人的阿谀奉承，有时甚至不客气地把他们拒之门外，表现了一个学者的铮铮风骨。他对金钱、名利很淡，从不以字换钱，感情相投的人欣然相赠。话不投机的人，千金难求一幅字。

这与齐白石的"只画半只虾，卖给钱不够的客户"完全不一样。也许是"出身"造就了这种处事的率性，与贫穷无关更与富裕无关。与当下艺术市场中大多"炒作价格"的人，完全不是一个境界。

也许这就是传统和传承。冥冥之中这种为人处世影响着我们这一代人，过去的老先生大师多数都是这样的为人。无论我在巴黎，还是回到国内，我习惯了老先生的处事，将作品视为自己的孩子，总希望嫁给可靠的人家，钱不是第一重要的。

年龄不到，很多事不理解，直到退休后，才更加深刻地理解这种境界。这段骨子里难改变的"性格"，我感觉特别亲切，这种"风骨"在艺术圈难能可贵。

启功先生的书房

溥仪皇上的堂弟——溥佐先生

爱新觉罗·溥佐，生于1918年5月7日，满族，中国画画家，北京人。清宣统帝爱新觉罗·溥仪的堂弟，自幼在父亲载瀛及兄弟溥雪斋、溥松窗等熏陶下，酷爱书画。

1937年入溥雪斋创办的松风画会；1944年与堂兄溥心畬合作在天津举办扇面展览；1946年任北京大学出版部职员；1949年后在河北艺术师范学院、天津美术学院任教；1952年加入中国画研究会；1959年应聘任天津河北艺术师范学院国画讲师。这位宫廷风格、正牌出身的"童子功"画家，整整画了 60 多年！

半个多世纪，在"中国艺术市场大潮"被遗忘在角落里，却让法国博物馆牢牢记住了他！

溥佐先生

之所以这里要谈溥佐先生，是因为到了法国，在法国博物馆或者法国画廊官宣我的作品和老师时，他们都会提到溥佐先生。对法国民众来说，最有名的，不用费劲解释的，自然是"皇帝的弟弟"。在法国人的圈子里，如果您对他们说著名的中国画家齐白石、黄宾虹，恐怕很难让人明白是谁；但如果说"中国皇帝的哥哥"，就如同对中国人说"法国路易十四的哥哥"，听众会立刻肃然起敬。

摘录一段法国国立博物馆 Cernousque 馆长写的一篇报道（在法国博物馆刊物上的介绍）：博物馆馆藏作品，其中有中国女画家罗小华的作品——《双牛图》。罗小华女士是中国故宫博物院馆员，师于皇帝的哥哥——溥佐先生和庞熏琹先生。

注意，这段介绍中，法国人一定要把溥佐先生排在前面。但在中国美术圈，庞熏琹是大家，而溥佐先生只是一个副教授。

法国博物馆刊物介绍

这篇报道是我回国后无意间在网上发现的，当我发现这篇文章时，Mme Bobot 女士已经去世了。我们常常听说有些西方人，对中国的艺术研究比中国人还要透彻，Mme Bobot 就是其中一位。在法国，即使著名的卢浮宫，甚至著名的东方博物馆——吉美博物馆内没有人像 Musée Cernuschi 这么专业地研究中国历史和中国艺术，而 Mme Bobot 则是位非常特殊的中国皇宫艺术专家。我们每次见面畅谈中国绘画史，她都能如数家珍、痴迷深入、滔滔不绝地讲述。很难得这样一位终身不嫁的女士，一辈子在研究中国宫廷艺术。因为她是研究宫廷画的专家，所以把溥佐先生排在第一位，可见在西方人眼中，皇室画家的地位是很高的。

事实上，在艺术商的圈子里，纷纷推举故宫画家郎世宁。郎世宁先生是国际市场的大家，他的作品在市场上十分罕见，每次出现在拍场上，均会引起极大的关注。在溥佐先生的作品里，完全能够看出皇家传统艺术风格中的那份"规矩"：宫廷画老老实实写实的典雅和文人气。尽管郎世宁画西画、画写实出名，溥佐先生画国画、画写意，但他们的作品中，骨子里都有"宫廷画"风格。中国市场低估了溥佐先生的"皇室宫廷画风"的地位，西方市场甚至不知道皇帝有这位专业画家的弟弟。

法国人如此重视中国皇宫，为何没有中国画廊去法国运营"皇爷爷"的作品呢？

国宝清史专家——朱家溍老先生

朱家溍，出生于 1914 年 8 月 11 日，字季黄，宋代理学家朱熹的第 25 代世孙。故宫博物院研究员、国家文物局文物鉴定委员会委员、中央文史研究馆馆员、九三学社社员、著名文物专家、历史学家和故宫博物院专家，主持修复故宫太和殿"龙椅"。

朱家溍先生

同在"西太后"院子里的著名大师，不能不提清史专家朱家溍先生。他是少数国宝级人物之一，祖上历代是宫廷名流，也是宫廷大收藏家族之一。到了朱家溍先生这一代，陆续把价值不菲的国宝藏品捐给了国家，终止了"收藏家族"的历史。

朱老在自传中写道：高祖朱凤标，先后做吏部、户部、兵部侍郎、体仁阁大学士等职。曾祖讳其煊，以国子监生授工部主事。宣统年间官报称"世受国"。祖父讳有基，同治十二年举人，授内阁中书。因此朱老的父亲和弟兄们，均被祖父安排在各个重要岗位。

朱老的父亲，年轻时先考入实业学堂（北京工业大学前身），后考入英国牛津大学，获得经济学硕士。回国后，任财政部参事、盐务署长。故宫博物院成立后，任专门委员会委员，负责鉴定故宫古书画、碑帖以及其他古器物。其父一生致力经史，精于鉴别，收藏碑版、书画，多为罕见之本。

这样的大臣世家，加上其父的牛津经济学硕士和盐雾署长，家境富有，不可能不做收藏。

马衡先生曾对朱老的父亲这样说："您所藏的碑帖，是一份系统完整、拓工最古的拓本，是公认的。故宫这方面是弱项。我想申请一笔专款，由故宫收购这一份碑帖，10万元您看怎样？"朱老父亲回答："10万银圆，按说不少。不过我还要继续研碑帖，没打算出售。我将来会捐赠给故宫的，也是这东西最好的归宿。"1937年6月，父亲去世。1953年，在母亲的主持下，朱老兄弟四人办理了捐赠手续。给文物局写了一封信，全部碑帖总共700余件，无偿捐赠。

1965年四清抄家时，仅线装书就有数十架！

1976年，朱老母亲去世，朱老几位兄弟又将家中明代紫檀、黄花梨等木器和乾隆时期紫檀大型木器数十件，以及明代名砚、宣德炉等多种古代器物，无偿捐给避暑山庄博物馆。

1976年将家藏善本古籍数万册，全部无偿捐给社会科学院历史研究所。

1994 年将家中最后一批文物无偿捐给浙江省博物馆，包括唐代、宋代、明代著名的书画作品。

从此，朱老家族结束"收藏家族"的历史。难能可贵的是朱老的女儿，我的铁哥们朱传荣，我们同在西太后院里工作的同事，非常低调，完全接受父母的决定，从不把家族万贯财富视为自己的。

朱老 1946 年调入故宫工作，家族和皇宫一直紧密相关，成为鉴定家和清史专家就不足为奇了。老辈的文物收藏家和书画家，爱惜珍品远远胜过金钱。我看到今非昔比，把它写出来是把老一辈收藏家的情怀告知后代，让后辈学习。

无论是徐邦达、启功还是朱家溍，几乎都提到陈恒先生。陈恒先生是朱老的老师，是故宫博物院理事和图书馆馆长。

20 世纪 80 年代，我们这些年轻人虽然受到尊师爱祖的教育，但总有些"欺软怕硬"，只要老先生属于平易近人的，总有年轻人在跟前转悠，更何况朱家溍老先生的女儿朱传荣，那是我们的"哥们"。别说进出朱老办公室，就连朱老的家也经常去"串门"。朱老对我们这些年轻人总是"宠爱过分"，就差塞糖果了。

记忆最深的是，朱家溍老先生告诉我不得外传的养生秘诀："夏天到来，先吃黄连素，后吃昨天剩饭。"特别智慧！

我开始并不知道朱老到底有多厉害，恰逢电影《火烧圆明园》和当时红极一时的一些"宫廷剧"，常有著名导演进出"西太后小院"，毕恭毕敬地邀请朱老先生做顾问；随之众人传说的"八卦"神乎其神，我才知道朱老的分量！

故宫内部各个部门专业齐全，有"保管部""陈列部""宫廷部""书画部""古建部"等。

朱家溍先生和同事在一起

宫廷部是专业部门，负责所有的礼仪或史料。但像朱老这样的大家，都被集中到"研究室"，如徐邦达在研究室而不是在书画部，冯先铭在研究室而不在陶瓷部，"研究室"集中了各学科的泰斗级老先生。不知当年皇上在任时，宫里的部门设置是不是也这样。

"研究室"也就是"西太后院子"里与紫禁城出版社共同掌控院内最高学术的"大臣团队"。

这使得故宫最高学术机构和最高学术人才的"特殊"工作场所，给我们这些年轻人得天独厚的"高师资"环境。具备了大学、研究所，也有家族传承、师徒传承和弟子传承的综合性氛围。

由于经常去朱老家串门，对朱老和他的两个女儿很有感情。朱老的家有着典型的老北京氛围，家中全部是中式家具，老式的装修风格。我们都知道朱老酷爱京剧，家里有他的各种古装剧照，都是装扮名角的戏装。即便是"文革"下放期间，他也自导自演，多次演出，无论是《红灯记》的李玉和，还是《沙家浜》里的郭建光，都是当仁不让地扮演"主角"。

很奇怪，过去的年代歧视"戏子"，但是达官贵人们却经常"玩票"。

每次去朱老家做客，都是欢快而归，品足了"老北京"家族的味道。

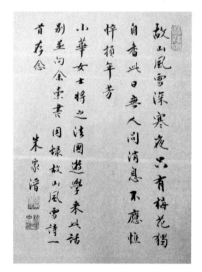

朱家溍先生为作者提词

1989年离开故宫去巴黎之前，我恋恋不舍地到家中看望朱老。这时的朱老，80岁仍坚持上班，身体健康。我看到朱老很悠闲，不像启功先生那样累，终日一大群人围着要书画。于是我向朱老提出要一幅"临别赠言"。

朱老对我就像对自己的女儿，要啥给啥，于是我如愿以偿。（见图）

从巴黎回来，朱老已走了，我不再有机会去上门叨扰他了。但他给我留下的字，在《小华藏宝》中，经常被翻出来回味，回味那些我能想象的朱老那一代人的生活。

故宫低调平易近人的领导、副院长书画鉴定家——杨新

　　杨新，1940 年出生。在徐邦达先生和启功先生进入古书画鉴定界后七年，杨新出生。1960 年广州美院附中毕业后，考入中央美院史论系；1965年进入故宫，师从徐邦达先生和启功先生，研究古书画和陈列工作。1984年我进入故宫时，杨新作为卢斯基金会访问学者，到美国柏克莱加州大学艺术史系研究和讲学一年。1985 年 1 月任陈列部副主任，1987 年 9 月—2000 年 12 月，任故宫博物院副院长。后任国家文物鉴定委员会委员等重要职务，享受政府特殊津贴。

　　杨新先生在古书画鉴定和论著方面的成就，网上有很多介绍，这里不再论述。杨新院长在故宫还有一个大家公认的好评，就是对夫人的尊重恩爱。杨新院长从来不因自己高深的学问在家里称老大，是一位名副其实的"模范丈夫"。

　　在"西太后院子里"的同事中，经常与院长夫人见面，但我一直不知道谁是院长。

　　有一天，进来一位和蔼可亲的矮个子老人找人。我很好奇，这个院子里进进出出的都是昂头挺胸的人，怎会有这样客气点头的人？也许是外单位来拉图书的人，我帮他指点去向后，问同事，这人是谁？

　　同事告诉我，这是故宫副院长，我都快笑出声来了。这样的人当院长能管住谁呀？一副超乎常人的好脾气，半点架子都没有，估计全天下的小青年都喜欢这样的领导。

　　杨新院长是古书画研究家和鉴定家，专业上一丝不苟、精益

杨新副院长

求精。他平时经常在陈列部书画研究室办公。陈列室坐落在故官的东华门附近，俗称"东太后院子"，一片古老陈旧的旧时代风貌，似乎回到明清时代的旧居。那里有杨新院长几个专业比较过硬的师兄弟，比如，聂从政先生等大家比较崇拜的专业才子。

我在故宫工作时，大多数时间在"西太后院"里工作。这里是故宫顶级学术人才老先生集中的研究室和掌控专家出版著作生杀大权的紫禁城出版社所在地。事实上，和研究室顶级专家一起工作，是出版社人的骄傲，不然我们这些小年轻哪里有机会这样"过把瘾"，有啥资格能平进平出"西太后院"子的大门？

出国前半年，我从紫禁城出版社调到陈列部工作，从"西太后院"转到"东太后院"，熟悉了杨新院长的工作环境。我出国后紫禁城出版社搬到东边，不再和大师们一起办公了。估计是我的几位皇爷爷老师的气场把我引到皇宫大师身边学习的，不然很难解释为啥我走了，出版社就离开了大师们？

西太后院里给了我太多向"国宝大师"学习的机会，而"东太后院"给了我独立工作和走进故宫大库的机会，更给了我独立画画的环境。之后的巴黎画展中有不少作品是在这里画的，这里有古代的氛围，当年同学都说我已然成为出土文物了。

同是故宫，人文和气场有些不一样。"西太后院"里的国宝大师，骨子里带着20世纪的生活烙印，甚至带着明清时代的皇家风范和学问，保留宫廷传统风格到今天，身边的这群年轻人

徐邦达（左），杨新（中），朱家溍（右）

想方设法接近老先生。"东太后院"里的研究员则不然，几乎每人都有自己的小天地，几乎人人独立工作，埋头苦干。有时才子聚聚聊天或者中午出去喝酒，都是平等的学友氛围。"东太后院"里的著名人物基本属于"当代文人士大夫"的风格。

难怪杨新院长那么平易近人。杨新院长属于老先生的晚辈年龄，多年故宫传承下来的尊师敬长的谦卑，让杨新院长形成习惯性的谦卑风格。

尽管院长职务有不少行政色彩，但有专业的领导，与单纯的行政领导不一样，往往找各种理由，放下不必要的事务，钻到"研究书画，鉴定书画"的业务中来。"懂专业的干部"是我党一贯需要的。

我是新中国成立以来故宫第一个公派法国的博物馆员，是在陈列部工作期间派出去的。由于刚刚调到陈列部，与同事还不大熟悉。院里要求出具专家鉴定书，这是公派出国的一道手续。我毫不犹豫地选择最"好欺负"的院长——杨新老先生。没有想到，杨新先生对工作那么一丝不苟，严肃认真。他仔细了解我的成长和业务方面的经历后，认认真真地写了两页"论文"式的推荐信，严肃地盖章签字，并拒绝用电脑打印——以故宫和古书画行业的优秀传统，一个字一个字、工工整整地手书完成。

这让我非常感动，记得当时中央工艺美院院长常莎娜老先生也很支持我出国，纷纷写推荐信。唯独杨新院长坚持手写。后来我到法国后才知道，法国人很重视"手书"，尤其巴黎高等装饰艺术学院艺术圈中的老教授，最珍贵的字体是"手书"。

我将杨新院长的"手书"信珍藏起来。在电脑时代，手书信件越来越稀少了，它带着本人的信息和气息，带着生命元素，远远超过冰冷的机器的温暖和慈爱。

2020年得知杨新院长走了，我很震惊也很遗憾，原总以为还有机会去看他。

我把这封沉甸甸的信，存在《小华藏宝》册页里，存在我内心的博物馆里，内心充满尊重和敬爱。

杨新院长为作者写的推荐信

故宫书法家——刘炳森

炳森先生是著名的社会活动家，与我的缘分有些特殊——西太后专家院里，我经常"欺负"的专家，莫过于从没有架子、和蔼可亲的著名书法家刘炳森先生了。炳森先生可以称得上故宫的第二位美男子，高高的个子，浓眉大眼。我初到故宫紫禁城出版社时，并不知道他在社会上如此声名显赫。每次见到他，他都笑容满面，让我感觉像美院老师一样，可以不分大小地"合作"。

作为美编，我不断请炳森先生给我写书法，我都忘记了写过多少，当然都是工作所用，从来没有"付费"一说。如今回想起来，我为那么"霸道"而难为情。有一次，我过分使用编辑的"权力"，请炳森先生为著名的老中医（百岁的陈彤云医生）写一份《北京中医华侨咨询部》的介绍。因字数较多，炳森老师有些怵头。他很客气地说："小华，您能不能稍微了解一下，我通常给人写题词或题匾，您这回这么多的字，让我用书法写，对我来说需要不少时间呢！"

故宫还有一位专门写楷书的姐姐，叫董正贺。也是我经常"组稿"的对象。董正贺告诉我："不能这样使唤刘先生，刘先生是大家。在社会上请刘先生写字很难的，不是给钱就写的。"

待我深入了解后直呼不得了，原来炳森先生如此出名！用炳森老师的话讲："也就是您，让我干这么多活，别人从来没有像您给我派这么多的活！"

我这才知道书法在市场上是要付费的。无论刘炳森还是董正贺，我没少麻烦他们写字，当然都是为故宫工作，从来没有付过费。

我立即停止"剥削"，最终我和炳森先生一起合作完成了这个作品：他来写名称，用炳森书法；我来写内容，用罗氏隶书。共同完成了国家级老国宝中医大师、如今是著名的百岁老中医——陈彤云先生的委托。

刘炳森先生与作者合作完成的《北京中医华侨咨询部》介绍

不过，在《小华藏宝》的收藏品中，仍然有"炳森书法"，好像并不是利用我手中的编辑"特权约稿"，而是炳森先生的"友情"，把我们链接在一起。

《近距离的皇宫大师》中还有很多重要人物，我就不一一讲述了。很多老先生的贡献，网上流传太多，可毕竟网上与真实的情况不一样。

估计读者中不少有专业背景的追求者，希望了解更多大师。我把大师们的助手或弟子们写出来，也许后人可以从他们那里获得更多的信息和故事。

记皇宫瓷器掌门人——冯先铭

"西太后"院里的研究室中，还有一位国宝级的大师引起我无数次的好奇，那就是著名的古陶瓷鉴定家、中国陶瓷协会会长冯先铭先生。

陶瓷专业是我熟悉的专业之一。我在中央工艺美术学院时，与陶瓷系老师关系很好，经常蹭些漂亮的陶瓷作品拿回家或者送人，有时候我也亲自下场做些陶瓷。

冯先生风度翩翩，是故宫人眼中标准的美男子。高高的鼻梁，大大的眼睛，微微卷曲的头发，第一眼会让人以为是混血儿。

冯先生办公室里堆满各式各样的瓷片。任何时候我进去，都会看到冯先生津津有味地研究和替换着那些碎瓷片。我常想，冯先生的孩子会不会嫉妒爸爸不能像爱瓷片一样抚摸他们？究竟是什么使他能日复一日、不怕枯燥地对这些破碎的瓷片有这么大的兴趣？他究竟怎样研究，研究什么呢？

我认为感悟艺术的最大窍门就是：任何一门艺术，只有"找机会与大师一起看作品"才能提高自己的眼光。从我第一次学画时，启蒙老师就告诉我，一定要站在老师们的肩膀上才能走出来！从此，我无时无刻不像猎鹰一样寻找机会。

我颇费心思地找机会接近冯先生，因为他每次进院就会直冲他的"瓷屋"，从来都是旁若无人的样子。由于年龄相差太多，对冯先生我还缺乏沟通基础。

最终我还是找到机会让冯先生注意到我，因为我是美术编辑，我可以找理由接触任何故宫专业人才，无论是咨询专业问题，还是咨询编书需要的基本常识。

和冯先铭先生在巴黎

其实，冯先生对任何人都很客气，十分和蔼可亲，不管是朋友还是晚辈。

机会终于来了。

那一天，一个震惊故宫全院的事件发生了：故宫前天夜里抓住一个小偷！

故宫闭馆后，无论大堂还是一些珍宝馆都有保险措施。据说这个小偷是白天混在游人中进来的，晚上躲在厕所里，逃过了巡逻人员的眼睛，在夜里作案。而且这个小偷已作案多次，将偷来的东西拿到黑市上卖。

人们津津乐道着小偷的技巧和怎样被发现的惊心情节，我却更关心故宫为了提高警惕而举办的小偷展览。

我请求和冯先铭先生一起去看这个展览，冯先生很痛快地答应我，这让我很高兴。

展览在故宫北门靠近西便房的行政办公室的一间房间里，桌上整齐地摆满了小偷偷的一个个物品，主要是瓷器、铜镜一类比较好带出去的东西。

令我惊讶的是，冯先生认真地看过这些东西后告诉我，其实小偷没有偷到什么很值钱的东西，可能小偷并不懂专业。

冯先生指着一个唐代铜镜说："这个铜镜小偷在外面卖几千元，实际也就值20元，唐代这种铜镜太多了！" 20世纪80年代中国还没有像今天一样大兴艺术品，但小偷们的理念是"故宫的就是皇上的，皇上的就是值钱的"。

冯先生给我讲解了很多这类藏品的知识，实际上这次参观是我给自己安排的一堂课。

我从此和冯先生交上了朋友，但我从不会无理由地打扰他。

几年后我已经成为老巴黎时，在巴黎再次碰到冯先生，感到格外亲切。

我拿着一个在旧货市场买的古瓷盘，请冯先生看一看，冯先生仔细端详后告诉我，这是雍正年代的一个花卉瓷盘，因为那个年代这种图案稀少，所以还算值得购买。

我很兴奋，艺术家购买艺术品的角度与收藏家是不大一样的，只要有艺术品位，无所谓古代现代。如果在喜爱的艺术品上还能附加更多的价值，当然就有了双收获——这是我的定位。

令我难过的是，当我拿着冯先生鉴定过的瓷盘，到巴黎拍卖行的评估中心请法国的中国瓷器鉴定家再次鉴定评估价格的时候，法国人一口咬定是假的。

其实无论真假我都不准备卖，只是为了了解国际鉴定水平和市场行情。

我不服气地对法国人说："这是请中国最权威的专家鉴定过的，是雍正年代稀少图案的瓷盘。"而法国人回答："不管中国多么权威的专家，在法国是我们说了算！"

这句话，令我长久烙印在心，中国老祖宗的东西，是法国人说了算？！

我在法国吉美博物馆实习时，亲眼见到权威的研究中国古画的法国博物馆专家的资料卡片箱里寥寥无几，连"八大""四王"的名号都没有，他们翻译和理解这些太困难了；而在中国美术学院一年级的中国绘画史课程里这些是基础知识。

大家都知道，鉴定一幅中国古画，落款的书法是很重要的因素。我印象最深的是法国人常说的一句话："这事太难，就像学中文一样！"却偏偏他们就能理直气壮地告诉你："你们老祖宗的东西，在我的国土上就是我说了算。"

的的确确，中国人考法国博士光是法语就难过关，还不要说法国必须是博士后才能考试成为博物馆馆员。光这两道关，中国外语专业毕业生就难通过，更不要说全身投入研究成为高级文物鉴定家了。他们哪有可能来法国占位？

国际话语权就这样失之交臂。

世界上多少真东西变假，假东西变真，其实只有占了位的人说了算。

原来"夺取政权"不仅是政治上，而是三百六十行，行行需要"夺权占位"。

在巴黎见面，我当然知道冯先生想要什么，就主动提出陪他去跳蚤市场"淘货"，这是冯先生最喜欢的事情。

那一天，我们一起来到巴黎著名的跳蚤市场。

走了整整一上午，参观了无数个摊位和物件，累得我们筋疲力尽，从一开始的兴致勃勃走到后来的沉默不语。

快接近结束时，突然冯先生眼睛紧盯一个摊位，却不走向前，悄悄告诉我说："小华，过去看那个盘子，问问价格，千万别告诉他我是谁。"

这是一个韩国早期的古瓷盘。

冯先生仔仔细细看了许久，我们假装不经意地问价格，老板说："400法郎。"（折合当时人民币约 520 元）我看看冯先生，冯先生问："还能便宜吗？"价格最后还是没能降下来。冯先生无限遗憾离开了摊位。

我们离开这个摊位后，冯先生告诉我，这是他寻找了一生的瓷盘。

我万分惊讶，一个中国一级古瓷鉴定专家，竟然没有 400 法郎？！

我很后悔没有带支票出来。在法国，人们出门从来不在身上带很多现金，全部是刷卡或支票，因此很少有法国人被偷盗。

我什么话也没说。

第二天一大清早，我偷偷带上支票，再次跑到这个摊位，想把瓷盘买下来给冯先生送去，可惜这个瓷盘再也见不到了！

我带着十分歉疚的心情去送冯先生回国，没提第二天我又去跳蚤市场的事情。

记得我出国前去看望故宫博物院的院长，著名的考古学家、德高望重的张忠培院长。他告诉过我："一个考古学家、鉴定家的职业规则是，可以给别人鉴定，自己却不能以此发财。所以干这行只能是两袖清风。"

事实上，没人去监督这个职业操守，只有靠人品、信誉和道德自觉遵守。

几年后我回国，听说冯先生去世了。我总感觉我今世欠他一个瓷盘。

这就是中国最优秀的文物鉴定家。

"西太后"院里的"弟子帮"

本书再版，编辑几次提醒我，希望增加故宫大师们的"轶事"。当然这是相关研究必不可少的内容。

记得语言学院一位老师说，"我请你吃饭"字面上啥意思？五个字，如果发音重点不一样，就有五个不同的意思。没有"语境"，后人很可能把大师误读了。

感恩我的"出身"好。一进故宫，误打误撞被分配到故宫人才最集中的地方。故宫研究院和紫禁城出版社所在的小庭院，坐落在故宫西角楼之下。我们私下称为"西太后院子"。这个幽静而高雅的小院子，远离故宫心脏，却集中了故宫里最强的大脑。

这里有世界著名的"中国皇宫古书画鉴定家"徐邦达先生，当年全国第一陶瓷鉴定家冯先铭先生，著名的宫廷史学家朱家溍先生，著名书画鉴定大家李炳辉先生，著名书法家、书协主席刘炳森先生，紫禁城出版社的创始人、著名散文学家刘北泗老先生，等等。

有些著名专家没在"西太后院子"，比如傅熹年老先生，耿宝昌老先生，刘九庵老先生，等等。这些故宫顶尖级的专家也都经常光顾这个院子，原因是：故宫学术刊物《故宫博物院院刊》《紫禁城》杂志，就在我们手里。

所有与皇宫相关的文献，都要通过我们的编辑约稿，进行剥丝抽茧地筛选。院刊或杂志的主编，也属于非同小可的人才。只不过无论大师、弟子帮，还是这些"幕后高手"，都不热心在公众媒体面前亮相。

据说，文物系统有个内部规定：国家文物鉴定专家，不参与社会上的市场活动，所以电视上很少出现这些大师身影。他们的徒弟们，也秉承师傅操守，苦练内功。

在我眼里，院刊主编老钱是位神秘人物，他拥有"故宫专家们的话语权"，就像电视台决定播出哪个电视剧一样。

副主编钱小云是我的好友，是著名作家阿英的女儿。工间休息时候，我们把电视剧人物分配给每位同事，小云担任我的"姨妈"，从此我们就认下了这门干亲。

西太后院子里与故宫热热闹闹的参观场地完全属于两个世界。

每天早上8点开始，整个院子静悄悄，无论编辑还是研究员，都进入忘我的埋头工作中。中间操时段，属于我们的"生活内参"世界。

外人不知道的是，我们每人办公室都配备一张"公主床"，供午餐后休息。这说明，脑力劳动的强度引起领导的重视。

如今，各位读者想更多了解各位大师和先辈的"名人轶事"，恐怕不得不介绍我们这一代的"弟子帮"了。大师们多数已经走了，"弟子帮"也都将近70岁了。历史依靠"口口相传"，如果"弟子帮"们也走了，就难说了。

2011年，华尔街一位金融家在网上看到我的《从故宫到巴黎》一书，专程从美国到北京拜访我。我相信，读者群里一定不乏一些"故宫迷"和"紫禁城粉丝"；想研究和追寻大师们的足迹，我能给予实际的帮助，就是把这些"弟子帮"介绍给读者。

这里介绍一下"弟子帮"。

徐邦达老先生的弟子：杨辰斌和王连起。王连起与我年龄相仿，我们的友情很深，经常一起聊徐老先生，聊启功先生。这些老先生的生活"内参"几乎都在"弟子"手里。临去法国之前，我得到杨辰斌老先生一幅书法。

启功先生也要给我写书法。当时政协的同志排队等他写书法，弄得他疲惫不堪，实在于心不忍。但忘记最后是谁，帮我要了一幅。

最不应该的是王连起，我俩这么熟悉的好友，居然没有给我留些墨宝。多年后，我和王连起在香港中文大学相遇了，他已经是"文物专业"的客座教授。

如今，活跃在文物培训班的著名老师，已经是第三代——杨辰斌的女儿杨丹霞，她讲课很受学员们欢迎。

堪称故宫美男子的冯先铭老先生，20 世纪 80 年代任中国陶瓷协会主席，陶瓷鉴定第一把交椅。他的助手和弟子是女儿冯小琪，与我年龄相仿，自然成为好朋友。

故宫里不乏专家的子女作为"助手""传承人"的案例。这种方式如同中医世家。长辈的教导无时不在，不论在家里还是办公室。这种潜移默化的教育，与那些"学院派"是不一样的。

"感觉""气韵""神韵"，很多时候很难靠书本和文字传承。而"跟着大师的眼睛走"，则是最重要的学习方法。这种传承，只有身边的人得天独厚。

20 年后我从巴黎回来的时候，小琪已经独立成为专家了。有一次我请她到家里做客，她如数家珍地点评我老公的藏品，其中一两件被欣赏，让我兴奋不已。至今我还保留着小琪送我的一个瓷碟。小琪不擅长做"网红专家"，但她不声不响，兢兢业业地多年刻苦研究学问，一定不亚于她的父亲。记得一位著名的医生说：会看病，第一重要的不是名医院，不是名医，而是熟悉你的医生。专家也一样。名声不是第一重要的，重要的是她从哪里来？她是怎样来的？她能够做出什么？

著名的清宫历史专家朱家溍，是和蔼可亲的长辈。我们的友情不仅来自同事，也来自她女儿朱传荣，还有他的助手于富春。

朱老是那种"慈祥老爷爷"型的专家。似乎任何时候，他都显出一副宽厚的长者之相。哪怕在讨论学术时，我也没有像惧怕徐邦达老先生那样。如果倒退几十年，我们可以是和他女儿一起爬到他膝上玩耍的孩子。

由于与朱传荣的友情，我经常出入朱家溍老先生家，甚至多次关心、参与他们的家事。我出国之前，朱家溍老先生依依不舍分别的情景，似乎像昨天。

朱老满怀深情地写下如下诗篇（见照片）

20 年后，朱传荣已经成为出版社的编审。我买到一本她编写的《朱家溍》。而朱家溍的助手于富春，三转两转成为"宫廷紫砂壶传人"的研究者。

如今西太后院子里的年轻人，逐渐成为所在领域的栋梁。比如，当年我的小伙伴栾静丽，如今已是"嘉德拍卖"公司古书画部总经理了。据说当年小栾离开故宫到刚刚成立的"嘉德拍卖"，朱家溍老先生评论说，"离开金窝进草窝"。

如今的嘉德声名显赫，草窝也飞出金凤凰。

西太后院子里的徐邦达、刘九庵等大师影子一样的年轻人王卫，出任香港荣宝斋总经理了。忠厚义气的年轻人郭玉海，如今成为故宫"拓片"专家。当年的美女江英，成为出版社的编审。

第二代都退休了。

读者们追踪的"故宫大师"们，连"弟子帮"的身影也渐渐远了。

院子里的树和鸟，每年都在更新。院子里的古建筑仍然焕发着古老的气息，但院子里的笑声变了，身影也不一样了。大师们及其弟子帮们，这里曾经发生的一切，只剩下文字……

故宫大龙邮票110周年首日封

故宫的大红墙内就像是个特定的小社会。

特定是指各门类艺术特定在一个皇家传统的范围。

这里无论是建筑、绘画、珍宝、陶瓷、篆刻、摄影、玩具，还是书法、历史，足以形成与世隔绝的丰富社会，无奇不有，五花八门。

我常想，皇上即使一生不出门，只要好学，他绝不应感到寂寞。

世界是什么？你看到什么，认知什么，就是什么。

紫禁城出版社新来的社长代替了刘老。新社长是个集邮专家，于是"西太后"院里常常传来传去一些新版的邮票。

不知当年皇上怎么想起来在中国发行第一版大龙邮票的，是否也像今天"西太后"院里的气氛？

这天，社长来到我的办公室，让我设计一个具有纪念意义的作品。

社长讲述了大龙邮票的诞生和对故宫的重要性，准备在故宫发行中国第一枚邮票——大龙邮票的110周年之际，我们再次发行一个首日封纪念。

我的兴趣来了，凡是有创意、上档次的事我都愿意做。

我找来各种资料，想象究竟什么能代表大龙首日封的意义。艺术设计就是这样，等作品出来时看似非常简单，不就是那么一个图吗？但在此之前的草图创意阶段却很复杂，也确实很痛苦，要求反反复复地推敲和修改。

如同难产一样，在我画出了很多草图后，设计方案终于被批准。

颤笔勾线是我的擅长。记得仅仅为练习颤笔勾线功夫，我在天津美院曾经整整用去两个夏天！无数幅线描作品堪称优秀，而我仅仅为掌握一门"工具"。

作为这次首日封正面主要内容的大龙图案，我使用颤笔勾线技术手绘出来，我的设计思路是，我要使作品让人感觉丰厚而不失典雅，古朴而不失皇威。

而后社长让我设计两枚纪念封上的印章，可苦坏了我。

印章是一门专门的艺术，在皇宫中，印章是独立而传统的艺术领域之一。过去我从来不注意印章，只是感觉它是画作不可缺少的一部分。

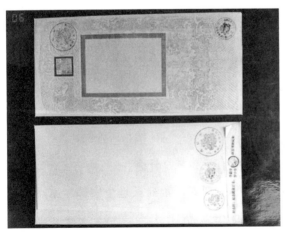

大龙邮票首日封设计样

大多数欣赏艺术的人都会忽略欣赏印章这个小小的天地。但如从鉴定一个作品的角度来说，印章起着举足轻重的作用！

"西太后"院里的研究室还有一位特殊人才，他是当年皇上的老师罗振玉先生的后代。罗振玉是皇宫里篆刻印章的权威和著名历史人物，罗先生后代罗随祖成为如今皇宫里的"独苗"。仗着我们都姓罗，500年前是一家，我敲开了罗随祖办公室的门。

尽管我过去是那么不在意印章这种"小艺术"，还得硬着头皮请教罗兄，听他讲那些在他眼里如数家珍的宝贝章法，但他的讲述我听起来是那么枯燥。我手托下巴看着他认真的样子，完全明白了当年的皇上为什么那么不喜欢学习。

实际上直到谈起我想求一枚自己的艺术印章的时候，这个话题才真正引起我的兴趣。

能得到皇上老师的后代培训，我真是幸运。如今我是那么感激罗随祖曾经给过我的培训，就像小学生只有长大后才懂得感激老师。

经过"皇家印章培训"后，我无数次修改印章图案，用社长的话说："简直是手把手地逼你。"真不知是我设计还是他们设计，因为每修改一次都需要无数次地参考他们的意见。

记得姜昆的相声里有句台词："如果后面有只大老虎追着，是不是每个人都能攀登珠穆朗玛峰啊？"我有同感。

艺术设计过程中要经过无数遍推敲，这是很痛苦的过程。每次经历这个阶段我都处于寝食难安的状态，直到最后眼前一亮出现真正满意的效果时，那才产生如久旱的庄稼地里突然看到一股清泉一样的感觉。

当我完成了首日封上的两个印章设计后，我已完全认识了一个崭新的领域。

社长不放心，首日封正当中最重要的印章由他亲自设计，我没有看到他的设计过程，但我能想象，他同样会有很多不眠之夜。当社长拿出他设计的印章时，我很惊讶他是怎么变戏法变出来的。

于是我和社长合作的首日封终于诞生了。

我知道社长在这项工作中，一定做了无数幕后的工作，任何一个重要课题的诞生都有大量铺垫工作。集邮界为什么认可？他怎样找到这样重要的选题？他如何运营才能使这个具有特殊历史意义的产物合法化诞生？这些都远比我这个小小设计重要得多。

而这些复杂的、大量的幕后工作，我全然不知。

让我没想到的是，首日封会受到那么多集邮迷的重视。发行当天，我才知道什么是热心的集邮迷，我几乎被集邮迷"非法拘留"了整整一天，在故宫北门给他们签字。据说在发行当天，能得到设计者的签字和邮局的发行章是最宝贵的，我就亲眼看到这些集邮迷在首日封的封面上，写满全世界各种各样的地址和姓名。

原来如此，社会上的"明星"和"粉丝"是这样诞生的。

几年以后，这个大龙纪念首日封出现在我的巴黎画展开幕式上。不是当作作品展出，而是用它作为邀请那些重要的贵宾的请柬，并附有说明。

法国人大大惊讶于这个纪念封的意义和它背后的历史故事。

法国是个喜欢故事的国家，他们称之为"文化"。

当巴黎举办 2000 年巴黎世界集邮展览的时候，我一口气买了 70 多个国家的邮票和印章，并一定要在发行当天盖章。不仅如此，我全力发动我的房东和所有我认识的朋友，上班请假冲进世界集邮展，跑遍各个国家摊位抢盖印章。

我终于重视印章，终于明白"皇上不喜欢学习"并不全对。

我终于成为"集邮迷"。

"溥仪皇上"让我走进故宫大库

在法国期间，无论走在街上，还是在办公室或者某一个场面需要介绍我自己的时候，无论我见到的是中青年、老人，还是幼儿园的小朋友，如果需要以最快速度让对方了解我是谁，一个最简单的办法就是：

"你们知道中国有个末代皇帝溥仪吗？"

我一定会得到满意的反馈，对方几乎立刻会说"知道知道"。

"你们谁看过电影《末代皇帝》？"

法国小朋友们的小手会立刻齐刷刷地举起来。

当说了第三句话"我就是中国皇宫里出来的，我是中国末代皇帝展览的总体设计"后，陌生的法国人立即与我成为好朋友。

法国朋友会以很敬慕的眼光看我，一切交往都变得容易。我不知道张艺谋是不是也经常遇到同样的异国大众欢迎待遇，但我深感到"距离产生美"。

其实，这对于在故宫工作的美术人员来说，实在算不得什么。

1988 年，我被调到陈列部负责展览设计。《末代皇帝溥仪展览》是我唯一在故宫工作中做过的展览总体设计。

那一年，中国、英国、意大利合拍了电影《末代皇帝》，社会上掀起中国末代皇帝热。故宫坐不住了，既然是中国皇上的事，故宫怎么能不做些什么？

陈列部的文编组开始行动了，他们找出大量的文字材料开始设计展览的整个轮廓。

我因为刚刚调任到陈列部美术组，领导分配给我一个任务：做《末代

末代皇帝溥仪展设计

皇帝溥仪展览》的总体设计。

研究过文编的文案后，我最感兴趣的是到故宫大库里去挑选当年皇上用过的物品，只要是中国人大都会对这类事情有兴趣。我能有这个机会，也算是真正的幸运了。

为了寻找溥仪 6 岁开始写毛笔字时用过的砚台和文房四宝，我们需要到一个大库挑选砚台。最终经过文化部、国家文物局和故宫博物院里的层层审批、层层盖章，我终于等来了与其他几位工作人员一起进大库的通知。

进大库的头一天，我晚上特意准备了一套新衣服放在枕边，唯恐自己有哪些疏忽玷污了"神秘的大库"。因为我听说大库里面常年需要保持恒温和恒湿度，需要极其清洁，需要非常小心，以免引起严重后果。

第二天大清早，我唯恐迟到，很早来到故宫。这可是我自从入宫后一直盼望的机会，就像当年少年慈禧的"兰儿盼着见皇上"一样。

进故宫大库每道程序都必须不少于 3 个人，当然每个人都是事前经过严

溥仪使用过的砚台和文房四宝

格审查的。每个人都必须事前签字，不止一次的签字程序已经将我完全搞晕！我无法分清哪一次签字是为什么。进大库的人要有保管部和陈列部两个部门的人一起才能操作，各自的责任分工明确，根据展览内容提取所需要的物品。

我们走过一个陌生的、杂草丛生的庭院——原来故宫有那么多不开放的院子，草丛几乎高过肚脐，可见平时没人能常进来。我们进了一道又一道的大门，在打开几道门后，来到了戒备森严的大库门前。

大库的库门将近 20 厘米厚，感觉是十分沉重的大铁门。我平生第一次亲眼见到这样的门，就跟电影里的外国银行金库大门差不多。印象中打开大铁门还不够，似乎里面还有门。每道大门上的锁，都在锁孔中贴有封条，每揭一次封条都要有 3 个或 3 个以上的人签字，时间、地点、人名、配有批文内容。

可谓"过五关斩六将"，最终才能见到真东西。

厚厚的大铁门终于打开了——我被眼前的景象惊呆了。

整整一个大库里面，放满排列整齐的架柜。所有的架柜上，摆满了各种砚台。太多了！如果我是一个"砚台狂"，这里无疑就是藏宝山！

这么一个小小的东西，至于这么疯狂吗？

我终于领略了什么是"皇家气派"。

面对这"石山砚海"，我根本就不知道该挑什么，更不知该如何下手。很多人为"物质缺乏"犯愁，我却深深领略了"物质泛滥"更犯愁的滋味。皇上果真有那么多时间挑选他每一天的每一个细小物品吗？

最终幸亏久经考验的文编事前做了足够的资料搜集工作，因为调出溥仪皇上小时候的砚台，万一挑走眼，被知识深奥的老专家们挑出毛病来，那可是大笑柄。而我们能进一次大库谈何容易！

我和文编开始讨论如何选定皇上大婚的东西。这可是全中国老百姓都会感兴趣的事情。皇上大婚有什么不同吗？

除了挑选"龙轿""龙车"，印象最深的就是"大婚的龙袍"。

我记得为了挑选"溥仪大婚"时候的结婚龙袍，我们来到"皇袍大库""纺织刺绣品大库"。那真叫人大开眼界。

每个大库都不一样，每个大库的守卫和管理都有自身的特点，而每个大库共同的特点都是"精品堆积如山"。

第一次看到那些"苏绣""湘绣"等精品，我一下子仿佛过了几个世纪的"寻宝"生活。保管员如数家珍地给我讲述这些闪闪发光的宝物时，我已经完全晕了，根本记不住。

我恍然大悟：做学问一定不能是"填鸭"的方式，就像这次的我，一进大库就什么也看不见了，因为太多，不知道该看什么。

我印象最深的是一些精致的明朝、清朝时期的纺织绣品，我为它们设计精美的图案而赞叹不已。这些作品是直接用 99 纯金的金线绣制，如果将这些金线拆下来，可是不少的黄金呢。

与其说这些物品是为了穿戴，我觉得不如用于观赏更实惠。谁知道黄金穿在身上舒服不舒服？会不会有什么化学反应？

末代皇帝展览组全体成员

展览组全体成员

几次进出不同的大库，终于凑齐展览所需的文物。我们每一次走出大库，在每道门关闭时同样需要至少3人签字，每道锁眼上贴上封条，那是早已批准过的印章封条，并注明某年某月某日，严丝合缝，一丝不苟。

当我完成了"大库之旅"，好像几天时间突然长了好几岁。那感觉就如同被天外的力量带着走过了一个"探宝"的时空隧道后，终于重新回到人间。

我想，即使不为这份工资，我也会像无数人一样，愿意免费来做这种工作，或者甘愿缴费来这么一趟身临其境的"参观皇家宝库"的活动，太过瘾了！

为了珍惜、纪念和回报领导们给我的这次机会，也为了让广大参观者能通过我的工作充分了解历史，我开始很认真地构思，想着如何布置展示才能将我的惊讶和我所了解的溥仪尽最大可能让世人们同样感受到。

由于秉承创新的理念，这次的展览打破了故宫的禁令，据说在我之前，任何故宫的展览都不允许在一些被禁止的宫殿里拉电线，更不允许铺地毯。而《末代皇帝溥仪展览》我坚持用展灯聚焦一些突出的珍宝，其中更有一场"皇帝大婚"主题展览，我坚持在大厅中铺上大红地毯，墙上挂上皇帝专用的中黄绸缎做背景。因为这个宫殿年久失修，很是荒凉，即使用华丽的文物装饰，地面的破旧和周围的凄凉仍无法衬托皇上当年的皇威。

就是这点小小改革，在历来古板如磐的故宫铁规则中，也是难上加难。

经过无数次的公关，我最终搬出了新上任的故宫博物院院长张忠培，张院长的威望和新思想帮助我实现了我的设计。

这个展览中的每一个细节都浸透了我和同事们的心血。由于故宫下班必须关门不得留人，每天下班回家后我们都要开辟第二战场，与"溥仪"对话。经过一段时间夜以继日的疯狂工作，《末代皇帝溥仪展览》在陈列部同事们一起努力下，经过众多个日日夜夜的工作终于完成了！

这次《末代皇帝溥仪展览》立即融入轰动一时的"末代皇帝"电影所带来的社会热潮中，观众永远是好奇的，看完故事就一定想看原物。

日后我在巴黎之所以多次很成功举办自己的画展，很大程度得益于《末代皇帝溥仪展览》的总体设计思路和操作过程中经受过的磨炼。

真该"谢主隆恩"！

高高的大红墙里确实锻炼人。

第三章

巴黎求学

公派留学

轰轰烈烈的《末代皇帝溥仪展览》结束了。突然间，一切显得那么安静。

陈列部美术组坐落在东华门内一个古典幽静的连环院内，这是过去皇家的一个大殿，已经陈旧不堪，但还是很结实。这里的环境似乎让我们终日生活在上两个世纪，根本感受不到 20 世纪 80 年代的时代气息。

每个部门几乎都有很独立的院子，每天能说话的人不超过 5 个。

我的大学同学来故宫看我，他们都说我已经成为不食人间烟火的老古董了，对外界经济大潮几乎全然不知，就像完全不是当代的人。他们都成了大老板，他们的成功对我来说似乎是"未来世界"的科幻故事。

我不知道外面世界是什么样？就像当年皇上被关在宫中的感觉差不多。

我开始作画，我有充足的时间，这是我的财富。我在大堂中用大画板搭起自己的小小工作画室，每天上班就如同进入庙宇修炼自己，沉浸在自己的小天地中。

故宫内院陈旧的环境和静谧的氛围，自然而然地将我的思绪带入创作古代题材画中。即使我骨子里好动、好奇，崇尚时代车轮，但我无法跳出环境的感染。

我终于理解为什么西方那么多哥特式建筑教堂。古代建筑师的伟大，迫使你面对这种建筑环境的时候，灵魂走向肃穆和敬仰。为什么佛教徒走进庙宇，会六根清净地念诵经文？环境给人的冲击力是不知不觉、无法抗拒的。

一天，一位著名的气功大师来到紧挨着我办公室旁边的故宫东华门后花园的草场地上讲气功。大师说这里的气场是北京独一无二的，犹如深山老林般的清静。他娓娓而谈，听众们开始摇摇晃晃，似乎进入仙境。

就在这样的幽静氛围中，我开始创作。

我的创作题材选自中国上古时代，虽说故宫是明清皇宫，而我的性格却不喜欢太雕琢太精致的东西，我更喜欢大气、古朴和接近自然。上古时代的故事是那么美丽，那么单纯，那么纯粹。

我画出一幅幅人类上古题材的画作，尽可能搜尽我所知道的那个时代的表现风格。我沉浸在自我陶醉中，根本不需要了解外界。

我进入静静的"世外桃源"。

如果不是那一次偷偷外出"微服私访"，也许我后半生就这样日复一日地生活在这种环境里，从此做一个"不念经的和尚"。

然而我无法抗拒命运。

那一天，同事好友来找我，并说是一定要请客，原因是我介绍她接了外面一个设计挣了点稿费。朋友知道我一向不需要答谢，更对请客吃饭不感兴趣。

"不然我请客给你找一位非常灵验的算命先生算算命吧！"

这让我眼前一亮。

我们骑着自行车穿胡同，走街巷，绕过大栅栏，来到一个门口有一棵老槐树的四合院中。

进入里院，同事与一位中年妇女说了几句，这位中年妇女带我们来到里面一间屋子。床上坐着一位眼睛瞎了的老爷爷，这位中年妇女是老爷爷的儿媳妇。

好神秘！其实我根本不相信算

拍摄于故宫工作的休息期间

123

命，仅仅为了好玩。

老爷爷闭着眼。直入主题："你是哪年哪月哪日出生？时辰？"

我如实禀报。

老爷爷手掐指头，口中念念有词。

"你命中原有3个孩子，但因为计划生育最后只能落下一个儿子。"

我不知道是否可能有3个，当然国家只让有一个。

"你应当是二婚，应当离一次婚，或者是你先生应当是二婚。如果你40岁前没有离婚，可能就不离了。"

这句话令我回家与我先生大吵一顿，非要求他坦白是否在我之前已经结过婚隐瞒了我。先生莫名其妙："这种事能瞒得住吗？"

算命老爷爷与我谈论一些其他问答题，无论是否真有其事，我都不认真。

老爷爷最后掐指算出一句："你将在37岁间有一个出国机会。"

我突然提起了兴趣："是吗？如果我出国后还回来吗？"

老爷爷回答："目前还看不清楚。"

回来的路上，同事对我大叫："好啊，你想出国还瞒着我们！"

中国刚兴起的出国潮对我来说却是很不情愿的事情。我家经济状况根本不允许我出国，如果我不努力怎么会有可能？我对算命老爷爷的预测感到不以为然。

令人没有想到的是，就在算命老爷爷算出我有个出国机会两个月以后，故宫人事部通知我：准备公派出国，先进行出国语言强化培训。

这简直不可思议！

实际上我心里并没准备好。但我知道，这是故宫第一次公派机会。如果我拒绝，可能会后悔一生。在我没有彻底想明白之前，一定不能说"不"。

在我犹豫不决时，我想到一位可以咨询的、值得信赖的人——楚图南老先生。楚老一直是我很崇拜的人，在我刚进故宫时，我常常到他那里做客。我曾经将自己报考天津美术学院的九起九落的故事写成《考学》手抄本请楚老指教，楚老在看过这个报告文学后，欣然为我提笔："锲而不舍，金石可镂。"

楚老的儿子楚泽涵老师是我的至交好友，曾几次到故宫劝说我自费出国留学深造。他不断地鼓励我不要因为到了一个安逸的环境就停步，要走出去了解世界，打开更开阔的视野。而我总是犹豫不决，从心底排斥出国。不仅因为经济问题，也是因为过去的挫折让我感觉实在太累了！

故宫距离楚老的家不远，这次是我主动找上门请教该怎么办。

我敬仰楚图南老先生学识渊博，这倒不是因为楚老曾经的全国人大常委会副委员长的头衔，我从来对政治和官位很迟钝。

我很想和阅历颇深的楚老先生讨论一下是否应当出国。

楚老住在东四胡同里面的一个最标准的北京四合院里，门口挂着"北京文物保护"的牌子，显然这是个有历史故事的院子。

走进院子，前院是警卫员居住的院子。

这是我熟悉的四合院，与故宫很多宫内工作人员的办公院子的建筑一样。所不同的是，楚老的院内种着柿子树，各个房间布置成首长的风格，既不奢侈，也不算简陋。

楚老的房间更符合老知识分子的风格。屋内大大的书橱很抢眼，古典风格的家具配合四合院更显得和谐与动人。每个房间里都能找出楚老的书法，大气、古朴，犹如楚老的为人，知识渊博而不张扬，地位"居高"从不"临下"。

尤其令人不敢相信的是，我上学期间外国美术史中常常讲到历史名画中的古希腊典故的来源，我最喜欢的《古希腊故事》一书，竟然是楚老翻译的！

由于楚老将自己多年收藏的一些珍宝文物捐献给了故宫，我到故宫工作后我们之间便有了更多的话题，常谈起一些文房四宝或故宫最近收购了哪些文物。

　　与楚老每次会谈都很快乐。因为与他任何一次聊天都是一场难得的"文化历史课程"，这些谈话内容都是些鲜为人知的故事和经验。

　　楚老是高级知识分子，他有高深的文化底蕴，一直都从事革命工作。

　　谈到我面临一个出国机会时，我讲述种种不想出去的顾虑和理由。楚老没有正面回复我的问题，而是讲述了新中国成立初期，他受毛泽东和周恩来的委托，如何与戴高乐将军打开中法第一次建交局面的事迹。

　　从中法建交，他又讲到法国的艺术。楚老如数家珍地讲述法国文化与历史，讲述欧洲的文艺复兴时代，又讲到楚老的好朋友、著名翻译家傅雷的故事。这些前辈的远见卓识不是闭门造车就能够得到的。

　　谈到世界艺术，楚老让人从书柜中取出一个宝贵的箱子。箱子里面珍藏的是新中国成立以来所有国际友人和国际大艺术家邮寄来的各种信笺，以及有艺术家的签名的艺术贺卡。这些珍贵的邮寄品，记载着楚老的外交生涯。

　　楚老对我说："这些信封邮票和纪念品贺卡就送给你吧！年轻人要积累，要了解世界，要了解在自己生活的时代世界都发生了什么。"

　　这是一小箱珍贵的文物！我默默地接受了，感到这个小小的箱子就像有千金般的重量！

和楚图南老先生在楚老家中合影

　　听完这些故事，我感动得不知道说什么好，觉得自己升华了，也开始尝试着跳出一个小小老百姓的视野，去感悟大师们的心胸是什么。

　　从楚老家中出来，我已经知道自己该怎样做，做什么了。

　　回到家里，我小心翼

翼地打开楚老的珍藏。

这里有楚老 20 世纪 50 年代初期亲自签名的春节贺卡；最让我激动的是楚老珍藏的敬爱的周恩来总理在 1966 年 10 月签发的请柬，这张请柬是邀请中央领导人登上天安门城楼检阅群众游行的带有国徽的请柬——而这小小的近乎神圣的请柬，记载和见证了一个动荡年代的开始，是具有珍藏价值的物品。

最珍贵的还有，楚老从 1954 年起一直到 1967 年，每年的 10 月 1 日，国家邀请中央领导人登上天安门城楼的请柬。每一个请柬以庄严的红旗为背景，红旗中间有一个金灿灿的国徽。在这种请柬封面上从不写名字，也许是国家有严格规定，以红旗为背景的作品上不得有其他内容。这种联想是依据我在故宫工作的经历，因为清宫时期也有严格规定，皇上用的明黄颜色，民间是不得随意用的。

1967 年以后，再没有天安门城楼的检阅请柬了。这年以后，国家的最高仪式停止了，也就是说，楚老珍藏了共和国此段历史全部的宝贵时刻。

我手捧着楚老沉甸甸的珍藏，他将这些年代的积累和他对祖国的忠诚交给了我，我会珍藏这份沉重，珍惜这份先辈爱国的忠诚。

几年后，我记忆中仍然保留着当年楚老与戴高乐将军打开中法建交大门的故事。我从法国回到祖国后，在一个特殊的场合，我陪同戴高乐的侄子——菲力普·戴高乐先生以及法国参议长一行，为中法之间又一次打开一个文化外交的局面。这也许是应验了楚老的期待，或者说也算是"革命自有后来人"。

法语强化培训

我很快到故宫人事处办理相关手续。

随后到国家文物局报到，又到文化部报到。

"你这次参加的是文化部对外艺术交流项目。你可以选择 3 个国家：法国、意大利和日本。你决定后，将被派到语言学院强化外语训练。"文化部的一位可爱的女同志耐心地给我讲解。

我头脑中立刻记起楚老讲过的他与戴高乐将军开创中法建交的故事。我毫不犹豫地说："去法国。"虽然我根本不知道法国与意大利有什么区别，但日本我肯定是不去的。

短短几天内，我的命运发生了奇妙的变化，不容我思考。

故宫美术组的同事们，在讨论算命先生的预言奇迹后，也不时地善意提醒我：外语对于一个完全采用另类思维方式的职业画家来说是何等的艰难。

我走进北京语言学院，这是我第三次进入大学学习。

一位大胡子的法国人是我们的老师，据说他在法国是资深的语言教授，尽管他一句中文也不会，照样可以与我们沟通。

不久，在大家做练习写自己简历以便相互认识、以备将来出国填写必要文件的训练时，法国老师在班上宣布："我们班上出现了一位重要的人物。"

我们猜测到底是谁？因为同班里有北大清华的高才生和教授，还有各地赶来的被保送的精英学生，到底谁比谁更"重要"，使得法国人那么郑重其事？

万万没想到的是，在大家很长一段时间静默，交头接耳相互猜疑找不到目标后，法国老师最后突然指向我，大声宣布："这位重要人物就是 Mme luo ！"

我感觉就像重复了当年在天津美术学院溥佐老师第一天讲课时的同样状况。怎么我又成为老师介绍的"聚焦人物"？

我根本不在意，觉得法国人不了解中国，当然是北大、清华的高才生们更重要。直到两年后，我到了法国，当上了"法国明星"之后，我才真正明白为什么我是法国人眼中的"重要人物"。

我开始了"不是人"的法语强化培训。

每天 50 个新单词，第 3 天就是 150 个，下周已经要求熟练应用！

的确，画画者的思维，在语言训练方面很难与理工科的精英们相提并论。对我来说，法语训练纯属扬短避长的训练。直到下半学期，我才知道在字典里找动词变位，因为没人告诉我。还有比我更痴呆的画家向老师提问："老师请问：您只讲了第三人称，但我忘记第五人称是什么？"

为了找机会训练，每当老师要求学生到讲台前用 3 分钟时间用法语表述故事进行训练时，我都事前做认真而紧张的准备。轮到我的时候，"哇啦哇啦"一通讲后，老师的评分结果往往是："不能计算分数了，错误太多！"

我毫不动摇，坚持继续开讲，直到老师哀求我："Mme，求你下来吧！"

我仍然坚持，"等等，我还没有讲完"，继续我的只有鸟才能听懂的法语。

值得安慰的是，每次我讲完后，老师问同学们："你们能听懂 Mme 讲的吗？"

所有的同学居然都大声回答："听懂了！"

原来大家水平都太低，只懂鸟语。

每周五老师都要考试，我的卷子几乎从没有分数。我在小学、中学和大学都是名列前茅的优等生，这回可是彻底领略到"最差生"的滋味。老师每次提问也很难光顾我和其他几位"被遗忘的角落"。每次考试后，为安慰自己，我不得不照惯例和成绩最差的几名考生一起去高级食堂美餐一顿，否则难以调整自己。

法语强化学习不亚于今天投资银行的工作强度。人说投行工作是上班早上 9 点，下班早上 6 点，一天中有 3 小时睡眠。而我们班同学的最高境界是，硬是能在睡梦中喊叫着法语令全寝室难以入眠！

我因为是中法"艺术家"交流项目参加者，文化部说好不用考 EPT，所以我不用那么生死之"练"。

学习最紧张的时候，一天夜里，我做了一个梦，梦见全国大乱，好像是战争来了，出国受到了影响。第二天，我将这个梦告诉大家，同学说："纯粹是因为你太紧张了，可别牵连到我们。"

谁都没想到这个梦在两个月后奇迹般地应验了。

临到强化培训的最后一个月，文化部临时通知我："你原先的项目改变，现在需要你参加 EPT 考试，通过后才能拿到法国奖学金。"

这简直是晴天霹雳，早说啊！已经过去 11 个月，到眼前了突然通知要考试！

同甘共苦的同学们都很同情我，就像江姐即将走向刑场。而老师们则求我："Mme，你千万不能去考试，否则我们都无法招生了。"

我哭丧着脸来到文化部，请领导"宽大处理"："不是不努力，我实在已经不是年轻人，无法适应'西点军校的强化培训'。"

但文化部的领导却笑眯眯地对我说："我们都知道罗小华最勇敢了，什么困难都不怕，不会半途而废的，我们都很相信你。"

我听着怎么像对幼儿园的小朋友说的话？

我已经尽力了，百般想辙却没有好办法，不能不去的考场反而令我镇定了。

那一天，我唱着歌赶赴全国最威严的 EPT 考场，既然知道自己注定要牺牲，临终前总应当唱高兴的歌，不枉费这一年的"不是人的法语培训"。因为我知道自己不过是为了安慰所有培养我的人而来考场的，我没有任何压力，我已经向领导声明过"老师求我别参加考试"。至于结果是什么，那就不是我的责任了。

考场戒备森严，我班最优秀的唐兄就坐在我旁边。奇怪的是，为什么有两个同学中途经常进出考场？

我沉着并飞快地答题，当考场中还剩下几位时，我稳步走向交卷台。没什么可担心的，我早已说过我不该来考场。

同学们就要分手了，一年紧张的"西点军校"生活结束了，这时候才想起来仔细看看同学们都长得怎么样。

大家正在议论考场的紧张和题目。平时学习最好的两名同学考试时因太紧张而拉肚子不得不进进出出考场，最后考试泡汤了。大家很为他们惋惜。

我是不存在惋惜的。

暑期过去了，全国公榜时刻到来。

因为是计算机评卷，没有走后门的任何可能性，这是教育改革的成果。

为了欢送外地同学，我凑热闹也来看看公榜。

突然，我惊呆了：榜上居然有我的名字，尽管是最后一名，可是只要榜上有名，凭我的履历就可以获得法国政府奖学金。

大家为我热烈欢呼。

可是我半天没有醒过来——真的吗？计算机评分也有糊涂的时候？

老师们从此不能再对任何人请求"别参加考试"。

"够用了，"这是我好朋友的祝贺词，"剩下的分数咱不要了。"

我花费很大努力才使自己相信眼前的事实：我的确通过了。

我的大多数同学没能过关，很难过地一一告别回乡了。这是他们唯一一次翻身的机会，在一年紧张拼搏的最后时刻，却与出国的梦想失之交臂！

在我们同甘共苦的同学面前，命运划出了不同的人生方向，从此天各一方。

我这个最差学生获得了最好待遇。

这时我才想起来算命先生真神，可能我确实有命中注定的出国字。

我的伯乐

1989 年，公派出国留学在国内还属于极少数人的特殊待遇，远远比评

孙琪峰先生（左）

个高级职称重要。我放弃了故宫的高级职称评定，选择新中国成立以来故宫第一个公派机会，因为二者只能选择其一。这在许多人的眼中是特殊待遇。

在准备出国的兴奋中，我没有忘记去拜访我的老师们，感谢恩师们的培养，聆听恩师们临行前对我的教导。

出国前我第一个要去看望和拜访的，是天津美术学院德高望重的老院长孙琪峰先生。孙琪峰先生不仅是我最重要的启蒙老师，更是最初发现了我、改变了我的恩师伯乐。

没有孙先生就不会有我以后的专业道路，不会有我后来学艺的每一天。

1972 年开始，从我在天津第二文化宫学习画画时起，一段特殊经历改变了我的命运。我被文化宫授予特权，被允许破例从师孙琪峰、王颂余、孙克纲等著名老先生。我就像文化宫的一位"公主学员"，是专门负责照顾这些老画家的"近身侍卫"。我有得天独厚的机会，许多被严格控制外人进入的老先生表演示范画画的机会，我却可以得到。我是特殊的，是唯一每天可以进来向这些老先生学习的特殊人物。

年复一年，日复一日。

无数个日日夜夜，一年的 365 天，白天、晚上都有学习。

有了最好的老师，我能够淋漓尽致地去"发泄"对艺术的热爱！

我跟随一批以拼命三郎著称的"刻苦帮"，自动形成一个群体，每日刻苦习画，被他人称为著名的"夜袭队"。

这些人风雨无阻，每天画到半夜回家。第二天上班前还要写生，然后再去工厂上班。"刻苦帮"们就像绘画圈里的一个紧密团结的"社团组织"，完全依仗青春的激情。

一天，我在公园写生，河对岸的一些孩子叫喊："罗小华在画画！"

另一次，天津美术学院考场上，一群孩子要求进考场，打着"是罗小华让我们来的"旗号混进去——其实我完全不认识他们。我们这一代属于被"文革"耽误的一代，精神需求如同饥饿已久的饿狼一样，只要一有机会就会贪婪地学习。

凭借这份激情，我与这些著名老画家建立了不寻常的友谊，我在圈子里就像备受宠爱的"小孙女"。

1976 年大地震，天津乱套了，很长时间人们无法正常生活。

孙琪峰先生当时是天津美术学院的院长。一天，他派儿子孙长康专门来我家里找我："我爸爸让你去一趟。"我以为没什么大事。

没想到这天竟成为改变我职业生涯的转折点，我永远不能忘记这一天。

我来到熟悉的坐落在宇纬路的孙老先生家。孙先生坐在画桌旁，一边画画一边跟我谈话，主要内容就是动员我报考天津美术学院。

"天津美术学院开始招生了，我们必须想办法招考到有影响力、有功底的学生。你来报考吧，我推荐你。"

孙老语重心长的带着山东口音的话令我至今不忘。

那时我是一名工人，但当时工人画家非常受欢迎，我的作品已经参加过天津市美术展览，甚至参加了全国美展筛选作品的预展，可我没认为考美术学院有什么好。

最初对于孙老的提议，我并没有很激动，没想好是否需要考学，更不在意是否需要改变我当时搬运工的命运。因为圈子内有一个不成文的观点：业余画家如果能比专业画家画得好，那才是令人自豪的资本，也是我的奋斗目标。

真奇怪！如果按照今天的思维，拒绝恩师提供的这么好的机会，简直就是"不知好歹"！

但是，出于对孙老人品的尊敬，我必须认真思考一下。我不敢轻视孙老的提议。孙老是全天津市美术圈里绝对要尊重的长辈。

以后我在艺术生涯中所有的收获，都取决于那一天跟孙老的语重心长的谈话。我终于答应与孙老一起努力，争取报考成功。

这一天牵出了后来长达8个月的考学挫折故事。对我来说真是惊天动地，如果没有孙老这个精神支柱，我不可能越过九起九落的挫折。

这一年的高考，是"文革"后第一年高考，几乎到处是混乱与创新交接的状态。与我同命运的还有后来的著名画家何家英，这些曾经一起拼搏在业余画界的伙伴，一起进入"文革"后的学堂，变成了同学。

最终我踏入天津美术学院成为正式学生。孙琪峰先生担任我们班的主要教学老师，成为我的学院派的启蒙老师——这是我最幸福的事情！

孙琪峰先生是我见过的最无私、最高尚的老师之一。他的倾囊相助的交往方式、有理有序的高超教学是大家最佩服的。我们最初学梅竹兰菊，而后是山水花鸟。孙先生教学从来是运用直切要害、三天必须见效的严格师徒教育法。

当时他的助教霍春阳老师，每天晚上都在毕恭毕敬地练习，是我们无言的优秀楷模。我们整个教学是没有白天黑夜的，否则完全跟不上孙老的教学计划。

这种学习氛围，一个比一个刻苦、认真，每分每秒几乎没有时间说句多余的话，孙老先生带领我们进入一个奇妙的世界，我真正领略了什么叫作"专业化教学"。

在天津美术学院的日子里，孙琪峰、溥佐等这些老先生在我们整整一代青年学子心目中，留下了不可磨灭的辉煌的教师形象。

最令人感动的事情是：30多年后，在2009年天津美术学院为近90高龄的孙琪峰先生举办的画展中可以看到，先生将全部精力用在教学画上。如果先生想的是自己，当然可以画更多的作品——既可留名，又可留作品。然而，孙老不是，他将自己一生的主要精华都无私地留给学生们。

时过境迁，这些往事历经了时光的洗礼，更加显出它的光辉之处。

作为曾经的孙先生教学班的班长，我有幸珍藏了两幅孙老自认为的"珍品作品"和不少他的教学范图。这是孙老送给我的珍贵纪念品，他从来都大公无私地将最珍贵的作品拿来给学生们示范用。那个年代，我们并没有经济意识，珍藏恩师的精品完全出于一种纯粹的敬意。

孙琪峰先生是我永远最尊敬的启蒙老师。

10 年过去，当我再次见到孙老，他显然苍老多了，这令我很难过。我不知道出国后何时回来，似乎有最后一次见面的感觉。

孙老仍然是那样乐观，看到自己教了近 20 年的学生已经长大，能很优秀的完成学业，进京深造，非常欣慰。现在，我又要去遥远的法国探索更宽阔的世界。这一步步走来，一切都源于他最初的指引和坚持。

老先生由衷地高兴，欣然为我提笔作诗一首，落在我的《小华藏宝》册页上。诗的最后一句是："纵使晴明无雨色，入云深处亦沾衣。小华同学勉之。"老先生仍在孜孜不倦地严格要求我，似乎弟子比亲人还重要！

我亲热地和孙老家人一起，度过了美好的一晚上。

我不敢想，下次再见孙老是何时？

《小华藏宝》册页，终于完美地开启了它的不平凡旅程。

继孙老的墨宝后，我陆陆续续拜访其他一些老先生，一一留下宝贵墨迹。

资深出版人、国家出版局原局长王子野先生是当年亲自参与我上调北京活动的老前辈。时过境迁，他看到我的状况已经今非昔比，无限感慨地为我题词："宝剑锋从磨砺出，梅花香自苦寒来。"

中宣部出版局原局长许力以

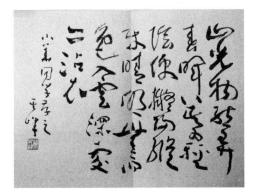

1989 年孙琪峰先生为作者出国纪念题词

先生，也是当年为我做出很大努力的老前辈，欣慰地写下"山上小树迎春风"的墨宝。

全国人大原副委员长、对外友协会长楚图南先生则语重心长地为我写下了"锲而不舍，金石可镂"8个字。

故宫资格最老的清史专家朱家溍先生用皇家文体送上一首古诗为我送行："故山风雪深寒夜，只有梅花独自香；此日无人间消息，不应憔悴损年芳。小华女士法国游学，因禄故山风雪诗一首存念。"

中国美协原书记、著名油画家、我的老师秦征先生，简练题词"光明"。

在我后来发生的著名"出国冤案"中，素不相识却在最关键时刻帮助我"平反"的重要人物，曾任中国文物局局长、故宫博物院院长、亚洲博物馆学会副会长的吕济民先生，在我回国后为我补齐了这个《小华藏宝》，在该册页上意味深长地写道："龙生大漠云与起。""博物好古，敏以求知。小华存念。"

这本册页中留下墨宝的每一位老先生都是我的忘年前辈，每一页墨宝都深深珍藏着我和老先生们之间胜于亲情的故事和难忘的友谊。

我要带着这个宝贝上路。它给我动力、给我精神寄托、给我信仰的追求！

我一切准备就绪。

根据计划，在暑假公布法语考试成绩和录取后，一个月内就必须立即赴法国上学，我只等文化部通知我哪天的飞机启程。

艺术创作最好的环境

我原以为马上就要出国了。

万万没想到，尽管法语考试通过了，但过了很多天仍然没有消息。我不知道发生了什么。

为什么没人理我？我原本应当拿到奖学金，应当马上出国。我一次又一次收到法国最高艺术学府 ENSAD 校长的邀请函，紧急催促我到法国使馆办理各类手续。

认识 ENSAD(Ecole Nationalc Supérieure des Arts Décoratifs) 的校长纯属偶然。

一开始我根本不知道法国哪所学校可以接收我，我只是盲目地给法国国立美院发函。没想到，法国使馆直接将我的信件寄给了法国国立高等美术学校校长。而从法国国立美术学校校长的亲切回函中，我隐隐约约感到他们似乎很重视我。

校长用非常客气的外交语言告诉我，他们很重视我的履历，他将直接把我的履历转给更优秀的 ENSAD 的校长。

几乎在最快的时间里，我就连续收到 ENSAD 校长几次热情的邀请函。

但因为我是公派留学，必须有文化部的通知、表格、盖章、公派护照、公务签证，否则一切都是零。

一切都静默得如石沉大海。

令人宽慰的是，我又一次面临困境的时候，导师庞熏琹先生在天堂又开始帮助我了。

自庞先生去世后，我一如既往地去看望庞师母，帮助师母处理许多庞先生的身后事情，就像对待自己的父母一样。

庞师母听说我选择去法国，很

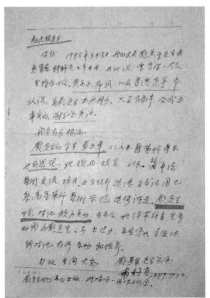

庞熏琹夫人为作者给赵无极写的信

高兴，她告诉我 20 世纪 30 年代庞先生一直渴望进入法国艺术的最高学府 ENSAD，但那时法国人看不起中国人，没能进去。是总理周恩来邀请庞院长，实现了他的愿望。

庞师母给我讲庞先生的故事，师母对庞先生的深情令我感动。庞先生去世的一年里，师母几乎不敢进庞先生的房间，一张熟悉的小纸片都会令她撕心裂肺般地痛苦。

忽然庞师母一拍脑袋："我可以给赵无极先生写一封信，介绍你是庞先生的学生，看看赵无极先生能不能帮助你，只是我没有赵先生的地址。"

"我可以请使馆转交。"我犹豫地抱着试一试的心态回答。

赵无极先生与庞熏琹先生有着深厚友情，尽管多年来两位大师身处中西两个世界，尽管庞老已经不在人世，但庞师母对赵先生的为人充满信心……

法国大使馆很高兴地答应替我转交，事后法国使馆文化参赞对赵无极先生表示了敬仰。

到了法国后我才知道赵无极先生在法国是何等著名的世界大师！

不久，我收到赵无极先生的回信，回信内容非常令人鼓舞：赵无极先生不仅与 ENSAD 校长是很好的老朋友，还兼职在 ENSAD 担任绘画教授。不仅如此，赵先生与法国驻华大使也是好朋友。

赵先生理所当然地与 ENSAD 校长做了认真沟通，介绍我的情况。就是说，我人还没到，ENSAD 已经开始远接近迎！

而法国驻华使馆同样为我做出特别努力。据我所知，我是当时唯一被保留法国政府奖学金和中国政府公派交流的一名艺术家。

这是庞先生的在天之灵在帮我，更是赵无极先生的种种努力跑赢两国外交。当然这也与中国故宫博物院的国际地位分不开。这是新中国成立以来故宫第一次公派博物馆员到欧洲。此前，大英博物馆等一些欧洲国家博物馆多次邀请中国故宫派专家交流都没成功，法国这次能接收一名中国故宫博物院馆员当数荣幸。

尽管在那么多光环下，我仍没接到任何文化部办理相关手续的通知。就是说，目前出国的事情还是毫无进展。

我煎熬着，凭直觉，出事了！

在我将踏破文化部门槛时，终于有人不忍心我的执着，悄悄告诉我："别来了，哪儿都别去，老老实实在家里等待通知。"

好像一个重大事情在我身上发生了，不知什么人给领导写了报告，似乎很严重. 一切都是"背对背"，不能让我本人知道。

太神秘，可我没犯法，为什么不敢找我当面对质？我深恶痛绝这类人整人的鬼把戏。曾经有位故宫同事自费出国，就在签证即将批下来的时刻，不知道谁的一封匿名信告到上级单位。直到签证过期，上级单位才通知平反，我那位老兄整个出国计划就这样泡汤了。

文化部的同志告诉我，常有这类"红眼病"发作，并非某人得罪谁，而是因为写信的人就是心理不平衡。对于这类情况他们不是第一次遇到，可是毫无办法，必须走程序审查。

眼看我的同学一个个出国了，我整日胡思乱想，愁眉不展，度日如年。

6个月过去了，没任何音信。文化部仍然不许我接触任何人，更不许我回故宫工作，并且不许会见单位的熟人，我和匿名信中被牵扯的人都在接受审查。

我不知道等待我的命运是什么。这无异于被软禁，享受监外执行的待遇。

我开始重新拿起画笔画画。只有作画才能将我从苦闷中释放出来。

这一年，我扎扎实实地画画。我从来没想到过，我如此渴望安心下来

《雁》

画画的生活，竟然是在几乎被软禁的情况下才能实现。

我开始了自我封闭的生活。我旁若无人地重新自修中国古代文化，我特别喜欢上古时期的故事，因为我觉得那时的人是那么单纯，那么纯净。也许是现代的事情太令人烦恼和复杂，导致我在潜意识里格外崇尚朴素和简单。

20 年后，我才发现欧洲的当代艺术大画廊们代理的作品也是极其简练、极其单纯的，也许这样的画恰好迎合了快节奏的现代人内心深处的呼唤。

人在纷乱时格外期待纯净，在浮躁时格外希望沉淀，在巨大的压力面前一定会向往简单与和谐。艺术的主要功能除了艺术品拥有者讲不清楚为什么喜爱以外，有一个最重要的规律就是：补偿给人们许多生活需要的情感和精神。

我不由自主地开始创作我喜欢的题材，以古代人的生活为主题创作了《狩猎图》《牛郎织女》《庆》《乐》，那么阳光，那么简单，那么善良和美好。

我用具有汉代风格的岩画、画像砖、蜡染等所有不是现代表现方式的方法去表现这些主题。

我甚至关注自然界，将两个互为天敌的小昆虫画到一起，让它们讲"悄悄话"，寓意追求宽容、和睦与善良相处，不要像人类这样整人，拼杀……

我画山水，画出清亮明快的漓江山水，我渴望阳光，渴望欢乐，渴望人间真挚的爱。正因为生活太需要这些，我才格外努力表现这些主题，希望能感染别人。

我喜欢画牛，因为牛的精神是那样无私，那样积极肯干，兢兢业业，朴实无华。我画的长卷《十牛图》表现的是：在古雾淙淙的古代丛林中，憨歇着不同姿势的古朴动人的牛，在幽静的草地上清闲地生活，它们那么自然、惬意，没有干扰，没有人为的压力，无拘无束地回归自然。

在我很喜欢的另一幅《双牛图》中，两头牛两个身子却共用一个头。无论从哪个牛身看牛头都是合理的、完整的。这幅画用笔粗犷，现代感强烈。

以小小百姓的身份封闭在皇宫的大红门内，我感到外面的人世是那样

《女娲补天》

混浊不可辩白，很多时候不理解社会或者不被人理解。我渴望神的力量使它们清晰明辨，而这时我被《女娲补天》的故事深深感动。

于是我又开始创作《女娲补天》，力图表现那个时代的宏伟和壮观。越是天地浑然一体，翻江倒海，越显出女娲的坚强奋斗，就越是令人激动。最终女娲拨开了天与地，让人类得到了天青地秀的明亮世界，这是多么伟大的壮举！

我陶醉在自己的想象和表现中，全然不顾命运如何捉弄我。

一年过去了。我仍然在软禁中，法语几乎忘光了，我对这种僵局毫无办法。幸亏有这些画和创作，使我感觉到生命的存在。

小儿子格外懂事，每天去幼儿园之前都要说一句："妈妈，祝你好运！"每一次稚嫩祝福，都提醒我回到苦闷的现实。

就在我法语考试过去的第二年生日过后，运气开始莫名其妙地好转。文化部终于通知我开始办出国手续，前提是："必须保证不到故宫去，不准见熟人。保密性办完手续，悄悄上飞机，不得耽误。"

我被神秘的指示搞晕，同事们肯定会骂我临走连个招呼都不打。

临上飞机前，才有人告诉我，不知道什么人写了匿名信，投诉我走后门公派并有不正当的关系。1989 年后的公派是极严格的，于是组织上展开整整一年多的调查，背对背将所有与我接触过的干部通通审查了一遍。

审查最终激怒了这些清廉的干部："不把罗小华保送出国，我们都洗不清了。"于是，愤怒的干部们齐心协力下决心将我保送出国。

匿名信最终起到了推动我出国的效果。

文化部最后下达一个红头文件，阐述了我出国的整个过程经过严密调查，完全属于正常程序，并再次重申批准出国。红头文件传到国家文物局，再传到故宫博物院，一级一级走组织程序，我终于被解放了。

也许这就是算命先生算的，必须到 37 岁才能出国。不然没法解释为什么。

我狼狈不堪地急匆匆办理出境手续，似乎法国使馆也知道了些什么，法国文化参赞紧急通知我到使馆办理特批签证，我被单独带到大使馆本部而不是签证处。

在一间不大的房间里，只有我和刘晓庆、姜文 3 个人，可见我们都属于特案，当然他们是明星。

很快，文化参赞 Mr. Chapuis 手拿着签证直接从楼上下来，催促我们："尽快上飞机，什么都不要做，越快越好!"我想这个中法交流项目被耽误一年，肯定法方与中方打过不少次交道。

临行前，我没有忘记去感谢文化部的同志们顶着巨大压力把我送走。他们的正派为人、坚持真理、主持正义、不怕栽赃的精神，让我深深感动，我永远都感激他们这些普通干部。临走时他们告诉我："别回来了，没这么欺负人的!"

无论如何，至今我都不知道究竟是什么人为什么这样做，为何要如此愚蠢?

我偷偷上了飞机，没人送我去机场，甚至来不及向家里人说声再见!心中却饱含一年多以来遭受的精神创伤。

没人会想到，故宫第一位公派出国的留法学者，那一年的法国唯一政府奖学金获得者却是如此狼狈地悄悄逃出国门。而我是那样真切地热爱自己的祖国！

多年后我才明白，原来生活中各阶层，上至总统下至平民，很多时候因为"沟通不畅"造成了种种悲剧。无数人为的事端制造挫折，无数诉讼，其实如果能有明白人用合适的方式沟通，都能避免和消除。消除一天的悲剧就能赢得一天的快乐，而人生是由无数个一天天组成的。

我宽恕了这些不明事理的人。我相信人活到知天命时多数人会学会宽容和善待别人，会明白为赢得快乐就需要付出很大努力善待别人！

这个浅显道理却不是很多人能明白的，在法国我学会了这些。

我第二次经历了从灰姑娘成为公主的转变。不同的是，中国灰姑娘变成了法国公主。

第三次通过了命运给我设置的特殊考场，我终于进入梦寐以求的艺术之都，确切地说是我延续了导师庞熏琹先生当年的梦想，走进法兰西最高艺术学府。

初到巴黎

我怀着对文化部教育司几位领导的深深感激，坐上了飞往巴黎的飞机。不知道等待我的是什么，凝视飞机外的云海，我努力将所有烦恼留在国内。

不知谁会来接我，上飞机前巴黎方面没任何信息。奇怪的是，为什么我不害怕？

到了巴黎海关处，法国警官礼貌地说了什么，我完全听不懂。"Bonjour!"（您好）这是没有忘记的法语，后面就不知道说什么了。

幸亏同机的一位中国人恰好是法语老师："他问您的入学通知在哪里，

到巴黎的第一天

过海关需要检查。"

"什么？我放在行李里面，需要出海关找行李才行。"我被海关晾在一边，等候处理。

人走尽了，我终于出了海关，也许是因为我的和蔼面容，没有理由。

我到处寻找写有我名字的牌子，两小时过去了，终于意识到没有人接我。

我必须想办法，因为我根本不知道上哪里去，见什么人，怎样吃饭和住在哪里。文化部的同志只是急着送我出来，却没告诉我出来后找谁，怎样找。

我看到几个中国人来到一群与我同机来的中国人前："谁是国家教委派来的？"原来他们接人都不认识，太好了！

"排队！"我紧紧跟着这群人，再不能放过这个机会。

"怎么多出一个人？一共19人，哪位不是这里的？"当然我不能说话。

"先上车。"这是领队没有办法的办法。

我们来到中国使馆教育处，领队到楼上取来花名册。

"您是哪里的？"我终于成为点名后唯一留在原地的人。"我不知道谁来接我，也不知道该到哪里去，该找谁。"我很有理。

"你不知道就敢出来？"

我无言以对。

"天黑了，您先住下，但是您需要交住宿钱。"

"我是中国人，住自己的使馆，还要交钱？我根本没有带钱出来。"

"您不带钱就出来？我们不是每天到机场接人的，您今天碰巧了。如果没有我们，您怎么办？"

真的，以前我怎么没想过这些事情？没听说法国是共产主义，怎能不想这些事情？我刚发现自己像小孩子一样无知。

10年后我才知道，不仅我不懂，更有比我"共产主义"的人士。一位后来成为中法工商界赫赫有名人士的留学生，刚来法国时是国内大学派人送上飞机的。回国时到机场，机场小姐问她："请出示你的机票。""什么？要机票？哪里有机票？"等到她紧急打电话找到她的接待方，坐出租车回巴黎取机票飞快返回时，整个机场大喇叭正在反复重复一句话："×女士请紧急上飞机。"

晚上，我借了一元钱打电话给在巴黎唯一认识的语言学院强化班的同学。

"敬芳，我到了。"

"太好了，来我这里玩。"她来接我。

好在离中国使馆教育处不远就是地铁站，我坐在地铁站门口等敬芳接我。

我们已经分开一年多了。在法语强化班时有一句名言："想出国，要折腾你过五关斩六将，直到你再也不想出国时，才可能批下来出国。"

相见在异国他乡，我们真有大难不死终于如愿的感觉，百感交集。

久别重逢的话说不完，终于太晚了，我要走了。

没想到的是，敬芳说："我这里黑人太多，不安全，我晚上从来不出去，你还是自己回去吧。"天！倒几次车，我根本不认路！敬芳却无论如何不肯冒险。

我无师自通学会了在巴黎换乘地铁。原来生存是不用担心的本能。来巴黎第一天，我不再担心迷路。第二天，我被使馆老师送到法国教育中心报到。报到过程中，我已经完全忘记了法语怎么说。我在法国教育中心徘徊很久，没有人告诉我该找谁，该办理什么。

快到中午了，我终于见到一位中国小伙子，他帮助我办理了所有的手续。

办公室里的一个法国人给我一大堆纸并不解释是做什么用的，而我根本就不认识如此复杂的法文，由于没人告诉我这些纸张的用处，我随手都丢在大厅里。

很快我就得到了教训，等小伙子帮助我找到住宿地的时候，住宿管理员问我要各种纸张，我才想起来已经都扔掉了！这些纸张狠狠地教训了我，因为重新办理起来是多么地烦琐！

原来，每一张纸张都关系到我的学费、住宿、奖学金证明、医疗保险、银行账卡，每一项都有几张表格或信笺。

从此，我牢牢记住：凡是法国发给的任何纸张都不能丢失。

我终于找到了自己的学校。

我站在这所学校门前，想象 20 世纪 30 年代，我的导师庞熏琹先生与徐悲鸿等大师留法期间，多么梦寐以求想进这所大学却未能如愿。没想到今天，作为庞老的学生，我远行万里来到法兰西，来替他也为我自己圆梦，我似乎肩负着某种使命。

我这一生有幸在 3 个不同地点、不同国家的高级美术学院学习，ENSAD 是最后一个。我迅速思考我是要学位还是要法兰西文化，时间有限，不可兼得。最终我选择了秉承庞院长的教导："不要为考试浪费太多的时间和精力，将精力去用到开拓上。"

从此我开始一个人在陌生的国度里闯荡。

ENSAD——法国最好的艺术创意教育

这是我人生当中进入的第三个高等美术学院——Ecole Nationale Supérieure des Arts Décoratifs

在法国艺术类院校中，排名第一的是两所学校：一个是 ENSAD，翻

学校附近的著名小路 La Rue Mouffetard

译成中文应当是"法国巴黎国立高等装饰艺术学院";另一个是巴黎国立高等美术学校。这两所学校相当于中国的中央工艺美术学院(清华美术学院)和中央美术学院。

法国高等教育与其他国家不大一样,分两种:一种是 Grande Ecole,即"大学校",另一种是 Universite,即"大学"。前者是"精英学校",后者是综合大学。通常最优秀的高考生第一目标都是"大学校",出来很容易找到好工作,并且名气很好。考上 Grande Ecole,就如同进了高级人才保险箱一样值得夸耀。

ENSAD 是法国艺术学校中排名第一的两个 Grande Ecole 之一。

巴黎有很多艺术大学,比如,巴黎八大、巴黎一大等,中国人相对比较容易进。这些大学里面的艺术专业,如同中国的师范学校或者综合类大学里面的艺术专业,对外国学生比较松。如果中国画家语言不便,最好先进这类学校。如果要学位,论文也比较容易通过。

ENSAD 可是完全另类，正如中国同行们所知道的，进入 ENSAD 可能是最难的。

ENSAD 位于巴黎五区的拉丁区，拉丁区以文化特点著称。ENSAD 旁边就是著名的居里夫人的学校。街区很幽静，并不宽大，不张扬，但是历史悠久。这个街区和学校曾经走出过一些世界著名的科学家和世界艺术大师。

邀请我的校长 Mr Tourlier 是赵无极先生的好朋友。尽管像赵先生这样的世界级艺术大师在这所学校任教绘画教学，证明该学校绘画教学师资很强，但并不影响学校同时开许多设计类专业、传播专业、工业设计专业、服装设计专业，等等。各个设计专业教学力量在法国都是排行第一。

学校里许多设计大师是大牌设计师兼任教学，使得学生们从教学一开始，就直接与社会最高阶层的设计市场接轨。

我由于在国内已经就读过两个高水平的专业美术学院，又是故宫博物院馆员，被 ENSAD 校长定为"访问教授"级别，不需要学分，只要我自己感兴趣，想在哪个专业就可以参加哪个专业的学习。

由于我报到晚了，学校里连我的座位都没有。最后导师在教室外面的走廊里安排了一个位置，就是在上下层中间的楼梯口处，拿大木板遮挡后形成的一个空间。我不知道应当怎样理解这个待遇，于是我拍下了照片，纪念这个我久经沙场后终于来到欧洲最高学府的特殊学习环境。

在 ENSAD，第一年里，我先选择了"绘画艺术与空间"专业，我疯狂地饱览当时国内不曾接触过的一切学习内容：做丝网印、做壁画、和水泥、使用马赛克、凹石版画、做大画稿、练习当时最高端的摄影机器，去联系各种没有玩过的时尚艺术工具。

但是当我参加教授给学生指导作品的活动时，才恍然大悟。

我看到学生们拿来的居然是头发、铁丝、废报纸，甚至带着许许多多莫名其妙的不搭界的材料来上课，向老师阐述对自己发现的材料的感悟和准备做什么艺术品。法国老师则耐心地帮助他们挖掘自己的创意和新的感觉。

中西方不同的教学方法是：中国老师们多数在教技巧，拿前人的作品临摹、说教，留给学生的基础思维方式是"模仿"；而法国教育却是不拘范围，不拘泥任何事前的框架，先要求学生努力凭自己的感悟，去挖掘生活中任何材料，经过思索和创造将它们变成艺术品。鼓励学生"创意"新的东西，强烈地避免"模仿"。

法国政府奖学金提供的留学生公寓

基石决定整个建筑——教育人，也是同样。

我觉得法国这种教育非常重要，这种创新理念的基础训练，无论对创作艺术作品，还是对创作设计作品来说都是非常重要的基础课。

据说 ENSAD 最牛的专业是视觉传播，教授们是欧洲著名大师。

第二年，我对新事物和优秀大师有了好奇心，这又促使我转到了传播专业。

使我深深感到震惊的是，ENSAD 创作教育的严肃性，苛刻的推敲和严谨的创作态度，真是令人佩服！

我和浙江美院的朋友王雪青、学红几个中国人，一起讨论他们的教学时，得出一个共识：在法国需要"洗脑"。

比如，我和同学们接受一个标志设计时，老师常常让我们画上百个草图，一一推敲，最后上课时，老师们审查评议你的草图，往往我们认为很好的草图，被老师否掉，却是我们几乎扔进垃圾堆的草图，我们没有看中的草图被他们选中（注意，这是非常重要的中西方审美理念不同）。老师让我们再进行推敲。创作几十个，然后再选出优秀草图，最后再画龙点睛地修改一下这使我们都服气了！

再回头看以前的草图——真是"第三世界"的作品！

留学在巴黎

这就是我们的"洗脑"论的来源。

当我没日没夜地迷恋当时国内从没有见过的电脑设计时，一心想着等我学会就回国教给国内的同行们，这种兴奋令我痴迷。

然而，我的法国导师轻轻地说了一句话："不要在电脑上下太大的功夫，那只是一个工具。艺术与创意训练是最重要的，要在头脑中下功夫。"——这种指导我在国内美院从未感觉如此深刻过。

法国的艺术教育重在训练"头脑创意"，而技术类是辅助学习。学会各类绘画技术是你职业分内的事情，是你应当在进入高等专业美术学院之前就要完成的东西。大学培养的是"思想"和"思想方法"。

而我在国内两个美术学院中得到的是，学会绘画技术就是艺术家。无怪乎当今的中国艺术品市场中，大量的模仿中国古画的作品被当作艺术品销售，被"市场"接受。

1996—1997年，当我为中国广告创意行业引进法国戛纳广告大赛的时候，我充分感觉到，中国的创意教育缺乏创新基础，缺乏幽默，缺乏震撼。中国广告创意市场的大部分订单都落在国际公司手里，这就是中国美术教育的后果。本土人才所欠缺的创意特点，体现了国内美术学院教学的重要问题。

如今回国后，在近10年里，看到许许多多太过保守的、脱离社会需要的教育，同时又生产出太多浮躁的作品，我很难过。这些作品冷眼一看就知道没有经过严格的创作推敲过程，却不可思议地在拍卖公司的成交记录上比比皆是。

中国的艺术教育还远远没达到这个境界。

艺术北京的梦阳说："缺什么，历史总会要求重新补课的。"我相信。

巴黎的画家生涯

到巴黎后最重要的事情，就是给赵无极先生去电话表示感谢。

礼貌起见，我事前了解了一下，知道赵先生非常忙，国内许多画家出国后都要求见他，给他带来了太多的打扰。

"如果我在巴黎，每天很多国内来的人要求帮助，我会怎样呢？"

我很理解这种干扰对一位敬业的画家来说意味着什么，于是我克制住了自己很想面见大师表达感谢之情的冲动。我礼貌地先给赵先生写了一封信，告知由于他的努力，我已经顺利到达巴黎，并希望知道如何能与他联络，是否可以通电话。

赵先生立即给我回信，告诉我他家里的电话，什么时候可以找到他。

我终于拨通电话，听到一个亲切的声音，赵先生用了很长的时间与我通电话，就像一个家长对自己的孩子一样，仔细嘱咐我所有应当注意的细节。他仔细询问我的志向和目标，详细地告诉我如何起步，如何开始，如何笔直通向目标；在巴黎如何判断该做什么，不该做什么；该选择什么，不该选择什么；什么样的画廊可以合作，什么样的画廊不要合作；什么条件下可以做什么事等。这些都是最宝贵的经验。

我们的电话几乎通了两小时。

在我以后求学巴黎的经历中，赵先生的所有提示、经验和教诲，起到了很大的指导作用。没有赵先生的指点，我不知会走多少弯路。

为了不给他太多打扰，我将庞熏琹夫人的信和书邮寄过去，最终也没见他。但他给我的教导足够我应付以后在巴黎的所有事情，我至今不知如何报答他。

被法国人称为大师的速写

赵无极先生20世纪30年代在杭州向林风眠先生学画，40年代末旅居法国，是法兰西艺术院士，在国际上是非常出名的中国艺术家。

由于赵无极先生离开祖国的时间比较早，国内的艺术圈又很少融入国际艺术圈的深层，因此国内很多人并不熟悉他。在世界的舞台上，在国际高层社会里，中国著名艺术大师寥寥无几，而赵无极先生是他们心中中国大师级别的人物。这在法国外交部、文化部、欧洲的艺术界、欧洲的博物馆圈子里都有足够的反映，赵无极先生的艺术声望举足轻重。

在2008年，我阅读中国文化部的艺术市场研究报告中，看到这样一个记录：在介绍中国艺术家个案时，详细列出赵无极先生在国际拍卖会上，每幅作品的价格都在几千万以上，上百幅作品成交额达到7亿多元。但赵无极先生的辉煌业绩，多数都发生在海外市场。

一些我认识的法国外交部、法国文化部和法国大使馆的朋友，很少有人不知道赵无极先生。每当这时我都很惊讶赵先生在西方人中的影响力。有时候，中国的某人物或者中国的某品牌、某明星、某城市，在西方人中的口碑远远不同于其在中国。

终于，在老前辈的指导下，我随着来自世界各地的艺术家们涌入巴黎这个世界艺术中心。而我只是这个潮流中的"一滴水"。

有人说："在巴黎，从窗户向外扔个苹果，砸向10个人中就有一个是画家。"从这句话中可以知道巴黎的画家之多。

出国前，文化部外联部资深的参赞周维均要求我："欧洲是一个艺术王国，中国的画家很难被承认，您要画出一批不是中国画的中国画。"在出国前遭遇挫折痛苦难熬的一年里，幸亏有他的这个提示，我画了一批画，寻找艺术沟通的语言。

一天，我拿着几幅速写，盲目地在蒙巴纳斯大街上逛着，只是想找一间商铺打听一下，画家该怎样办展览。20世纪90年代初期，中国知识分子并没有太多的商业意识。

走进一个卖古董家具的商店，我本能地意识到，老板会对我的画感兴趣。

老板是位年轻女性，秀丽苗条，显得轻巧敏捷。

"哇！多么好的速写，我真的喜欢，我全买下了！"我没有想到这么快就进入买卖，毫无准备。

"您说多少钱一幅？"

"我不知道。"

她睁大了眼睛："是你的画吗？"

"当然。"

"难道画家不知道自己画的价钱？"

我不知道怎样回答。

"1000法郎（1990年相当于人民币1500元）一幅，可以吗？无论如何，您按照这样的速写给我画，有多少我要多少。"她认为她提出的是一个不高的价格，并大大鼓励我一番。我告诉她，我的画没有那么贵，只是速写，不是什么正式画，不应当有这么贵的价格。她睁大眼睛，不仅惊讶我的画，更加惊讶我的"商业水平"。

女老板对她旁边的先生说："看看，多么好的画！我曾经想到巴黎美术学院学习，最终没有完成愿望，终生遗憾，现在不得不卖

作者与收藏家

古董。"

那位先生紧紧盯住我："您可以告诉我您的地址吗？我可以到您家里买画吗？"

我没有拒绝，显然我完全蒙了。

几天后，那位先生带着夫人光临我的住所参观我的画，多次要求我提供价格，我实在不想卖画，这对法国伴侣很奇怪，画家不卖画为什么？因为我的确不知如何卖画，最后还是请客人自己定价买走 3 幅作品。尽管我并不希望将画卖掉。

几个月后在我的画展上我得知这对夫妇是大名鼎鼎的《ELLE》杂志的记者。

我开始了巴黎的画家生涯，巴黎似乎十分宠爱我。

孤独的留学生活

20 世纪 90 年代初，巴黎的中国画家绝大多数品尝过孤独的苦涩，经历过孤立无援或不知所措的困境。

这种困境绝对是国内人很难想象的。

在国内，没有人没遇到过困难。但在国外不同，特别对于没有根底、没有亲人独闯国外的人。这并不是简单的困难问题，更严重的是心理磨砺。

一个著名的故事生动地形容了这种苦涩：

一条海上的轮船，从法国驶向中国。轮船上站立着在法国生活过的中国人，终于熬出头，启程回国。这条轮船行驶途中，遇到另一条轮船，是从国内驶向法兰西的，船上同样站立着兴奋而激动的中国人，这是些过五关斩六将才获得法国签证的中国人。

两条船在海上擦肩而过。双方的乘客忽然看见自己的老乡在对面的船上，时间紧迫，百感交集，都想用一句话表达。

没想到的是，他们喊出的竟然是同一句话："你疯了！"

——只有在法国待过的人，才知道如何艰苦，为什么你还出来？

——只有没出国的人才知道出国何等困难，为什么你还回去？

这是毫不夸张的心态描写，是出国潮背后的真实世界。只有同时经历这一切的人，才能客观地解读这种感受。

"法国太美了！对于不是旅游的出国人来说，她是冰美人。甚至你根本没心思去品味她的美，因为她不属于你。"这是一位朋友在信里说的。

国内有太多的画家，一生的愿望就是想去巴黎看一看，看看这个世界艺术之都，看看这个一生中只在书本上和梦里才能仰望的艺术天堂！这个天堂曾经给无数没有来过巴黎的国内画家带来一生的动力和理想，是克服无数困难的精神支撑！

但是，很少有报道能够准确而详细描述那些优秀画家来巴黎后的状况，更少有人介绍画家在街头画像的心态和感受。而这是大多数画家来巴黎不得不经历的，甚至终生度过的生活。

我走到蓬皮杜艺术中心广场，看见很多画家正在支起画板为客人画像。

刚开始我还带着很快乐、很好奇的心情去探访。因为在20世纪70年代初期，我经常被天津文化宫邀请替人画像，享受到如同明星一样的光荣待遇。每年春节必请，周围围满穿戴美丽的过节服装的观众。那时能够坐在

留学第一年年三十聚会

画家座位上的人都顶着"著名画家"的光环，不是随便什么画家都可以被请上去的，而我却常常是一排"著名画家"中唯一的女画家。坐在这个光彩夺目的荣誉座位上，象征着一个社会对这名画家的绘画水平的认可。我常常被大众崇拜的目光包围着，而被画的人不是千挑万选像选名模一样的胜利者，就是胸戴红花的"劳动模范"，那是多么光荣！

那时候因为在大众面前频频亮相，我在外面写生画风景时，都经常会有陌生人喊"罗小华在画画"，就像今天的电视里的大众明星。美院的同学们都说："看，一半天津市人都认识你！"

可我无论如何也没想到，在巴黎街头画像完全具有另外的含义。

到巴黎的日子长了才知道，对于画家来说街头画像是个很敏感的话题。

艺术家大多都自尊心很强，但谈起街头画像却如同触及他们心头的伤疤一样。

在一次吕老请客的饭桌上，一位年轻女画家谈到街头画像，说："有的画家画完画像在接过客人给的钱后，用外国人不懂的中文说：'谢谢！傻×'，以发泄自己内心的痛苦，但脸上却露出苦笑。"说着她竟像电影演员一样，眼泪哗哗地直泻出来。

我不敢多问，后来别人告诉我，这是不能多问的话题。

巴黎大多数画家生活是很清苦的。全世界的画家很少有像中国画家那样幸运，由政府养着，卖了画的钱还是自己的，想想真没有道理。

听同学说，巴黎美术学院的一些穷困画家，有些人只能买些最便宜的土豆当主食，最便宜的胡萝卜做副食充饥。常常周末躺下不起来，为的是节约热量不吃饭。也许是美术史上流传的传统，画家穷困似乎是理所当然的。

也有些画家，顺从无奈，认可穷困，引以为自豪，不去想如何改变命运或者舍弃画画改行，不知这是艺术求知的执着还是一根筋的悲哀。

通常规律，在巴黎待到半年以上，是一道孤独坎，刚来时的新鲜感消失了，无论学习还是工作，还没找到自己的归宿，远离亲人、远离喧闹的寂寞令人难以忍受，美丽和动人的巴黎不再让人激动。

一位曾经的下乡知青嫁到巴黎，她的感受是"洋插队"远远苦于"土插队"。不是物质苦，而是精神沙漠令人难以忍受。

我很快尝到了孤独的滋味。

法国政府奖学金使我能够得到一间很美丽的宿舍，该宿舍位于拉丁区优雅的一条小街上，这条街的旁边就是法国教育部的一个工作站。

法国人常常不知道自己附近街道的名字，这是我多次遇到的情况。

我询问了一位清洁工，他在扫马路。得知他不知道我的宿舍街名后，我没有惊讶，继续走，仅用一分钟就拐进我的宿舍楼。

这个庭院似乎是巴尔扎克笔下的建筑，小巧玲珑，精致优美。古老的小楼后面有一个幽静的后花园，密密丛丛的花园，靠里的墙边有一个精致小巧的石雕喷泉，法国的花园不像中国花园有那么重的人工修饰的味道，

61，La Rue faubuor s honere，楼下是皮尔卡丹公司

而是尽量保持原始的自然园林感觉。

我很喜欢自己的住处，我同屋的另一位女孩是捷克人。

为节省经费，我每天到超市寻找最便宜的"穷人饭"买回来，自己做饭吃。中国人有好客的传统，捷克姑娘也毫不客气，她每次都蹭我的饭，专挑肉不吃蔬菜。

有一次，她终于说这周末要请我吃饭，我就放心地没有买食物。巴黎的超市周末是关门的。没想到，她只做了一碗汤，两个人分着吃。饿得我没有脾气！周末商店关门，连补救的办法都没有。

最终我实在供不起这位同室吃友，不得不搬出去住。

不久，我搬到一个阁楼。只有我一个人，好在再也不用担心是否打扰别人，也不用担心每天都要蹭饭的吃客。

每天我重复着单调而孤寂的生活。

我住的地方，却是在巴黎最昂贵的一条街。

这条街每到周五晚上，整条长长的大街区空无一人。有钱人都到乡下度周末去了，周末又是法定的商店关门日子。

真奇怪，商家在居民们都有空闲的时间关门，却在居民都上班的日子里开门营业！法国人的理由是："你们周末休息，商店员工也要周末休息！"

我很长时间不能适应这种"商业盈利"模式。

每个周末，尤其是严寒的冬天，这条漫长的街道就像是一个没有人的世界。寂静、孤独、惆怅和寂寞。

很多天，以至连续几年，我在周末唯一的"伴侣"，是在我楼下外面的马路天使——一位长着大胡子的，酷像马克思的老爷爷。这位老爷爷从来不和我说话，无论我怎样和他打招呼。他是一位流浪的老人，每天推一辆小车，车上载满捡来的有用垃圾。在我居住的楼外马路便道的地沟盖子上，用路边的铁栏杆和小车，搭建成抵挡寒风的露天小屋，以便晚上享受地沟盖下的暖气过冬。

每到周末晚上我独自回家，走在长长的大马路上，一眼望去，远处空荡荡的没有一个人。每当我走近唯一有生气的老爷爷跟前，总感觉有些亲切，都会习惯地问声："晚上好！"他从来不回答我。有时我给他一张饭票，是法国专门给员工的任何一个饭店都能吃饭的支票，他很威风地默默接过去，仍不理我。

我很尊重他，因为他是那样老了，还坚持用自己的劳动维持着生命。

第二年，我再见到他，他更换了干净的衣服，甚至穿着烫了裤线的裤子。但是他仍然推着小车，仍然在地沟盖子上过冬。

有一次，La defangce 市长到我的小阁楼上做客。我很喜欢这位没有架子的市长，他甚至为我扛上沉重的大箱子，从没有电梯的一楼搬到七楼，因为他崇拜画家。法国人平等和蔼的天性在这位市长身上体现得淋漓尽致。

当我介绍我的马路天使老爷爷时，我问市长，为什么这老爷爷从来不理我？从来不说话？市长先生哈哈大笑："因为你们是最好的一对！"

后来几年，我再没见到这位老爷爷来过冬，不知他最终归宿在哪里。

令我时常想念的另一位老人，是一位年过八十的老奶奶。我每次到地铁里都会遇到她在里面唱歌，她头发花白，白白净净的面孔透着善良与和蔼。衣着整齐，手里拿着一个小罐子，一边唱歌一边含羞地看着来来往往的过客。她的声音比蚊子声音还小，也许只有她自己听得到，她确实太老了。可是她一直坚持着，她想向人们展示：她希望以她自己的劳动换来人们的接济。

连续几年我都见到她，每次我都情不自禁走向前，放上一个硬币。

一位难忘的老爷爷，一位牵挂的老奶奶，我被深深触动了：为什么没人管他们的生活？为什么他们如此孤独，却如此坚强？

地铁里，每个人匆忙走过，没有人大声说话。就如同平日里的生活，人们都忙于生计。没人关心你，甚至没人和你吵架，很多时候，我甚至不明白这么多国内出来的人待在这里究竟是为什么？无时无刻不在承受孤独、苦闷。即使每天去学校，仍然只有一个中国人。法国同学对你客气一笑已经是很奢侈的事了。

有时候，当你连续几天发高烧难以起身买一点食物的时候，才深深体会到身边哪怕有一个人待上几分钟，就能产生拯救生命的动力。但是一切只能靠你自己挺过来。

这种磨砺不知道是否有必要，国内哪怕穷人家庭也比这种生活幸福。

来的初期，我总想大哭一场，但连哭都没有理由，更没人关注你。

一位同飞机来法的大学教授，因为出国前与单位闹了些矛盾，刚到巴黎就发誓再也不回国了。没过两个月，他就开始神情恍惚，要求同飞机的人去看他，说他已经活不下去了，这可是一位40多岁的堂堂男子汉！

据中国大使馆教育处的老师说，每年都有几位难以适应巴黎生活，最终心理出了问题的人。后来才知道这种事情不仅在法国有，其他国家同样。

为了排解大家共同的孤独，留学生们常常会去参加一些陌生人邀请的聚会，哪怕在聚会后不再联系。

一位已经在这里待了5年的攻读博士的女生在一次聚会上说，她由于长期孤单，"感情脆弱得像张薄纸，挨不得碰不得"。

我无法体会5年一人生活的孤独，但我能理解她。我只要存下一点积蓄就会回国探亲，去调节那已经达到极限的孤独。

后来很多国内朋友抱怨自己的老公或妻子在外国有外遇，我认为这总比送回来一个精神病人要好得多。有时候，道德观、爱情观和忠贞守义都是在一定环境下的产物，评论标准也会随环境而改变，甚至理论都随着实际改变。

近年来"小留学生"越来越多，老师们如狼似虎地要求他们别上网打游戏。

我倒觉得，如果他确实没能力去融入社会，上网总比精神出问题好得多，这是很多国内家长们根本体会不到的问题，他们只会一味地谴责孩子不好好学习。

由于我天性喜欢帮助别人，在巴黎我无法抑制地收留了几位小留学生当干女儿，看到她们我常想，如果国内的母亲知道自己的孩子是这样"留学"的，该如何想？

一天，我为了寻找新的住处，来到教育处的广告栏，发现了一个我心仪的地区的住房小广告，上面写着"某高级地区，某某价位"。

我动身前去查看广告上的住房。

令我没有想到的是，一位小姑娘接待了我。原来她出租的并不是什么房间，而是她房间里面的一张床，而且价格不菲。

我很惊讶小姑娘的"贪婪"，我自然不会在这里居住。

就在我准备离开的时候，小姑娘"哇"的一声哭了。

她断断续续地边哭边说："我是那么想别人爱我，我也那么想爱别人，可是没有！没有！……"我被她痛苦纯真的声音感动了。她还是个孩子，她并不懂得该以多少价格出租房子，她只是本能地担心生活的来源，本能地希望有个伙伴来对付可怕的孤独！她只有 13 岁。

我的心灵在抽搐着。

我决定住下来，租她的昂贵的"床"。仅仅因为我是一个母亲，仅仅因为我的孩子也在遥远的、没有妈妈陪伴的地方。

小姑娘的妈妈出国几年了，她在北京一直和姥姥过，几乎没有妈妈的印象了。后来妈妈将她接了出来，但不能与她一起生活，因为妈妈晚上要照顾一位法国老爷爷，以便多挣出一份收入供小姑娘上学。

于是，13 岁的小孩子自己在陌生的国度里生活。

小姑娘知道我同意住下，高兴坏了，郑重其事地请求我："我从来不喊自己的妈妈叫妈妈，我根本就不理她。要是你愿意，我就认你做妈妈。"我很心痛。世界上没有一位妈妈会不想要自己的孩子。

我下决心安抚这个孩子。

我用自己的钱给孩子买足够的饭菜。我来之前，小姑娘从来不敢吃饱饭，而是一棵小白菜要分几顿吃。孩子正是长身体的时候，我这个"房客"

不仅要支付高额的"床租"，还要为她做饭，为她吃饱饭掏钱。

两个星期过去了，她的体重整整增加了 14 斤，脸上出现了少女的红润。

她已经拿我当妈妈了。

孩子的天性就是需要妈妈。每天下学后，她都会冲锋一样地跑回来，满脸阳光地叫我，哑着嘴，像小馋猫一样冲进厨房，高声喊："我一回来就有饭吃！太香了！只要有一个伙伴就拥有全世界，我再也不怕孤单了！"

我被她的幸福感染着，我成了一个名副其实的妈妈。

每周末在她学习后，我们都要到森林里去散步。我倾听她在学校的故事，听她讲述她如何因为不会法语而被其他法国孩子歧视，如何孤独，如何没有伙伴。小姑娘很坚强，她常常讲自己如何克服这些困难，如何想争口气用学习成绩回击歧视她的孩子们。

我们就像真正的母女，感情颇深，相依为命。

中途几次回国后，我试图寻找她的姥姥家，试图找到她的母亲。

她的姥爷是一位中国著名的航天老前辈，高级知识分子，母亲就在巴黎。当我终于见到她的母亲时，真是无限感慨！

孩子从来都不允许我见她的母亲。她母亲是偷偷与我见面的。一见面，她满脸泪水，对我感激不尽。

"天下哪个母亲不爱孩子？"王妈妈说，"最让我痛苦的是，我出国完全是为了孩子有个好未来，拼命地打工。万万没有想到换回来的却是孩子的父亲从此越来越疏远，最终离开我。而我千方百计地想挣钱供女儿读书，可是女儿却拒绝认我做母亲！"

我为在巴黎遇到类似这样的许许多多家庭悲剧而动容，我的决心就是让小姑娘回到母亲身边。

我用了几年时间，花费很多心血，周旋于小姑娘和她母亲之间。

我反复做王妈妈的工作，告诉她，如果没有孩子认妈妈，她所有的努力和代价将是零；因为她为此付出了自己的家庭、事业和专业，付出了一切的一切。她再没有什么有价值的东西，全部被"典当"了！她必须尽快认识到问题的严重性。我可以做孩子的工作，因为小姑娘当时只认我，我是她唯一的精神支柱，但是我需要王妈妈的配合。

最终令我难忘的是母女相逢的时刻：那种尴尬，那种陌生，那种痛苦的期盼，那种令人苦涩的激动时刻，只有我一个见证人。

我终于成功地使孩子喊出了第一声"妈妈"时，我的眼睛模糊了！

几年后，我再去看望这对母女，她们已经住到了一起，血毕竟浓于水。

再过几年，最后一次见她们，小姑娘已经考入法国顶尖级的大学了！王妈妈老了，她已经不再适应国内的生活，开始在法国寻找男友，为她的晚年做准备。

她在法国做的是社会底层工作，是为了女儿，而她原本是北航的一位高才生！幸运的是由于我的出现，她终于获得并保住了女儿的情感。

我这个"业余妈妈"终于卸任了。巴黎的留学生经常更换地址，如今我已经不再有她们的消息了，不知道她们如今在哪里？愿这对母女不再分开。

我帮助的另一个女孩大约 20 岁。每次我一想起她就感觉痛心。

曾有一个时期我的租房很不稳定。每次回国，我不得不退掉房屋，回到巴黎后再重新寻找住处。在法国独身生活，最大的事情就是找好一个稳定的住所。有了住所，几乎就完成了心理上的安定。没有住所，人就处在漂泊状况，完全没心思做任何事情。

一位北京著名画家的女儿对我说，她最多的时候一个月搬了 7 次家。由于没有汽车，每次搬家都靠她无数次地坐地铁往返，两只手每次能抱的东西是有限的，走到最后，她几乎就想将东西扔在马路上。

一个女孩子，有时免不了希望有车的中国男同胞帮帮忙。遇到好同胞还好，遇到心怀不轨的男同胞，居然可以在搬东西的半路上提出非分要求，如果不答应，他会立即将东西扔在前不着村后不着店的马路上，令她欲哭无泪。所以她不再求人。

找好住所，是初来法国的留学生们最重要的大事。

那一次，我找到巴黎边上的一间住所。我包租一楼，二楼是两个国内的同居的年轻情侣。

住所很宽敞，环境很优美，居住环境很舒适，交通便利，而且是在远离中国城的巴黎城边上的高级住宅区。我不打算居住在中国人集中的地方，中国城感觉不到法兰西文化，而我留学的目的就是了解法兰西文化，需要深入接触西方世界。

我很开心，找到这样的住所不容易。

每天我完成工作后，就享受巴黎边缘的风景，巴黎市内的房子虽然集中了法国文化，但巴黎边缘的住所格外有"风情"。因为这里有足够的场地，能够建设出非常"法兰西"味道的美丽建筑，匆匆流淌的小河周边布置的自然风景绝没有人工修饰味道，但也绝不是像国内的乡村那样荒凉，而是充满了天工雕琢的装饰。

周边布满了几乎绿得流油的植物，千奇百怪，千姿万态，勾人心魂！这些植物像青春期的少女一样，几乎要喷薄出生命气息。这是法国水土的力量。

在郊区的朋友家

新住所的环境，让我有每天在"欧洲度假村"的感觉。

我正在庆幸自己的好运气，没想到不久灾难就来了。

也许是因为我刚来的时候楼上的邻居怕生，不敢惊扰我。一旦住熟悉了，就不再那么有所顾忌了。

一天半夜里，我正在梦乡里思念我国内的小儿子，突然被一阵恐怖的哭喊声吵醒，紧接着就是什么东西从楼梯上滚下来的声音！

在法国人们一般是不可以轻易打扰别人的。我不知道发生了什么，不知道我是否该上楼劝阻两口子。一直等到后半夜，噪声停止了，我终于能够睡一会儿。

第二天清晨，楼上的邻居下来，就像什么事情也没有发生。我感觉他们不希望我参与他们的事情。男青年非常和蔼，文质彬彬，从来都很有礼貌，不可思议。

一整天我都迷迷糊糊的，因为夜里没睡好。

我原以为这是偶然事件，小青年吵一架就过去了，大人参与越多将会越复杂。于是我装作什么也不知道，继续我的工作。

再过几天，半夜的恐怖叫声几乎天天都有，这让我陷入难以承受的地步。

我终于提出邀请，先邀请女孩子在外面单独吃饭。

女孩子是一个漂亮姑娘，大眼睛水汪汪的，几乎很难挑剔她哪一点长得不协调，这样的女孩子怎能落到这种命运？我很想不通。

女孩子是半夜被男孩子揪着头发拖倒在地上，一直从楼上拖到楼下扔出门外的，所以半夜的楼梯会发出有人滚下来的声音。

我邀请她到远离住所几千米以外的饭馆，为的是消除她的顾虑。

我猜想，她一定是因为经济拮据才委身于男孩子。如果是这样，我准备帮助她。我想好了对策，与她慢慢地聊起来。

女孩子是北京人，是爸爸妈妈的掌上明珠，独生女。大学毕业出来准备考研，但是考研过程不顺，于是开始打工，寻找经济出路。

我能想象，女孩子在爸爸妈妈身边还会撒娇，耍小脾气，正处于年轻人的逆反心理时期，还属于欺负爸妈的年龄。

我万万没有想到的是，女孩子给我展示她被残忍打伤的内伤：她的嘴里面已经被掐烂。据说每次男孩子折磨她的时候，都会将手伸进她嘴里很深处去破坏，甚至将牙齿捣下来，但是女孩子的外表看不出伤口。女孩子的大腿根处到处是创伤，外表也看不出。这种折磨是经常性的、不间断的。

我惊呆了！国内出来的青年人，至少少年期间在父母身边都接受过文明教育，怎么会变得如此残忍？究竟什么令他们如此变态？

我原先想好的"调和方案"立即变得坚定不移：请女孩离开这个男孩子！但是再次令我惊讶的是，女孩竟然不愿意离开男孩。

我实在搞不懂了：女孩仍然爱男孩。

女孩子断断续续地给我讲述他们的故事。

事实上，男孩的生活费很多是靠女孩资助的，并不是女孩子委身于残忍的伴侣。女孩确实喜欢这个外表文质彬彬的小伙子。虽然她在父母家里不讲理，但在男孩面前却表现出"无限"的宽容和迁就。

一次，北京女孩看到一个从西安学古琴出来的同龄女孩由于没有住所而在地铁过夜，出于同情，她将西安女孩请到自己家里。

西安女孩同样是父母面前的独生女，具有"中国小公主"的特性，想要的好东西就千方百计要搞到手，无论在什么情况下。

在这个家里，大家共用一个冰箱，大家的食品是放在一起的。西安姑娘也许是在外太孤独，本能地捍卫自己的每一口食物。

有一次，可能男孩子忘记了冰箱里半个青椒的所属权，炒菜吃掉了。结果引得西安姑娘大打出手，双方打得不亦乐乎。

中国的小皇帝、小公主们，心理素质太脆弱了，经不起一点挫折就走向可怕的境地。

不久，西安姑娘开始与北京姑娘向男孩子争宠。西安姑娘并不以为过分，她的潜意识太害怕再次回到地铁里去，太想占领这个"窝"了。

这令北京姑娘很反感，但她不忍心将西安姑娘赶回地铁过夜。这个三人世界开始复制历史上无数个"嫔妃"之战的较量。

北京女孩子为此不止一次地被"逼"到地铁里去过夜……

我再也不想听他们的故事，那都是一些灵魂被残酷扭曲的故事！

我只怨恨孩子们的父母如此不负责任，小时候太娇生惯养孩子，长大后，因为家长自己的"虚荣心"将这些孩子放到一个他们很难承受的环境中。如果想锤炼孩子，从小就要做锤炼的准备和艰苦训练；如果想发泄自己的爱，教育被宠坏的孩子，就不要再过分无情地去毁掉他们！

我的心在颤抖。作为母亲，我感到"母亲"原来也有残忍的一面！

我反复告诫北京女孩子，反复声明如果她选择回北京，我将支付她的飞机票，不要为钱担心。在十几次耐心劝说和资助这对青年人后，我已经无法正常工作，女孩子经常跑到我工作的地方去哭闹请求援助。然而他们被扭曲的心灵已经很难用正常人的思维去解决问题了。

我最终选择了离开，临走前，只留下一句话：离开他。

离开他们，生活恢复了正常，我感觉空气都是何等的新鲜。

两年后，我在另一场合再见到这个女孩，她已经结婚，当然是离开他后的新伴侣。

这是我在巴黎帮助过的许许多多故事中的其中两个案例。我只希望国内的父母们看到这些故事能够三思而后行。

巴黎传奇的收藏家——吕霞光

带着出国前庞熏琹夫人给我写的地址和介绍信，我找到了20世纪30年代与徐悲鸿和庞熏琹等前辈一起旅法的画家、著名的古董收藏家吕霞光先生。

长久以来令我深深感到歉意的是，我没能将吕老的故事写成书，因为

吕霞光先生参加作者画展开幕式

吕老曾经那样相信我，多次将他的传奇故事一一讲给我听，希望我能够为他写出来。

我只记得他是 1927 年中共咸西路的书记，曾与郭沫若一起负责共产党的文化工作，曾经与刘少奇、邓颖超为邻居。每次回国，邓大姐都要出面接待他。

"解放前，我家是一个大家族，家里有 12 个寨子，我每次出去带上一帮人非常威风，可我还是出来干革命了……"

"1948 年，我随一些旅法画家一起来到巴黎学画，意气风发。可是家里不给我一分钱，在法国我是一个穷人。直到我认识马德兰，我的法国夫人，我才意识到我必须富有，为了夫人和男子汉的责任。"

我没有见过马德兰，我最喜欢的是高天华为马德兰画的美丽慈祥的肖像。

巴黎的中国画家，很少有不认识吕老的，不仅仅因为他的富有、传奇和地位，更重要的是他对中国画家情有独钟的关心和帮助。

历史真的应当给他记上一笔：他是最早赞助中国画家，建立了巴黎艺术城中国人的画室，专门资助中国画家来法国研修的开辟者。多年后，中国大陆经济好转，许多美术学院在吕老的帮助下，陆续在巴黎建立画室，为今天的国内艺术家开辟了意义重大的先驱渠道。

他的所有财富故事富有传奇色彩，也有人说他财迷。多年后，我深刻领悟到法国人从不浪费的品质是来自完全不同的文化习惯。

"年轻的时候，我背叛了富有的家庭，我的家庭有 12 个寨子。我的父母指望我来继承和管理家产，可是我偏偏喜欢外面的世界。我离开家出来干革命，后来又到法国。家里坚决反对我出国，试图用经济手段卡住我。"

"那时候，我在马德兰家里学习法语，最后我和马德兰结婚了。但我是一个穷光蛋，我不能让这么好的女人过穷人的日子。我发奋画画，和徐悲鸿、庞熏琹他们一起画画。"

吕老每次谈到当年的贫穷与立志，都显得格外激动。

"我是男人，我必须成功。中国男人的责任感很强。我来巴黎最初的画展很成功，夫人马德兰起到很大作用。我的画展开幕式上，意外地出现了法国总统！马德兰作为外交官起到很大作用。总统带领一大帮部长出现在我的画展上，我的画非常畅销，我自己都不能想象。最后我拼命地画，画得病倒了，胳膊不能动了，我完全丧失了活下去的信心。还是马德兰把我带到山上疗养，我才奇迹般地又活下来了。"

谈及夫人，他一如既往地深情。多少中国画家都深深尊敬着马德兰夫人。

时间一个月一个月过去，我不断收到吕老打来的长时间电话，他不断地邀请我去他家，讲述过去与现在的故事。我成了他忠实的听众。

"自从我有大笔钱后，我开始到处买房子，买名画，终于开始收集古董。我收集古董到了这种地步：每次我到美国，海关立刻通知有关部门：霞光吕到了（西方称名字在先，姓在后）。

"本来潘玉良去世时是希望我帮助管理她的遗作的。可惜听说她的作品被运回国内的途中丢失一大批，我无法追查这件事情。我有许多工作，需要可靠的秘书。"

吕老将潘玉良和张大千的照片交给我，希望我好好保存。

吕老开始给我讲述他生命中的第二个女人："马德兰去世后，我悲痛欲绝，几乎活不下去，这时有一位大陆来留学的女人，40多岁的莉萨（化名）拯救了我。她天天陪伴我，给我真挚的爱情。我们终于在一起，我们有过相当长时间幸福的时光。"

我很奇怪，一位80多岁，一位40多岁，能有爱情吗？

"但是我们最后分手了，是因为我外出的时候，她爱上了一位法国人。"老人痛苦得不能继续。"我给她买了一处房子，写上她的名字，我还给她留下100万现金。这100万现金她没有拿走。她告诉我她不再爱我了……"

每次吕老谈到莉萨，都有很多憎恨和诅咒，但是一到中午12点30分，老人立刻放下手中所有的事情，终止所有的谈话，飞快地打开收音机，倾听中国国际广播电台莉萨的播音，这时候不允许任何人说话。

我很同情这位老人，感情执着。可我也不觉得莉萨有什么不好，我觉得她同样非常可爱、真诚。她不是为金钱而爱的，她有权选择她的爱。

那是一个阳光明媚的周末，吕老来电话提议带我到他乡下的别墅度周末。

出于好奇，我答应了。

这位80多岁的老人，能够自如地驾车，长时间轻盈地行驶在郊区的路上。这让我对他刮目相看。老人说，他曾经有一次开车，因为时间太长，开着开着自己竟然睡着了，直到撞上一棵树才醒过来。好在是一棵树。

这个庄园坐落在一片弥漫着原始气息的山林中间，周围的几个大院子都没有人。通常城里的法国人都会请人看园子，只有度周末或者邀请朋友们聚会时才派上最大的用场。

我走进这个看似神秘的院子，吕老不停地介绍当年与夫人马德兰如何装饰这个别墅。走上二楼，室内的装饰又是另一番风格。吕老指向一个卫生间："看，这个浴盆的龙头和把手是纯金的，是我们从瑞士专门运过来的……"

从楼上看院子里格外养眼。这个院子是用篱笆墙修筑的边墙，保留着自然的风情，似乎与屋内的豪华设施有些不协调。

园子分为几部分。"这边是游泳池，那边是野餐的地方，这是烤肉用的架子，我们有时候会邀请几十人来聚会……"吕老如数家珍地介绍，我能想象当年女主人在的时候，这个庄园是如何辉煌。

大大的园子却有个很矮的门，陌生人很容易一跳就进来。

我很奇怪，这么贵重的物品，空荡荡的别墅和院子，不会有人偷东西吗？

也许是穷惯了，我倒觉得没有这些东西该是多么轻松，否则是很大的负担，这么大年龄还要每周来看看东西，整理一下，即使真出事了，主人也很难知道。

从别墅中出来，吕老提议到山坡上去晒太阳。山坡就在园子的后面，我们徒步走入山林。躺在山上树林里面巨大的鹅卵石上，我们尽情享受阳光。周围多少平方千米没有一个人，这是法国富人们的生活。

不久，由于吕老的生日，他邀请了50多位旅居法国的中国艺术家和歌唱家到乡下的别墅院子里，重演了他夫人马德兰在世时候的盛况。

院子里架起了支架烤整羊，来宾们都穿上最美的服装，就像在过"中国节"。

海外真是有无尽的中国人才。在吕老生日宴会上，我见到国内一流的舞蹈家，一流的歌唱家，大家尽情地表演祖国的艺术。这个原始山林的庄园里飘扬着熟悉的中国歌曲，熟悉的语言，熟悉的歌舞，感觉就像身处中国的某一个角落。

吕老的人生故事我已经听过几次了。难得他对我的信任，一遍又一遍不厌其烦地讲，一次又一次带我到他新的住所或者新的环境，力图使我能随着他的见景生情，更加生动地展现他的生活。

我一直没明白自己，为什么没承诺写吕老的人生传记。似乎富豪们的生活对我来说并不具有强烈的吸引力，我不知道什么才是最能吸引自己的生活方式。

与吕老的接触，最长见识的是与他一起到法国最有名的艺术品拍卖市场。

Hotel Dront 是著名的艺术品拍卖大厦，据说是犹太人开的私人拍卖场所，整座大楼是专门用来拍卖的"拍卖楼"，上下三层，每层都有几个大厅，轮流预展和拍卖。这里每天都有拍卖，形成了法国一道特殊的风景线。

拍卖场外有很多的艺术品鉴定所和古董店，形成一个配套的专门商业区。

法国人热衷于收藏和保护家居，很多家庭都有保养完好的古旧家具和一些物品。首饰品一定是古旧的才显示其珍贵。每次一旦被人邀请出席高档一些的晚宴，女士们就会如孔雀开屏一样，展示服装和服饰。这衣服是要最新最时尚的，但首饰一定要"古董"级别的才显示主人的文化和高雅。

无论什么物件，法国人都有着多年如一日的认真擦洗和认真保养的良好习惯。他们的保护意识很强烈，这些家什只要保养得好就显示主人的修养，需要的时候还能卖高价，这是中国人很少想到的。

由于这种文化，法国的拍卖市场异常火爆，每天都有送拍物品，每天都有被拍的业绩，用"车水马龙"来形容一点不过分。

并非只有"苏富比"才卖高级艺术品，Hotel Dront 属于各类艺术品都有的地方。随着声望越做越高，近年来 Hotel Dront 已经在巴黎到处开连锁店，这里是吕老平时的工作场所。

"你和我在一起，我们两个都很光荣。"吕老笑着说，"因为我这个老头子身边陪着你这么年轻漂亮的女士，而且是故宫博物院馆员，我在拍卖场上就更光荣了。但是你能和我在一起，你也很光荣。"

"为什么？"我很好奇，这与光荣有什么关系？

"因为你不知道，我在这里是什么人物。往往一个预展中，有些东西，只要我走过去，这个东西就会涨价。"

我半信半疑。

但是不久，我就相信了。拍卖大楼里的拍卖师们见到吕老都毕恭毕敬的。他们把吕老请上最好的位置，吕老享受着"贵客"待遇。周围的古董店老板们，尤其那几位犹太人，经常将吕老拦下来，迎到自己的店铺里面商讨一件中国文物的真假和年代。

很显然，吕老已经在这个西方圈子被恭维成了"中国老大"。

为了吕老看好的"猎物"，每次我陪同吕老来拍卖预展的时候，我都被派到前面去侦察。因为我的脸生，如果吕老过去看，那样东西会被抬高价格。

所以，每次吕老要买的东西，我侦察后，吕老再假装不经意地走来，证实一下我的侦察，根本不可能有机会踏踏实实地看物品。

待到第二天拍卖的时候，往往吕老挑选坐在最后一排，别人看不到他，不会看到他的举动，而他可以看到全局。

当轮到他的猎物到场时，他不动声色，先等别人举手，直到没有人争了，最后在拍卖师就要落槌的一刹那，吕老举手。

这些技巧我都被训练得炉火纯青。

事实上，拍卖师们都已经很熟悉吕老，往往一个眼神就知道吕老是最后的买者。细节是最关键的，吕老在这个拍卖大楼淘宝已有多年历史了。

与吕老的交往和学习，完全不同于我在故宫与鉴定大师的学习。如果说故宫的大师们是国家的顶级学术派，那么吕老则是中国人在国际市场的实战派巨匠。他从一贫如洗地在一个陌生的国度打天下，到晚年积累的万贯家财，以及他作为一个中国人在国际收藏圈里如此高的地位，都证实了他的成功。

吕老经验丰富而且狡猾，更体现在与文物商人做交易上。

有一次，吕老通知我到餐馆吃晚饭，因为他要卖掉一个日本的古象牙雕。

当我问及卖给什么人的时候，吕老很平常地说："世界拳击冠军，从德国赶过来。"

就为这个小东西？吕老说："往往世界级别的收藏圈并不大，大家都知道谁需要什么，这个物件在什么人的手里。我今天想卖掉这个象牙雕，我知道他需要，完全不必通过拍卖行，拍卖行是我买东西的地方。"

我品味着吕老"进货"与"出货"的规律，得出一个结论：这是位大家。

拳击冠军是位魁梧的中年人，一脸的忠厚。从外表我怎么也想象不出，他会对这种如此细腻的艺术品具有如此的热情，专程乘飞机赶过来就为这小东西。

晚餐中，话题根本没有涉及这个买卖，只是无休止地谈论一些不着边的各类新闻。晚餐后，我甚至没注意到他们如何支付支票和交换物品。

在这些老熟手之间的交易，交易的程序已经简化到极致。

"我给他的价格很好，做生意必须给对方留出盈利的空间，一定要让他也能挣到钱。"我在潜移默化中领悟着世界级别的艺术品交易规则。

"我们都有一个名单和联络方式，名单上有100多个古董收藏大家，这些都是世界富翁。我们基本上知道各自的主要物品都有什么。需要交换买卖的时候，直接请过来。往往生意做完，要请一顿饭，这是规律。"

我感到吕老在耐心地教我生意经，虽然我不明白他为什么对我单独培训。

这类交易多了，我感觉吕老的经验确实丰富，每次交易做得都很大气。虽然交易本身是需要计较利益的，我却从来没有看到吕老与其他交易者之间有任何斤斤计较的时候。

吕老的交易风格，完全升华到做人的风格上了。

但我还是听到不少中国画家，诉说吕老在购买中国画家的画时显得很吝啬。后来我明白了，这些中国画家的画是在卖不出去的时候，吕老以底价收购，这是商人的本质并不是吝啬。而画家们不懂商道，认为吕老是在"乘人之危"。

记得1994年后我帮助世界大师艺术家夏加尔画展到中国举办的时候，由于画展取得了空前成功，画廊老板很高兴，到北京郊区去看"流浪画家"的画。画廊老板认为这些画家很有艺术天分，但作品并没有成熟到可以卖出的地步。为了资助这些画家，画廊老板提出几百美元买一幅作品（相当于人民币几千元），但是被画家拒绝了。

实际上，几千元的价格在当时还是很可观的。事后，画廊老板对我说："这里的中国画家不懂得市场，我出这个价格，完全是为了资助他贫困的生活，实际上对我来说这些作品毫无意义。他们的内心希望高价，却不懂得自己的作品根本就卖不出去。"

在买与卖的商业环节中，很多画家比一般老百姓更缺乏"感觉"。

尽管巴黎的一些中国画家背地里经常议论吕老的"底价收购"，但却并不影响一批又一批的画家继续登门，希望吕老买他们的作品。因为中国一些优秀的画家初到法国，语言不通，销路更不通。两种文化的不同，使中国画家的作品在陌生的国度很难得到青睐。就像中国马路上的现代青年很少穿旗袍一样，并不等于旗袍质量不好，只是天时、地利、人和的观念都变了。

那段时间，我一直住在法国政府奖学金获得者才能享受的拉丁区幽静的一座公寓里。每当宿舍楼道里电话铃响，管理人都知道是吕老找我。令我尴尬的是，每次吕老的电话都占用很长时间，期间别人无法接听电话。

吕老经常能巧妙地找出不同的话题，请我去他家做客，虽然我很忙。

这一次，他请我做客的内容是帮助他缝补一件毛衣，我不能不去。令我惊讶的是，如此一个大富豪，毛衣竟然已经有了30多个洞却继续穿，还要我拿出半天的时间去缝补！要知道，如果花半天时间去给法国人家里做清洁，费用足足可以买一件毛衣了。

多年后，我的母亲到了晚年同样节俭，这时我才明白：不同时代留给人们的生活习惯是根深蒂固的，很多时候财富与生活习惯并没有关系。

吕老不止一次地向我表达他最大的担心是百年之后，他一生积累的财富没有一个好的归宿。人们都知道，吕老是从来财不露白，我傻乎乎地一直以为他需要一名忠实听众。终于有一天，他向我显露了他的财富，真正令我目瞪口呆！

这一天，他请我到家里告诉我，他有多少多少现金，有多少处房产在巴黎、尼斯以及其他地方，在法国大富排行榜中，他位于前列。他很神秘地带我到地下室，我看到了小说中描写的财富宝库。

记得1988年我在故宫博物院工作时，我负责《末代皇帝溥仪展览》的总体设计，有幸参观故宫大库，几进几出不同的宝库。但是当我看到吕老的宝库时，仍然惊讶不已，有些藏品完全可以与故宫某类藏品比美。我看到老人的心血，惊叹老人的智慧和工作效率！

"这样的藏库我有三个，可惜的是，藏库的保险图已经被小偷偷走了。"我听后不寒而栗，这让我深感恐惧，直觉告诉我，吕老肯定需要我做什么。

更加令我惊讶无比的是，老人在走出宝库后，竟然非常严肃地向我提出一个请求，希望我嫁给他！我张着大口，瞪大眼睛："可是吕先生，我已经结婚了呀！您没想过吗？"我大声喊起来。

"对于事业来说更重要。"吕老严肃地说，"我这把年纪和你结婚，我图什么？我最大的心病，是没有合适的人选能够继承发扬我一生的积累。多少女人找我，都是为了我的财产，不是为我的事业。而你，我观察很久了，你不贪财。所有来巴黎的画家都希望我资助他们，只有你拒绝我给你的资助，拒绝我给你经济补贴。"

这时我才想起来，前些日子，我的法国政府奖学金结束了，恰逢吕老打来电话，问起我的生活，一定要资助我，我坚持不要。不想吕老竟然生气了："就你清高！我资助过许多中国画家，就你不要。我不会图你什么，你不要误会。"

"吕老，是您误会了！我从来不要别人的钱，连我丈夫的钱都不愿意要，因为这个他很不高兴，'我是你什么人，你这样？'所以您就别往心里去。从小妈妈教会我一个特殊本领，任何艰难情况下都能活下去。我现在还没有到最艰难的时候，所以您不要为我担心。"也许是我当时的话感动了他，也许是他有意的考察观察已久，这位久经沧桑的老人自信自己的眼光。

吕老深情地说："罗太太，你知道，我寻找你这样的人很久了。我的一生快结束了，我不希望一生积累的劳动果实被轻率的、贪图享受的人糟蹋了。我是有理想的，为了这个理想我奋斗一生。我是热爱祖国的，希望最后能用这些财产为祖国做一些事情。"

我为老人崇高的节操深深感动了，但是让我用牺牲婚姻的代价来换事业，我还是想不通。

"能不能不结婚，让我为您做些事情？"我试探着协商，尽量不伤害老人。

但吕老的回答显然已经深思熟虑过："你不懂，不结婚的意义不一样，法国是有法律约束的，婚姻可以解决你许多难题。"

老人深深叹口气，深为我的不开窍而感到惋惜。

此后再见面，我很不自在。吕老要求看我先生的照片，恰巧我带着全家人坐在沙发上的照片。"你先生不漂亮，有什么留恋的？"我不说话。

显然他不甘心，重新试图寻找新的方式为实现他的目标打开缺口。

我的法国政府奖学金到期了，我必须搬出只有奖学金获得者才能居住的住所。吕老不失时机地邀请我住到他家。老人热情地招待我，坚持要赠送我精美的古典黄金项链。我接受了，因为我不能再伤他了。

晚上11点过了，我已经躺下。老人过来敲门："罗太太，到我屋里坐一会儿吗？"

我不知道为什么，完全无法解释，也许是我一个人到巴黎太久没有人关照，也许是我承受太重的思乡之苦，也许是我害怕老人有什么举动而我是多么地孤单。

我莫名其妙地大哭起来，这下把吕老吓蒙了："罗太太，为什么哭得这么伤心？我没有恶意啊！……我知道了，你小时候一定遭什么人强奸过。"他慌了，不知说什么好。

我更加大声哭起来，简直是没谱的乱弹琴！

这一夜，我显然把吕老吓坏了。从此以后，吕老再也不提结婚的事情。

第二天，我为自己的行为很难为情，向吕老道歉。为梳理自己，我搬出了吕老家。

想想自己年轻时，由于不懂事曾经拒绝过别人的求婚。懂事后，深知任何表达的真情都是美好的，无论什么方式一定不能伤害别人。从此发誓不伤人。中国的恋爱教育很糟，不知道为什么从来没有学习班教育人如何谈恋爱，而浪漫的法国却具有精于此道的文化。

一位来法国不久的女留学生，一次在马路上碰到一位黑人很礼貌地说："小姐，我可以请你喝咖啡吗？"这是法国马路上太常有的事情。人们看到对方有好感，就可以发出邀请，你完全可以礼貌地谢绝。然而这位女留学生破口大骂："臭流氓！你干吗纠缠我？"

这位黑人不依不饶，一定要小姐解释清楚："我怎么流氓了？请说清楚。"在场的法国围观者都对这位中国小姐感到不可思议，她是否脑袋进水了？其实这是观念问题。

真想不通，中国市场为了盈利无奇不有，但为什么没有人想过举办"恋爱培训班"？社会的各个年龄段都需要学习的东西，肯定有市场！

考虑了几天，我终于主动找到吕老，诚恳地告诉他，我不能用婚姻的代价来换取财产和事业，但我愿意用另一种方式满足吕老的心愿："我们可以成立一个基金会，将来用您的基金专门做支持中国大陆艺术家与法国交流的事业，而这个基金会未来命名为'吕霞光基金会'。"我接着介绍了具体的运作模式和开始的项目策划。

那个年代在巴黎，中国人还不太懂得基金会。我是属于开创性的思考者。

吕老很兴奋，为这个计划鼓舞着，急切催促我写计划书。

连续几天我们都在想象的世界里徜徉。

我向使馆朋友汇报了来龙去脉和计划书，希望得到支持。但使馆朋友并不赞赏我拒绝结婚的"美德"，这很令我惊奇。人们这是怎么了？也许是我的世界观太过保守？

我自信自己的选择，因为我不想过太累的生活，伴随过多的财富有时会带来很累很麻烦的生活。我很难理解今天国内的许多人不择手段地获取财富。其实，人的一生需要的财富是有限的。

那些日子，吕老的精神格外好，他总是说："国家怎么还不批准我们的计划？我等不及了，我的年龄等不及了！"

我们邀请了另外几位志同道合的朋友和吕老的两个儿子，一起办好了法国注册协会的手续，进行会议分工，选举吕老为主席，我为副主席，安排了秘书长、财务等角色的分工。

不久，一位特殊人物出现了！

一天，作为主席的吕老召开会议，宣布需要引进一位新人，开会决定她是否可以进入核心层。

协会的主要宗旨是创建以帮助中国画家走向国际为主要目标的中外交流渠道。但是主席推荐的人选是一位美丽的舞蹈小姐。大家都不知道这位舞蹈小姐能够为美术家协会做什么。吕老的推荐理由是："小姐是位舞蹈家，离过婚的。"所有人都知道离婚与协会目标没什么关系，但因为吕老是主席，没人反对。

不久，美丽的小姐住到了吕老家，成为吕老的秘书并掌管协会的钱。

我们第一次活动在充满魅力的蓝色海岸尼斯举行。

为了节约资金成本，吕老的儿子，也就是协会秘书长哈非尔为我们开车，我们连夜从巴黎出发到尼斯。虽然一路很辛苦，可是我的感觉更多像旅游。

到了吕老尼斯的海边别墅，真是太美了！

别墅盖在面对蓝色大海的、树木茂密的山林里。

别墅有很多大窗子，明亮而透彻，充分显示了尼斯的美丽风光。

一望无际的蓝色海水与蓝色天空形成一个蓝莹莹的世界。别墅的后门就直接设立在树林里，空气格外清新。这座与自然巧妙设计混为一体的建筑，充分显示出建筑师的智慧。

早上起来，我们贪婪地挤出时间，出后门去充分享受山上的美景。

吕老的别墅中，挂了几幅印象派大师的作品，令我们这几位画家出身的来客惊叹不已，真不愧是大收藏家！

第一次的活动主要是磨合一下团队成员们的能力和合作精神。这是使馆文化处介绍的一个活动：在尼斯每年最大的游览会上，推荐中国艺术作品。根据法国组委会的要求，我们被安排在一个美丽的大公园里。

其实尼斯不必设立公园，这座城市本身就是一个大公园。我们的活动更像是在奢侈地享受风光，而不像什么推介中国艺术。

我们摆开摊子，上面有中国画，有印有中国画的汗衫，还有我们能够想到的表现中国艺术的东西。我们的摊位就在公园中央，很美丽，也很舒服。这不像推介中国艺术，也不像做生意，更像是一种"旅游游戏"。

确实有大批的游客进入大公园，他们几乎都是光着身子，将衣服脱在公园外面。公园里面见到的客人，都在享受"阳光浴"。许多游客确实对中国艺术很感兴趣，但仅仅是谈论而已，因为钱包都放在公园外的衣服里。

这样的"推介"活动，显然属于一种"宣传"而无法盈利。这是我们事前完全不了解的状况，而法方组织者和中国使馆都没有事前跟我们说清楚。

但是，我们很满足这次的"高质量旅游"。

几次活动并不很成功，因为我们没有经验如何组织一个协会。真正想做中法艺术桥梁的人寥寥无几，现实生活让人们考虑得更多的是如何生存。我意识到这个协会已经不是以原宗旨为目标了。

我不再努力去经营协会，而是埋头学校里的作业，专攻传播专业的访问教授工作。

几年过去了，我们没有再见面。

最后一次与吕老的见面，是在我的又一次画展上。画展在总统府边的贵族区画廊开幕了。开幕式上，来宾已经不再是熙熙攘攘的人群，而是一些重要人士，包括法国的经济界、政治界的高层人士和中国大使馆的高层人士。包括当时的巴黎市市长、后任法国总统的希拉克先生，也派出他的代表出席开幕式。中国方面派出了中国大使夫人和六七位参赞，几乎所有中国使馆在巴黎的高层全部出席。

我仍然邀请了吕先生，这时的吕老苍老了许多，听说他是抱病前来出席我的画展的，还是由美丽的秘书小姐陪同。

当《人民日报》的首席记者问吕老，"您认为罗小华的画有何进展"

1993 年，吕霞光先生参加作者画展开幕式

时，吕老一反往日的高贵和礼节，大声喊道："越画越好了！越画越好了！"

只有我听出那么一点点的、非常规的内涵，我不知道他过得怎样。

画展开幕式过后的两天，我被一个突然的电话惊呆了！

"吕老在走出您画展的时候，在画廊出口突然晕倒，不省人事，听说是脑溢血。"

我慌了，急忙打电话到吕老家，所有电话都是秘书小姐接。我表达了我的心情，希望见吕老，但是秘书小姐电话里回复："吕老目前不能见任何人。"

我从此再也没有吕老的消息。

又是几年过去了，是吕老去世后的几年。一次在四川成都偶遇中国知名画家王以时，我无意间得知，吕老在临去世前对他们念叨："罗太太是能做成事情的……"那时我们已经很长时间没有见面了。没想到吕老去世前仍然挂念着我。

我为没能实现吕老生前的愿望而感到内疚，也感到无力，更为吕老临终前对我的念念不忘深深感动。最终吕老并没有与秘书小姐结婚，也没有继续完成他的心愿，只是在临终前将部分文物送回了祖国，并受到国家高层领导的专门接见。

安息吧，吕老！相信后人能够为中法之间的艺术之路架起桥梁。

近距离接触的巴黎世界艺术大师

全世界艺术家都往巴黎跑，世界各国没有像法国那样"厚待"艺术家。

旅法著名画家吕霞光先生曾有过这样的定论："如果在巴黎的艺术能成功，就意味着在全世界任何地方都容易成功，这是市场定律。"从1990年到巴黎那天起，最醒目的巴黎艺术家成功的标杆就是这几位：赵无极、吕霞光、朱德群和熊秉明。他们远远超前于普通艺术家，可以说如同小学生与博士生之间的距离。他们曾经是我近距离相处过、站在世界艺术金字塔上活着的艺术家。

我尝试把他们串联起来，力图找出他们成功之路的几个路标。这也许是艺术行业和艺术史"昨天、今天和明天"的需要。

不是艺术圈的读者也许不知这四位为何方人士？简略介绍一下。

赵无极（1921—2013），1948年定居法国。法兰西艺术学院院士，巴黎高等装饰艺术学院教授，获得法国骑士勋章等多个法国国家勋章。2018年10月，赵无极的作品5.1亿港币成交，在世界艺术拍卖市场上他的艺术品价格在6000万元～7000万元之间徘徊，是价格长期坚挺的常青树之一。他在全世界举办了160多场画展，被国际艺术圈定为"世界级艺术大师"。

世界著名华人艺术家：赵无极（左上）、
吕霞光（左下）、朱德群（右上）、熊秉明（右下）

吕霞光（1906—1994），1948年定居法国。法国总统和部长出席过他的画展，他因身体原因改行成为古董收藏家。1930 年在法国、比利时学习艺术并获艺术大奖，是世界 100 强收藏家中唯一的中国人。法国官方评定为"法国大富"的财富级别。

朱德群（1920—2014），1955 年从台北到法国定居。晚年为法兰西艺术院中国院士，获法国骑士勋章。在艺术拍卖市场中是价格长期坚挺的常青树之一，被艺术圈界定为"世界级艺术大师"。

熊秉明（1922—2002），1947 年考入巴黎大学，从此定居法国。因在雕塑、艺术史评论和书法方面的独特建树，在法国乃至欧洲成为著名大家。我在故宫的同事、中央美院毕业的方振宁这样评价："中央美院邀请全世界著名画家来讲学，讲艺术最好的是熊秉明。"

著名画家吴冠中评价熊秉明是"对人性和智慧的怀念"。

我之所以不详细介绍他们的艺术履历和业绩，是因为网上相关资料很多。只要对高端艺术有兴趣的朋友，只要关注艺术高层信息的朋友，只要认真研究艺术、有一定专业背景的朋友，无论是学院派、市场派，还是国际收藏家、顶级画廊、世界顶级拍卖行，这几位大师几乎是"热门话题"。

但国内艺术圈，的确是远距离"雾里看花"的居多。

我与这些大师结缘，要感谢庞熏琹和夫人以及楚图南老先生。

20 世纪 80 年代末，导师庞熏琹先生走了。庞师母袁韵宜深深爱着庞老，继续庞老未完成的事业，包括对我的关怀。为了我去法国能在大师们身边继续深造，庞师母特意给赵无极先生写信，并告诉我吕霞光先生的联络方式。

我刚到巴黎不久，就拜访了赵无极和吕霞光两位老先生。赵无极先生对我进行法国画廊市场的游戏规则培训。20 世纪 90 年代，赵无极先生已经很有名望，国内来的艺术家都想拜访赵无极先生，多少有些影响赵先生的日常生活和工作。因此赵先生的会客常常被夫人严格控制是可以理解的。

在法国，即使父子见面，也要预约，不得随时敲门而入。

我能理解为什么赵无极先生为我做出那么多的努力。在 1989 年，赵无极先生把我"抢出来"，成为那一年中国文化部唯一公派法国、获法国政府奖学金的中国艺术家。

赵无极先生成功地把我接出去，这是他对庞先生的尊敬，尽管庞老已经去世，这是老一辈神圣的情感和侠义！

为了我，他不知花费多少精力、时间和关系，在中法政治冷冻期，周旋于中法之间，周旋于巴黎高等装饰艺术学院和巴黎高等美院两个校长之间。因为我最早联系的是巴黎高等美院，赵无极先生最终说服巴黎高等装饰艺术学院的院长，也就是赵无极先生任教的学院，把我引进来。

我深深感激从未见面的恩师。只有伟大的人格，才能这样做人做事。

吕霞光先生是国内的艺术家们都向往拜访的大师。他是第一个为中国艺术家在法国国际艺术城赞助永久画室的赞助者。他经常购买一些中国画家的作品，以资助他们。

法国外交部在 1991 年为我举办画展。故宫博物院馆员的头衔，惊动了巴黎外交圈和华侨圈。因此在画展后，吕老特意为我举办酒会，以便我逐

吕霞光先生为作者画展开幕式举办酒会的报道

步进入法国艺术圈。

1991年我刚到法国，各方人士都不熟悉。吕老知道我已经和赵无极先生联系上了，就对我说，还要认识一下朱德群先生，以便日后前辈们指导和关照。因此，无论是我的画展开幕式，还是吕老的酒会，都是吕老请来朱德群夫妇。那时我并不熟悉朱德群，我的画展开幕式因为来宾太多，只是匆匆向朱德群先生问好。记得朱德群先生是偕同夫人一起来的。他当时给我一些建议，因人太多，我没能与他深入交谈。事实上，在吕霞光先生举办的酒会上，也没法深入探讨。朱德群先生给我很深的印象是：朴实、谦虚、低调。

由于我的作品主要受导师庞熏琹"中国古代装饰艺术"的影响，又是在故宫环境中的创作，对西方毕加索、塞尚这些名家作品，并非像其他艺术家那么痴迷。因此在吕霞光先生安排的几次聚会上，我和朱德群先生聊艺术并不多。

我真正能多次长时间深入磋商学习求教的，主要是吕霞光吕老和熊秉明先生。占据巴黎头牌艺术家地位的四位大师们，吕霞光年龄最长，其余年龄相近。从吕霞光先生那里，我了解了很多赵无极和朱德群的故事。这三位大师在欧洲艺术市场多年摸爬滚打的过程中一直是同行者，相互了解各自的发展史。

时过境迁，在我多年地深入了解了巴黎之后，再研究几位前辈，深感理解了不少深处的"道"。没有法国文化环境的多年渗透，也许很难理解一些大师的成功之道。回忆会夹杂品味过的感受，我们试图沿着大师们的路途，寻找一些规律性的"路径"。

1933年，徐邦达先生第一次进入古书画鉴定界，从此从事官方古书画鉴定；同年大师启功先生进入陈恒学院，从事官方古书画鉴定；同一年，吕霞光先生第一幅作品获得比利时大奖，此前与吴作人一起在比利时皇家艺术学院学习，后回国参加抗战，在郭沫若手下任美术科长。1948年返回定居巴黎。

1935年，赵无极14岁，进入杭州美院师从林风眠，毕业后留校任教。同年，朱德群进入杭州艺术学院专科学习，1949—1995年，在台北任教。

1927年，吕霞光进入上海艺术大学美术系，早于赵无极和朱德群先生8年。

1948年，赵无极和吕霞光到法国定居，是在中西艺术市场打拼多年之后，定居法国的资深艺术家。按照欧洲艺术评估的规律，往往艺术学院的阅历并不在"艺术职业"积累年限内，就像国内的高管，重在工作经历和内容一样。

真正深入法国最久、活跃在高层面的，是赵无极和吕霞光二位。熊秉明先生是"学院派大师"，与欧洲的大师们略有不同。1947年，熊秉明考入巴黎大学哲学系，一年后转巴黎美院雕塑系，后在巴黎三大东方与原文化学院任教授，此后一直以学院为轴心参与国际艺术活动。一个艺术家在巴黎的成功，不仅仅靠艺术造诣。学会融入、学会做人、抓住机会，这些都是不可缺少的"元素"。

我多次参加吕霞光先生的酒会和聚会，吕老认为在他的巴黎的社会活动中，有"故宫博物院馆员艺术家"很光荣，但我出席他的活动从没见到过赵无极先生。吕老经常谈论这位同年来巴黎的同行的近况。这些年，赵先生因夫人原因，减少了一些与中国艺术家们的交流。

法国是一个等级与阶层很分明的国家。巴黎不同的区域文化和理念有巨大差异，贵族区、富人区、穷人区、文化区、阿拉伯人区、华人区、大学区，等等。

吕霞光先生告诉我，赵无极先生的父亲是著名银行家，因此赵无极到巴黎后，很容易走进富人圈子。他的成功，除了本人的艺术造诣之外，他的社交圈和有钱人阶层的定位很重要。在艺术市场中研究一个艺术家这是不能忽视的元素。

赵无极先生初到巴黎，父亲给他3万美元。那个年代有3万美元，相当于当今的"富二代"了，与普通画家社交圈的起点完全不一样。

吕霞光先生虽然出身富家，据吕老说他父亲是有12个寨子的大地主。他是离家出走闹革命净身出户来到巴黎的。虽然与赵无极同年来巴黎定居，一个是"富二代"，一个是"穷光蛋"。两个同样优秀的画家，起点截然不同。

吕霞光 1930 年在比利时与吴作人同学，同受田汉、徐悲鸿教诲。他年长于赵无极，也比赵无极早于耕耘巴黎的人脉和环境，这点很重要。

赵无极先生的三任夫人，给先生留下不少悲欢离合的故事。吕老告诉我，赵无极先生的第三任夫人是西方人，常常限制赵先生接待中国艺术家，这也是吕老举办酒会或聚会很少邀请赵无极的原因。

吕霞光先生不同。他从一贫如洗，到成为巴黎大富豪，与马德兰夫人的真心爱慕和操劳密切相关。吕老最穷的时候，认识了马德兰，到马德兰家里学习语言，从此相爱。

为使心爱的姑娘得到幸福，吕老在最贫穷的时候，发誓让夫人过上最好的日子。

马德兰的外交能力非同一般。吕霞光先生初到巴黎，因为法国总统出席他的画展开幕式而轰动一时。他的后续系列的画展，因手臂损伤，病情严重。马德兰果断停止吕老所有画展，送吕老上山养病。病好后，吕老从

作者与吕霞光先生（左二）在一起

此走上"艺术收藏家的道路"，最终成为大家。吕老的成功，无论作为艺术家还是收藏家，少不了夫人的功劳——策划与运营，公关与外交，加之作为西方人更容易融入西方主流社会。

多少年后，经历了无数挫折，获得非同寻常的艺术业绩和光环，这两位同期到巴黎的大师，最终都成为法国富豪，却在身后遗产问题上，留下深深的遗憾和舆论。

朱德群先生初到法国时也很穷。后来我离开华人圈，他的情况我了解不多。但熊秉明先生的情况，我相信我起到一些关键的好作用。

我初到巴黎的那些年举办的很多画展和专业活动，都请熊秉明先生帮我做专业翻译。熊秉明先生为人非常和蔼可亲。周末，我经常去吕老或熊秉明先生家做客。

吕老住在巴黎一个富人区。熊秉明先生则在郊区买了别墅。吕老的夫人马德兰去世很久，熊秉明先生与夫人也分居很久了。于是，我们这些年轻的艺术家，经常在周末看望前辈，就成为生活内容之一。两位老人都单身，都需要有人说说话。

我从吕老家搬出来的一个周末，到熊秉明先生家做客。那时两位老人为我因为结束奖学金搬出法国官方奖学金宿舍而操心。熊秉明先生经常担任我的"专业活动翻译"，是长辈和导师，又那么和蔼可亲，我俩似乎可以无话不谈。

熊秉明先生问起吕老的近况，我如实说了。我坦言不想在吕老家里住，他家古董太多，客人也太多，太麻烦，而我想安静地画画。熊秉明先生立刻邀请我到他家居住。因为他家的别墅在郊区，比较安静。

我觉得住在巴黎的贵族区比较安全，市中心交通方便，更因为在法国总统府那条街住习惯了，夜里常常出来拍贵族们光顾的奢侈品服装店的新设计；这里集中了欧洲最高档画廊区和最贵的古董店，我能随时接受艺术熏陶，实在太享受艺术氛围了，舍不得离开这条街。

但我理解熊秉明先生年纪大了，需要经常有年轻人的气息，就回复他："好，我想想。"

事实上回国后，我之所以付出那么多的精力做公益，推动社会养老，与当年和吕老、熊先生长期相处有关。一个艺术家无论多么辉煌，晚年有个结局问题。结局不好，不能说一生是完美的。

第二天我接受陆丙安女士邀请去做客，无意间谈到住处以及熊秉明先生的邀请。陆丙安女士就给熊秉明先生电话："小不点儿（指我）在我这里。"

我惊讶地发现，陆女士在追求熊秉明先生！好美妙呀！

这样，在以后的日子里，我常常被他们分别邀请到家里吃饭。陆丙安女士到我的住处诉苦，着急熊秉明先生"书呆子"不主动。我看出陆女士的苦恼，不得不"出马"，直接找熊秉明先生做工作，谈他们结合这件事。我来回穿梭，常常成为陆丙安女士和熊秉明先生通电话的"借口"和"理由"。我这个"小不点儿"发挥作用，积极促进他们接触的机会。

熊秉明先生很犹豫，他告诉我，他与夫人分居 10 年了。按理说离婚是顺理成章的事，但是熊先生和夫人初来巴黎时，一起从一张白纸做起，所积累的点点滴滴，让他难舍难离。我问，现在有没有与夫人复合的可能。熊老说："没有一点可能。分居 10 年，同样是历史，回不去了。"

我像女儿一样，没有催促，而是与他分析年龄越来越大，必须考虑伴侣问题，早点相处，早点磨合。成年人各有自己的生活习惯，尽管崇拜，但生活习惯磨合不容易。

熊老是有大智慧的人。我知道我的话在当时是一把关键的钥匙。

不久，吕老在我的画展开幕式上突发脑溢血去世，让我揪心不已，长久地痛苦。

吕老去世后，由于 CASILLES 画廊的成功运营，买我作品的主要客户是西方人，开幕式也以西方人为主，少有邀请华人参加，因此逐渐离开华人圈。

购买我作品的客户主要是西方企业家，因此我后来走进世界广告主联合会 WFA ，那里只有我一个中国人。

四位大师如同"哺乳幼雏"一样，把初到巴黎的我"养大"。

我始终没有忘记关注老人们的生活状况。在我眼里，他们与"世界大师光环"没什么关系，他们只是我的"老前辈"。也许这就是"近距离"和"远距离"的区别。

几年后，熊秉明先生和陆丙安女士终于走到一起，我很欣慰。

人生，就像一个旅程。一路的华丽是否能走到底？

以后的年月里，我一直在关心着他们。赵无极先生，晚年得了老年痴呆症。法国人再婚时比较注重"婚前财产协议"，赵先生没能在失智之前，安排好后事。艺术作品被夫人垄断导致诉讼于法庭。如果老先生头脑清醒，也会痛苦不堪，感恩老天爷赐予他"难得糊涂"！但这是艺术家最好的结局吗？此时世界上拍卖多少亿的画作，与他还有关系吗？

我无法想象赵先生的晚年是什么感受，尽管我那么感恩他对我初到巴黎时的帮助，没有他的指导，我肯定会走很多弯路。尽管吕霞光和熊秉明先生给我很多无微不至的关怀，但作为一个在西方艺术市场中生存的艺术家，赵无极先生指导的如何选择画廊、如何与画商合作的双赢方式，对我后期的成功至关重要。我还来不及报恩，没有机会报恩。多年后，看到老人晚年的报道，我很心痛，但我只能远远看着，无能为力……

吕霞光先生在我婉言谢绝接受他的遗产之后，显然最终没有实现他所期望的方式，将自己毕生的艺术品财富画上完美的句号。

2020 年我在网上看到吕氏家族的后代，把他的作品低价亮相国内。几乎肯定的是：没有人才接手，没有运营模式，任其漂流。我很难过。

朱德群先生的晚年情况我不得而知，那时我已经很少出现在华人圈里。

我相信，结局最好的，也许是熊秉明先生。最终他在我这个"小红娘"的帮助下，及时与崇拜他的陆丙安女士结婚。陆女士北大毕业，是位有头脑、有见识的女性。

2019 年年底，我在中国美术馆见到熊秉明先生捐献全部作品的展览，赶紧通过美术馆寻找陆丙安女士。陆女士已经 84 岁高龄，回巴黎了。熊秉明先生的结局最好，他在头脑清醒的时候，选对了人，全部作品由陆丙安女士捐给中国美术馆。没有像吕霞光先生那样遗产分散，梦想没有实现；也没有像赵无极一样，遗产产生纠纷。

我相信，根据熊秉明先生的为人，他会满意这个结果。我为自己及时为熊先生牵手夫人，终究有人帮助完成他的心愿而欣慰。

作为艺术家，不能不关心这些生命符号的作品的结局。它们是艺术生命的重要部分。记得吴冠中先生和启功先生都在自己的简陋居室里走完生命最后的路程。当人走向暮年再探索，人生的意义到底是什么呢？

从社会角度来说，近距离观察大师们，我们看到，一位艺术大师的成长历程，就是在最初成功选择进入一个领域，不断攀登，坚持不疲地创作、宣传，最终找到合适的运营机构或人才，奠定"有温度、有高度的、价格坚挺的艺术市场支撑"。

国内有很多青年渴望"坐火箭"成为"艺术大师"，或者因为"没见过大师以为自己就是大师"。画商们想"坐火箭包装大师"，想"钱能使鬼推磨"，拼命在拍卖市场上"举牌"，靠"激动激发价位"。这些现象比比皆是，令人担忧。

这是我近距离写四位大师成长过程的动力。为国内同行提供参考。也提醒一路同行的艺术家们：提前思考和铺设好自己的"艺术旅程的终极目的地"。

我的房东：印象派大师的后代

我搬出 Foyer，住进巴黎 8 区的一个老太太 Mme Crong 的家。

8 区是巴黎最昂贵的区域之一。这里集中了法国的有钱人，这个区域的生活氛围显然代表了法国有钱阶级的生活形态，无论是服装店、画廊、古董店、商场，都属于昂贵的区域。我搬到这里住，倒不是我多么有钱，是因为老太太不收房租。她的条件是找一个女孩陪伴她，每天晚饭后帮忙刷刷她的两个碗，平时另有专门的小时工搞卫生。

这样的差事，核心工作就是解决老人的孤独问题。

我想，将来中国的老龄化社会到来时，这类的"交换需要"方式可能会很快被采用，我有幸提前"体验生活"。

我房间的落地窗紧靠马路。干净而老式的地板明显地记载这套房间已经具有悠久的历史。法国的这些老房子要比新房子贵多了，这个观念也与国内不同，关键在于老房子仍然保留舒服而现代的配置。在法国人的观念里，一些常年保留而完好的东西，房子、玩具、古董、首饰、家具等，都是老的比现代的更具有"文化性"而显得珍贵。

这是巴黎的一座古老但保持良好的建筑。法国人很是爱惜建筑，在巴黎，城内大多数的房子都是保持 200 年前的样子，这些古老的建筑是巴黎成为全世界最美的旅游城市的主要元素之一。

巴黎 16 区和 8 区是口碑最好的贵族区。

在巴黎这些年，我的主要时间都在 8 区居住。不仅因为 8 区安全，更重要的是，8 区集中了法国最高层面的艺术画廊群。在自己家的周围就能感受艺术氛围，这样的学习是潜移默化的，也是最重要的"洗脑"教育，这是学院里面得不到的教育。一个艺术观的产生，一定与艺术家们的生活环境和生活理念分不开，而理念来自生活形态、人群和习惯。

我从未离开过 8 区，总是在它周围几个地点搬来搬去。而 Mme Crong 是我在 8 区内第一个自己的家。

老太太和蔼慈祥，我不明白为什么这么好的条件前任的中国女孩会不满意，执意要离开。我欣赏自己的房间，古老的家具被女主人经常打蜡爱护，保持得像新的一样，想象着巴尔扎克笔下的故事，如今我"进入角色"了！

Mme Crong 不让我问她的年龄，只是笑眯眯地告诉我，她肯定比我奶奶大。

老太太没有结过婚，没有后代。她习惯独身生活，用她的话讲，是战争把她得到心上人的机会破坏了。

学校每周只有一次课，大部分时间是学生在家里找资料做作业。法国的创意教学很有新意，老师要求是很严格的，但多数是靠学生自己完成，老师只是在要害问题上给予画龙点睛般的指导。

我是访问教授，不必像学生那样严格，我将剩余时间主要放在画画上。

我常常将房间内铺满颜色、画布，满地铺满自己的作品。不断反复地推敲作品，根本就无暇顾及卫生和整洁，屋里就像一个杂物展览。无论怎样，房东 Mme Crong 都很高兴，就像我的妈妈那样宠我画画。

遇到这样的房东，如此容忍我，确实是万幸。因为有些法国人对房间里的卫生是非常讲究的，几乎到了"洁癖"地步。

不久，我明白了为什么老太太容忍我。

那一天早上起来，我习惯地打开窗户，看着外面的街景，准备开始这一天的工作。

有人敲门，进来的是一位女清洁工，为我打扫房间。女工随后撤下窗帘，说窗帘是每周都要清洗的，我也想帮帮忙。

这时候，我发现房间的里角上有一道门，这道门既不通向外面，也不通往老太太的房间，我很好奇。

待清洁女工走后，我悄悄走过去，一拉门把，居然没有上锁。

我打开门，惊讶不已：居然是整

与房东在画展上合影

整一房间的油画！

就像所有深山探宝的勇敢者一样，我充满着"芝麻开门"的冲动。

这间房屋属于我的房间里间，老太太又没有锁门，说明老太太对我充满着信任。我恍然大悟：为什么老太太容忍我在屋里如此"放肆"地摆满颜料和画布。

我迫不及待地跑去问 Mme Crong，征得她的同意，我万分惊讶地欣赏了这批珍贵的作品。我惊讶于这位画家的精湛艺术，简直太精彩了！原来这是 Mme Crong 的爷爷 Mr. Paul 的画。Mr. Paul 曾是印象派时期一名非常优秀的画家。这间储藏室成为他的私藏博物馆，摆满了他的原作，于是我就有幸成为 20 世纪印象派画家原作的保管员。不，成为我的研究印象派的独家资源。

作为来法国学习的中国画家，除去博物馆和图书馆，我很少有其他渠道追踪当年欧洲艺术顶峰时期的足迹。

上天居然给了我如此丰厚的惊喜！

我就像获得没人知道的宝藏一样兴奋，为了证实我的鉴赏力，我请来中央工艺美院时期的教授来看画。他同样惊讶，我有了底气。

一天，我专门邀请巴黎七大东方文化学院的主任、著名的法国艺术评论家、雕塑家熊秉明先生来我家鉴赏、分享这些艺术品。熊先生是楚图南老先生家的世交，其父亲熊庆来先生曾经是著名数学家华罗庚的老师，是世界著名的大数学家。

新中国成立初期，楚图南老先生团结了一大批老海归回国，曾经为祖国迎回很多世界著名的专业人才。楚老与熊先生就是在那个时候开始交往的，并建立起了深厚的友谊。

熊先生对我就像对自己的孩子一样热情，熊先生特别给楚老写信，夸奖我在巴黎必有成就。楚老很高兴我能沿着他建立的中法建交道路去学习。

熊先生的眼光从来就是很敏锐的。他能给予高评价的艺术家很少。

二楼是作者租住的房间

那天，熊先生很兴奋："没想到，这里藏着这么宝贵的艺术品，却没有机会亮世！"

我们就像饱餐一顿美味佳肴一样，细细品味这些作品，回味无穷。整整一天，不肯将作品收回储藏室。

我很奇怪，印象派是美术史上很有名的画派，为什么这么优秀的作品却没在美术史中留下重要位置？用熊先生的话讲，它比有些美术史中的代表作品还要精彩，却没有机会展示给世人。

我思索很久，得出一个确信的结论："每一个历史时期，都有很优秀的人物或者作品，未必被记载到历史中。"

"每一幅优秀作品的本身优秀很重要，但记录历史的、看作品的人的认识程度更重要。因为通过这些记录历史的人，才能留下历史。"

显然 Paul 被历史遗忘了。

我相信，有很多像 Paul 一样优秀的艺术家，也许只有他周围几个人知道。

这不禁引起我巨大的好奇：那么，这些艺术家在世时是怎样生活的？他们追求艺术的最终目标是什么？他们最终怎样看待自己的人生及艺术目标？

那么，我的目标又是什么？我能实现我的目标吗？

我，茫然了。

我和老人相依为命。在法国的日子里，我完全忘记了中国的日历表。

那一天，Mme Crong 不同往常地一大清早就来敲我的门。

我刚起床，来不及洗漱，急忙去开门。

Mme Crong 很神秘地将手放在背后，问我："今天是什么日子？"

我想了半天，不知道。

Mme Crong 突然从背后伸出手来，双手捧着一个精美的盒子，一看就知道是一瓶精致的法国香水，显得很高雅。

"祝你生日快乐！" Mme Crong 蓝色的眼睛里透着优秀侦探的智慧。

我很惊喜，完全不知道她是怎样获得这条信息的。我深深感激 Mme Crong 的慈爱，在没有熟人能够记得我生日的法兰西国土，确实是一个惊喜！法国人很看重生日，总要千方百计想出一个惊喜来给寿星佬祝贺，我认识的几乎所有法国朋友都秉承这种文化，我很喜欢这种文化。

为了使 Mme Crong 同样地感受中国惊喜，在中国春节的时候，我专门邀请一些中国女孩子来到我家，给 Mme Crong 包饺子。也许是 Mme Crong 长年一个人生活，很少有这么多的人来她家里做客，简直就像一个大节日。

老太太头一天晚上不睡觉，反复擦过的大桌子，反复擦过的锃亮的玻璃杯，都成为老太太亲自工作的目标。尽管实际上她什么也做不了。

中国女孩子们的热情气氛深深感染了 Mme Crong。我们思念着久别的家乡，谈论着各种国内的趣事。大家说着，笑着，尽管 Mme Crong 完全听不懂，却完全融入这种欢乐中。

第二天，我就听到 Mme Crong 在给她所有认识的朋友打电话，诉说她有我这样的一个中国孙女是多么快乐！

过了一段时间，据说发生了中东战争，牵连到法国。由于我们就住在离总统府不远的地方，整个这片街区充满了战争恐怖的气氛。我家楼下整整一条街每天 24 小时排满军用卡车，卡车里满满的士兵全副武装，枪不离手抱在胸前。

Mme Crong 很紧张，反复嘱咐我除了买必要的东西，一步也不准出门。

妈妈从国内来电话，不知道她从电视上看到什么，非常担心我的安全。而我却觉得很好玩。我似乎有一种不安分的天性。每出现什么特殊情况，都能引起我特别的兴奋，也许我的性格适合做新闻记者。

法国、中国两个老太太为我操心，我则趁 Mme Crong 不注意，偷偷跑出去。不仅白天偷跑出去，夜里也趁 Mme Crong 熟睡，悄悄到大街上看个究竟。

半夜里，我悄悄下楼来到街上，马路上静悄悄的，没有任何行人，只有盖上棚子的武装车辆，士兵们抱着枪半睡半醒。

我绕过他们，以免他们找麻烦。我不是恐怖分子，我只想到马路上的电话亭给国内的妈妈打电话，因为在家打电话我担心会打扰房东睡觉。

我走过一个个亮灯的橱窗，来到警察局值班室。警察局应当是安全的，我告诉警察我要打电话给国内的妈妈。一位长得很帅的警察很好奇地对我说，怎么会找警察打电话？我告诉他因为我害怕战争。

我们很高兴地成了朋友。原来他们值班很无聊，正好有位女郎来访，巴不得多聊一会儿。我们天南海北地聊着。

法国的警察应聘原来第一点就是要看长相，这可是头回听说。又不是选模特。我从那天后就注意到，法国警察确实都很帅。原来他们认为警察是国家的象征，必须有国威，必须是帅小伙。

我倒没注意国内的警察是否必须挑"国威"型的。

我突然感觉到，中国的解放军叔叔在战争时期一定不会半夜和一位女士聊家常，似乎法国的"国威"不能只在外表上。

法国人的浪漫和无时无刻不以生活为本的理念，让我重新认识职业和生活。

我们开心地敞开谈，一直聊到天快亮了。我知道了法国人很多生活观念与中国人不同，他们并不那么在意一定要考大学、找工作，他们的任何理想不一定受什么拘束和人为的牵制。他们很重视自己快乐的感觉，哪怕战争期间。

天亮了，我悄悄回家。可惜那天后再也没见到那位帅气的小警察。

对我来说，这场战争根本没有发生。因为既不懂电视报纸，连真枪实弹的演习都没看见，我仅仅是亲临了"战争感觉"。

Mme Crong 经历过战争。她格外小心，因为战争恐慌会引起动乱。对我来说，在陌生国度，完全没有经验。而她一个 90 岁的老太太，完全丧失了自卫能力。我们两人的组合纯属"毫无反抗能力"型。

从此，Mme Crong 时刻看牢门户，因为常有劫匪抢劫孤身老人。

我偏偏是个马大哈，保持着国内生活的习惯，经常没关好门就上街，全然因为她在家，而且楼下有看门人和封闭式的大门密码，我很放心。

几次"犯错误"后，最终 Mme Crong 感觉担惊受怕，将我的钥匙没收了。

我们终于商量我搬走的事情。

几个月后，我几次打电话慰问她，她已经老得不能多说话了。

一年后，我路过她家，带着礼物想看看她，她已经不再接电话。我走进楼道，向看门人打听 Mme Crong 的近况。我惊讶地得知：自从我走后，她再也没有请其他女孩来陪伴她住，她病了，不想有人打扰她。每周由她的侄子来看她一次。最近连吃和用的东西都不再找人去买，只是一个人静静地躺在床上，等待死亡。

我不知道她每天怎样度过的，每天想什么。她毫无牵挂也无人问津，只有我这个中国孙女曾经给过她一段快乐时光的回忆，此时此刻这种记忆还有用吗？她如何面对每一分钟需要的"喝上一口水，吃一口食物，吃一片药"？

我的眼泪无法抑制地流下来，我无能为力。我知道她不会接我的电话，她希望安静，希望没人打扰。她的心里有上帝，她以此为精神支柱来陪伴她。

巴黎老人的生活是极其孤独的。吕老居住的一条街上，几乎每个院子都只住一个老人，常成为被抢劫的目标，而子女们来看老人要事前预约。

Mme Crong 的晚年给我很大震撼，我不知道中国的未来老龄化社会会怎样？

我离开了 Mme Crong——一位印象派大师的后代。

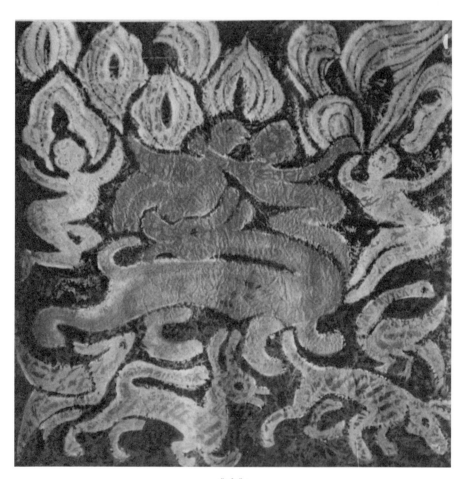

《戏》

第四章

巴黎画展

品尝法国的"画展大餐"

1991年，法国外交部和教育部通知我，由于我是获得法国政府奖学金的中法艺术家交流项目参加者，法国政府将为我举办一次画展，请我做好准备。

这是我在法国的第一个画展，而且是法国外交部和教育部联合为我举办的。

法国外交部和教育部的几位官员不断地与我联络，我没有注意到他们的官位。对一个新到法国、还不了解深层情况的中国画家来说，熟悉官员是一件很"打不开脑筋"的事情。

有老留学生咂着舌头告诉我，某位法国长官和某位法国夫人是何等的高位，他们的关心和指示给了我很多帮助。

作者画展开幕式广告

在法国准备画展，对于独自生活的人来说那可是最大的工程。我根本没有精力去跟那些关心我的法国高官进行外交。重要的是没人能够替代我去做准备画框、运输、前言、布展等所有的杂事，一切只有我一个人。

我所了解的行情是：著名的巴黎国际艺术城每个月都有画展；中国官方每年派来的中国画家们在那里办画展，几乎每次开幕式的参观者都是寥寥无几，只有画家圈内的几个中国人相互去看看，很难有影响力。在每一

天都有几十个画展开幕式
的巴黎，要想做一个成功展
览，我深知其艰难程度。

　　无论如何我不想失去第
一次亮相的机会。想起国内
那么多的老先生对我的鼓励
和期待，我一定要很好地完
成一次跳跃。我必须显示自
己不同于别人的特点，必须
邀请到不同于其他画展的来
宾们——我给自己定了调子。

**熊秉明先生担任作者画展翻译工作，
接待法国美协主席**

　　第一次的画展地点就选在巴黎繁华的文化区 port-yoyal 的 GALERIE
BERNANOS。地理位置显赫、繁华，是法国教育中心一个很大的官方画廊。

　　画廊老板 Mme Villefort 是一个很热情的法国夫人，似乎有使不完的
劲儿。据 Mme Villefort 说，我是在她这里开展的第一位中国画家。我被
"第一次"激动着。于是我发动所有认识的中国留学生帮助我。

　　准备工作在紧张而有序地推进中。

　　有一天下大雨，我看见一位中国妈妈抱着婴儿躲雨。我本能地用雨伞
遮着她，一直将她送到家。一路上我们默默无语，直到分手时她才问起我
在做什么，我告诉她在准备画展。

　　她将画展的地址、时间记录下来，没有说什么。

　　画展开幕时我才知道，她和她先生自制了很多请柬，贴在他们能够去
到的地方。

　　中国驻联合国教科文组织的陈可淼参赞大力帮忙，在联合国教科文组
织召开的世界文化官员大会上散发我的画展请柬。为此，我的画展很荣幸
地赶上了一个难得的机会。

　　与此同时，巴黎的一些老华侨领袖知道了法国政府为我举办画展，就

热心地通知了所有在巴黎的侨胞成员。

作为文化部公派人员，我当然要邀请中国驻法大使馆的官员们，也要邀请法国教育部主管奖学金的法国官员、巴黎国立高等装饰美院的导师们和校长及夫人。由于我是故宫博物院馆员，所以又邀请了法国博物馆的官员、法国国家艺术委员会主席、蓬皮杜文化中心展览部主任、法国艺术城主要负责人等所有能够想到的法国艺术界高级人物。中国大使馆的各个参赞都将出席盛典。

几路人马同时在忙碌着。主要的贵宾一律回函确认出席我的开幕式。

我忙得晕头转向。大量的画框制作、装订，组织服务人员从布展到运输，哪怕一个小小螺丝钉都要亲自落实。一个人代替了一个组委会。

中国使馆的老师们很惊讶！为什么罗小华画展会有这么多的法国重要人物出现？中国驻法国教育处的老师们连忙赶过来，帮助做服务工作。

开幕那一天，令我惊讶的是，巴黎华侨首领们隆重地送来两个一人多高的很气派的名贵鲜花的大花篮，祝贺我的画展开幕。这使得法国外交部按照外交惯例赠送的一束鲜花显得分外娇小。法国画廊经理看到后，悄悄地在没人注意的时候撤下了法国外交部那束鲜花。

其实这是中法习惯不同。无论大花还是小花，我都很开心。但在法国人看来，两个不同比例的鲜花对没思想准备的外交部官员很不体面。

中国使馆文化处的官员很实际。他们专门为我请来法国的收藏家。在新来的收藏家中，我发现了到我住所购买5幅作品的EUE杂志的女记者和她的丈夫。他们很高兴，因为画展上的标价比他们购买的时候高出十几倍！

**赵无极先生的好友巴黎高装校长夫妇出席
作者画展开幕式**

我邀请的所有法国艺术界贵宾全部出席。法国人这个优良品质很令人钦佩，一旦他们确认出席开幕式，就一定会按照礼仪陆续进场。

法国外交部负责人和教育部的头头脑脑们来了；

法国艺术委员会的主席带领同僚们到了；

法国蓬皮杜中心展览负责人到了；

法国博物馆馆长到了；

巴黎国立高等美术学院的校长夫妇到了；

法国国际艺术城的高层们到了；

联合国教科文组织的官员们到了。

来巴黎开国际会议的国际文化官员们一一入场；凡是我所认识的法国艺术界的高层几乎全部到场。

我因为法语还不够优秀，这么多的法国重要人士只能给中国使馆或者中国法语优秀的官员们一一介绍认识，请他们自己谈话。

大家喝着鸡尾酒，相互认识，切磋中法不同的文化。我很开心，我终于在巴黎第一次见到这么多的法国人与中国人在一起交流，是因为我！

法国巴黎艺术城的展览部主任是一位法国夫人，很不理解地问我："为什么你的画展会有那么多人来，而且都是重要人物？我们的艺术城经常举办中国画家的展览，为什么没有人来？"我无法回答。

一位著名的中国画家调侃地问我："坦白吧！别人的画展没有人来，为什么你的画展人山人海？还有人献这么高贵的鲜花？"他话外有音。

我从容地回答："你想什么原因，就是什么原因，你尽可能地想象吧！"

大家哈哈大笑。旁边的记者说："回答得太精彩了！不亚于外交水平！"

来宾不少于600人。这在每天有几十个画展开幕式的巴黎，实属罕见。

据一位来自台湾的《雄狮美术》杂志特约评论员告诉我，听说希拉克先生也收到这个展览的请柬。他最喜欢中国故宫的文物，在他离开总理府的时候，其他物品什么都没有带，只拿了一件中国的唐三彩。但因有一个十几个著名画家联合画展开幕式也在这一天，所以他临时决定去了那个画展。

我不知是真是假，但我因此得知希拉克先生喜欢故宫的东西，这很重要。我更相信，这次画展之所以轰动，因为它是故宫博物院馆员第一次来巴黎举办画展，而不是因为罗小华。因为毕竟法国人还不认识我。

开幕式结束的第二天，是法国人习惯的最实惠程序。开幕式来很多人往往并不买画，大家主要是叙谈。而买画的法国人常常要来几次，在人少的时候，细细品味，最终决定购买哪一幅。这种谨慎的态度，更显示他们的理性和艺术鉴赏力。

联合国教科文组织的世界官员大会大大帮助了我的画展开幕式。一对美国文化官员夫妇为了购买请柬上印刷的作品，来来回回跑了三次，执着地想要购买。画廊经理不得不将我叫到旁边，告诉我"我们什么也没看见，你自己接待吧"！我认认真真地说："那怎么行？你看见了，可我不会卖画。"

这句傻话出来，把她笑弯了腰。

后来我才明白，这是法国政府举办的画展，不是商业画廊，不允许做生意。

这次画展还真卖掉不少作品。每次卖画，画廊当然都"没看见"，我不得不自己将出售的作品包装并送到买家的家里。因为政府的画廊不能有这项"服务"。

我开始有了自己的收藏圈子，以后的画展我常请他们来做客。

他们很开心地看到我的画在不断涨价，证明他们的收藏眼力。他们和我都开心。

《人民日报》驻巴黎首席记者用醒目标题《年轻的中国女画家》报道了这次画展和我的经历，《欧洲时报》也整版报道了我的故事。不过真正使法国人购买我作品的，还是一些法文的报纸和法国博物馆的介绍。因为巴黎的中国人很少买画。

画展的扫尾工作很艰巨，除应对很多画展中的人和事以外，《欧洲时报》的报道给我带来一段特别的经历。

由于独自居住，我学会了 Mme Crong 留给我的良好习惯：看紧门户，别出意外。在巴黎，单身女人需要格外小心，她们很容易成为危险行为的目标。

画展过后，我立即从人们视野中消失，低调地生活。

一天，我突然接到一个长途电话。电话铃声将我从睡梦中惊醒。

这是一个陌生的声音，低沉而浑厚的男中音。

"请问，这是罗小华女士的电话吗？我这里是香港。"

可我从来没有香港的朋友。

"我从香港看到巴黎《欧洲时报》报道你的画展很成功。报道中谈到你的家庭，说你先生和孩子对你很好。我很理解这个内容，对于一个单身女子闯巴黎意味着什么。一定是留学生活给你带来很大的压力才会特意提到你的先生和孩子。我很想对你提供一些帮助，帮助你回国看望自己的家庭，或者到香港来玩。一切费用我来支付。"

对方一通长时间的表白，让我丈二和尚摸不着头脑。

其实记者就是那么一写。我们素不相识，这也太神了吧？

也许是受 Mme Crong 的草木皆兵、谨慎生活的影响，我不敢回答是或不是。

我疑心了：为什么他会知道我的电话？为什么他能从香港打长途提出这样一个莫名其妙的建议？他是否见过我？他对于一个素不相识的画家真有这个必要吗？那么，他真正的目的是什么？

我在巴黎没有亲人，朋友少，大家都很忙。如果我病了或者出什么事情，都不会像在国内那样有人过问。我当然不敢贸然地接受这位不速之客的好意。但我也不敢拒绝，万一他醉翁之意不在酒呢？我不知道他是谁，不知道他在哪里，而他知道我，我在明处。巴黎流传很多可怕的贩卖亚洲妇女的故事。

"谢谢你！我要和家里商量一下。"我婉言谢绝。

"那我明天再给你电话。"他挂了电话，没有告诉我他是谁。

第二天，我立即咨询使馆的朋友该怎么办。在国外，使馆就是家。

使馆文化处的朋友告诉我不必惊慌。一些海外华侨经常这样热心，国内出来的人往往不大理解。

当来自香港的电话再次响起的时候，我不慌不忙地告诉他，非常感谢他的关心，我愿意接受他支持的飞机票，但一定不要寄很多钱，因为我可以凭着奖学金证明购买优惠机票。但我不愿意无功受禄，我希望能得到他的地址，给他邮寄一幅作品。

尽管我知道华侨一般不喜欢画，可我没有其他东西。

最终我们交换邮寄了礼物，我回家的机票寄过来了。

我不再需要搞清楚对方究竟是什么目的，或者我的委婉托词是否恰如其分。总之，事情按照我的目的实现。不希望事态继续发展，也不希望对不起对方。

至今从法国回来的老留学生们都有好习惯：从不接受不明不白的钱，更不接受赠予的钱，只要属于自己应得的那部分。这个理念帮助我们避免了很多麻烦，天上不会掉下馅饼。

在巴黎，什么奇奇怪怪的事情都可能发生。

举办第一次画展后，经常有些莫名其妙打来的电话："我是你的男朋友。"

遇到这种情况我通常回复："太好了！你是哪个团的？我的男朋友分别在好几个团，我记不清你是哪一位了。"这招常常很有效，对方立即就挂断。

我很平衡。

难道不许人家与你开开玩笑？谁让你办画展宣传？

此后，我开始了我的系列画展。面对画展发生的各种故事，不再大惊小怪。

由于这第一次画展很成功，法国外交部和教育部再次邀请我参加官方举办的"世界艺术家画展"，作为第一个中国艺术家参展。"世界艺术家画展"其实只邀请了16位艺术家，这些艺术家来自世界不同的国家，都是法国政府邀请的。

由于艺术家们来自不同国家，开幕式则真正成为"世界沙龙"。我倒清闲多了，因为这次的主角并不是我一个人。我开始喜欢这类展览，不那么累，只要听组织者的话就可以。

从此，邀请我参加画展的一发不可收拾，我几乎成了"画展连锁店"的老板娘。

国内评价一个画家，通常看他办过几次画展，并以之作为重要参考依据。国内美术学院的师兄师弟们举办一次画展似乎是很重大的事件。而在法国，我感受的却是另外的状况。只要你前期的画展有一定的影响，后面就会有人不断地邀请你参展。这会使你感觉有排不完的日程，有时候甚至很影响创作的时间和精力。

自从举办第一次画展后，我不断地接到组织者请我参加画展的邀请。有些画展我不得不一一谢绝，因为实在是太累了！

那一天，相当于中国景德镇的法国著名瓷都limoge市的市长来到巴黎专程找我，希望举办一个中国画家的专门展览。因为中法各自具有令人骄傲的瓷器历史和瓷器文化，他感觉他的城市与中国有着不解之缘。

我不知道国内的城市是否这么重视艺术。法国的很多城市在举办艺术展览上不遗余力。这位limoge市的市长已进入花甲年华，他不辞辛苦地奔走于巴黎旅法画家的群体中。当然，他首先找到的是老资格的老巴黎吕霞光先生。

吕老将这个组织工作交给我，我带领这位市长一一走访中国画家的画室。

我们走遍了蒙马特高地周围的所有画室，我带领这位市长看过很多中国画家的作品。一些老巴黎画家已经找到门路，申请到法国政府给的画室，价格很便宜，条件很好，但是通常只给一年，第二年还要另想办法。

很多画家的生活是流浪性的，今天你能找到他们，明年再办展览就有很多人不知道走到哪里去了。很可惜，尽管他们的基本功很好。

经过将近一个月的奔波，老市长终于满意地结束了他在巴黎的画展征集工作。但是不断抱怨我给他带来的辛苦，抱怨我不照顾他的年龄，走访那么多的中国画家，相当于他几个月的工作量，再三声明他要好好休息一段时间。

尽管我一心一意地推荐中国画家同行们，我自己却并不想参加这个展览。我已经谢绝部分画展，以便于休整和准备新的个人展览。

令我万万没有想到的是，两个月后，在一次吕老家里的聚会上，法国朋友向我祝贺我的画展在某某地方展出。我大吃一惊！我根本就没去参展，哪里会有我的画展？后来才知道，是有人模仿我的画风和我的名字，去外省展出。

我不知道国内画家对于模仿是怎样对待，我只知道启功先生在看到别人模仿他的字后说："真像，比我自己写的还像呢！"

我的画展从此更多地进入西方世界。

虽然以后的日子里，仍然逃不掉画展的邀请，包括我举办的个人展和其他主办单位的联合画展，总共十几次，我的画展在法国频频亮相。

说实话，我并不明白为什么要办这么多的画展，意义究竟何在？

直到很多次的画展后我才明白：一个艺术家，希望让社会认识他的作品，是有很多方法的。如果目的不很明确，即使举办很多画展，也可能不如做好一次有充分准备的展览，而前提必须是有好作品。

在我品尝了多次的画展大餐后，我对反复亮相的画展已经失去了兴趣，转为强烈地渴望新作品的诞生，渴望去丰富新的人生阅历，增进新的动力，激发新的艺术创作激情。也许这就是一个画家的内心升华。

艺术家的天职，就是"认真地感受生活，认真地创作"。

中国古典艺术的魅力

在众所周知的"欧洲人不认中国传统画"的"咒语"中，20世纪90年代初，我带着"中国传统故事画"来到巴黎，尝试打开"芝麻"大门。我别无选择：我在国内受到的西方油画和其他画种训练，很难在"原装货"的法国巴黎一展身手，事实上也完全没必要。因为我是故宫博物院馆员，由不得我选择。西方的观众更会关注我的东方身份。

20多年后，2015—2016年间，我帮助中国油画学会找到足够赞助金，帮助他们组织150位据说是国内顶级油画家到巴黎展出。负责人对我说："现在写实油画的高峰在中国，而不是欧洲，欧洲艺术家已经不画写实作品了，我们要让法国人看看中国的油画。"

我最终因住院手术，在帮他们对接赞助金后，没参与这个活动。但我相信，这样的愿望很难实现。这就像欧洲人不熟悉中国画的底蕴一样，没有在西方文化中生活过的中国艺术家，很难理解在西方文化底蕴中提炼的西方油画。只有在西方深入生活过的艺术家，也许能不同程度地理解这些区别。

1990年留法期间，我还是勇敢地冲到巴黎，尝试用自己的路径，努力让西方人理解我们的文化。记得在美院学习西方美术史，其中"古希腊神话故事"给我的印象最深刻。中国古代神话故事应该同样给西方朋友留下遐想。这是我带这批作品来法国的准备。

前面一些"巴黎画展大餐"故事，也许读者最关心的还是"西方人是怎样看待这些东方故事的"，口说无凭。尽管我丢失很多展览中的记录，还是留下一些文字供读者参考。

这些西方观众和收藏家留下的文字给我们一个重要提示："为何中国古典艺术在西方引起轰动，却在中国少人问津？"如果说，国内时尚兴趣点被"西方市场的当代抽象画"吸走眼球，不屑这些中国传统元素，那么为什么中国百姓总是口口相传这些"女娲补天""后羿射日"？

作为学生，我把庞老毕生研究的"中国古代装饰画"加以延伸创作，回敬了法国。

211

联合国教科文参赞、法国著名大收藏家吕霞光、阿拉伯著
名文学大家、韩国艺术家等人在作者画展上的签名和评价

国际艺术评论家对罗小华画展的手书国际评论翻译文件说明：

关于罗小华巴黎画展的国际评论的翻译说明

本文摘录翻译部分法国及其他欧洲国家、韩国、阿拉伯国家的著名艺术评论家、收藏家和参观者对罗小华巴黎画展的手书评论，其余手书因字迹难以辨认未进行摘录，此处略去中国使馆多位参赞、中国艺术家等的留言。以下是在对外经贸大学的法国和阿拉伯留学生的帮助下翻译的文稿，参照原手书照片内容进行翻译。

1）Toute mon admiration pour la technique, la traduction et l'inspiration!

对于您画作的技巧、表达和灵感，我深表赞赏！

2）Peinture classique et miniaturiste, j'apprécie particulièrement l'hamonie des couleurs. Je détouvre tant de poésie, aussi avec les compliments de signe.

堪称经典的绘画作品和细密画画家，我尤其欣赏色彩上的和谐。我发现了如此多的诗歌和那些署名的赞美。

3）L'âme est impressionante.

艺术令人印象深刻。

4）Bravo! Passionant!

非常棒！引人入胜！

5）Je préfère la No.12.

　　　　　　　　　　　　　　　　　——Monica de 7 ans

我喜欢第 12 号作品。

　　　　　　　　　　　　　　——7 岁的法国小姑娘 Monica

6）魂系中华，祝小华画展成功！

　　　　　　　　　　　　　——李力（中国故宫博物院）

7）祝愿画展无穷发展！

——韩国艺术家

8）ʕabra lawḥātika al-rāʔiʕah, taʕarrafnā ʕalā siḥr al-Sharq wa-ḥikmatihi al-ʔabadiyyah.

——ʕaliyy ʕāshūr (Ṣaḥafiyy Jazāʔiriyy, Nāqid ʔadabiyy)

通过你精彩的画作，我们了解到了东方的魅力以及东方永恒的智慧。

——阿里·本·阿舒尔（阿尔及利亚记者、文学批评家）

9）Je n'ai pas encore vu, mais je sais que tout est beau et nous rappelle la printemps éternel du bout du Continent!

——Christiane KREMER

我还看完（展览），但我知道所有作品都很美，它们使我们想起亚欧大陆尽头那永恒的春天。

——克里斯蒂安·克雷默

10）Très intéressant! Avec l'affirmation de la gravure et la richesse de la pierre taillée!

——P. (artiste, peintre et graveur)

非常精彩！展现了雕刻和丰富的石刻！

——P.（艺术家、画家、雕刻家）

11）Félicitations pour votre très beau travail! La modernité apparait dans la pentre chinoise!

祝贺您的卓越工作！现代性凸显在中国绘画中。

12）C'est une émotion profonde que l'on rencontre l'exposition de Mme. Luo, la sensilité et la création sont dans la traduction de la plus pure de l'âme chinois.

——M. Vignaut

人们被罗女士的展览深深打动，她的感性和创造力体现了中国最纯净的灵魂。

——维格诺特先生

13）Elles sont superbes!

画作精妙绝伦！

14）Remarquable! Bravo! Remerci!

印象深刻！太精彩了！再次感谢！

15）Avec un regard heureux devant l'œuvre de tout bcauté.

我们有幸欣赏面前精妙绝伦的作品。

16）Avec tout mon admiration et Bravo pour les couleurs!

这些颜色真是太妙了，我由衷地钦佩！

17）Heureux de revoir vos trésor et votre talent que nous apprécions toujours!

很荣幸再次看到您的珍品，我们一直十分欣赏您的才能！

18）Bravo pour la culture, l'assimilation de mythes et de techniques, la sûreté du goût, le choix des alliances des couleurs, avec un matérieux difficiles, les gravures sur les pierres totalement renouvelées, un enchantement par le talent.

为文化、掌握的幻想和技巧喝彩，为可靠的品味、混合颜色的选择、复杂材料的使用喝彩，为石头上焕然一新的雕刻、才能所展现的魅力喝彩。

19）Très belle peinture chinoises, surtout l'art de superposer différents motifs et de mettre aux lumières des couleurs.

这些中国绘画太美了，尤其是将不同图案叠加在一起的艺术以及处理多种颜色亮度的艺术。

20）Relief, lumière très dense, riche en symbole décoratifs, Tous les tableaux reflètent une grande intensité et un grand raffinemment dans la recherche...« Chuchotement » émerveille!

浮雕，密集的光线，充满装饰性的符号。所有绘画作品都体现出画家寻求一种极其强烈又极其细腻的（画法）……《私语》令人感到惊奇！

21）J'aime beaucoup ces productions d'esprit vers d'autre esprit.

我十分喜爱这些趋向其他神明的精神作品。

22）Une exposition intéressant, les plis de papiers doux qui sortent de forts rochers enfin adoucis par le jeux de couleurs! Que la roue de l'art tourne encore!

——Emiric Davies artiste, peintre et historien d'art

这个展览非常有趣，用折叠的柔软纸张来表现坚硬的岩石，通过运用颜色的手段，使坚硬的岩石最终变得柔软。艺术之路总是充满转变！

——埃米里克·戴维斯（艺术家、画家、艺术史学家）

23）C'est charmant d'exposition d'arts chinois!

——Chercheur de la littérature

中国艺术的展览如此迷人！

——文学研究者

24）J'ai voyagé parmi les mythes et les mystères de l'Orient. Merci!

——Mona Gamal El-Din cinéaste égyptienne

我在东方的幻想和神秘中遨游。谢谢！

——穆娜·贾马勒丁（埃及女导演）

25）Mme. LUO Xiaohua, vos œuvres sont le merveilleux reflet de la traduction chinoise.

——Laurent Melin

罗小华女士，您的作品是中国表达方式的杰出体现。

——劳伦特·梅琳

26）Il y a quelque chose d'orginal qui touche au plus profond!

——L.T.

有些独创的作品感人至深!

——L.T.

27）Démons et merveilles, vents et marées, la Chine éternelle avancée dans l'Est!

魔力与奇妙，风与浪，永恒的中国在东方领先!

28）祝你成功!

——安征（法国驻华大使蔡方柏夫人）

29）Très belle exposition qui présente l'évolution d'un talent de manières différentes. Félicitations!

——M. Riviron élu du Conseil de Paris, des Affaires culturelles de Paris

展览非常漂亮，它展现了不同领域才能的变化。祝贺!

——利维隆先生（巴黎市议会代表，巴黎市文化局）

30）Texture de l'or, échos du bois, lumière de l'eau, parfum du feu, saveur de la teneur...

黄金的结构，森林的回响，水的光影，火的芬芳，内容的品位……

——法国画廊评论家

31）Des couleurs chatoyantes...beaucoup de fraîcheur.

绚丽多彩的颜色……非常饱满!

32）Une grande joie pour les yeux et pour les cœurs, merci!

这次视觉和心灵感到无比喜悦，感谢!

33）Merveilleux paysage!

——Anne Marie Ducou Laurrance

令人着迷的景象!

——安娜·玛丽－杜库－劳伦斯

这些作品和西方人的评论，也许能够给国内的艺术家、评论家、研究者、游走于中西方的收藏家和中国文化传播的使者们，传递一些不一样的效果反馈和思考。

灿烂的巴黎艺术

我独自居住在巴黎最富有的、著名的 La Rue Faubour st Aunore 大街上，也在巴黎的 8 区，距离以前的老房子很近，紧靠法国总统府。这条街是巴黎最高档的街之一，集中了巴黎乃至世界高级的名牌服装店，集中了高级画廊，集中了名贵古董店，集中了所有销售名贵物品的商店以及饭店，也是著名的爱丽舍宫总统府坐落的一条街。

在爱丽舍宫总统府后面，是一个对外敞开的后花园。花园左边是总统府，右边就是共和国广场和香榭丽舍大街。这样一个位置，应当是众人游览的地方。但是我百思不得其解，为什么无数个清晨和傍晚只有我一个人在偌大的花园中散步？几乎很少看见他人！

花园几乎有一站多地那么长，每次散步要走好半

巴黎艺术无处不在

天。花园中很大面积被绿茵茵的草地覆盖，还有法国到处可见的花草树木。在不远的树林中，竖立着一个高高的不知道是什么伟人的雕塑。晚间地灯从下向上照射，塑像显得格外威严。

花园中，经常看到一个又一个孤独的座椅，处在围绕的鲜花丛和绿树丛中。整个景象犹如一幅大大的油画。我总感觉这幅油画中欠缺的是一位美丽优雅的古典美女坐在孤独的座椅中，而且画的名字应该是"爱情的传说"。

每走一段距离，都会有新的雕塑与各类地灯制造的主题氛围。

再走很远，会走到 Pierre Cartin 的一个艺术宫。这里同样平时没有人，只有偶然几次在这里举办画展或艺术展的时候，才会熙熙攘攘来一些穿着高贵服装的先生、女士。

不知为什么，我总感觉这个花园是我的，因为只有我一个人每天清晨和傍晚来这里。无论春夏秋冬，花园里没别人。我独自一人散步，品味一个人的世界和一个人的花园。每一处景色我都能有自己的故事和想象中的故事。每一棵花草都能认识我，因为只有我这么仔细地观察它们，只有我每天和它们说话。这种感觉就像当年我在北京的故宫建筑群里每天独自一人散步的感觉，不同的是身处相距遥远的、另一个有几千年文明的国度的西方皇家花园。

我的上辈子一定是皇家的什么人，而且一定是独生子或独生女，不然命运怎会让我无论在中国还是在法国都能遇到同样的环境和待遇？

朋友们一定会问，如果真的这些年我每天独自一个人在这样优美的花园中散步，无数个日日夜夜，一定会遇见什么白马王子或者发生什么令人回味的故事。奇怪的是什么也没发生，只是我一个人。似乎人的生命中一切都有定数。

我的住房就在 Pierre Cartin 服装公司的楼上，每天打开窗户就能看见 Pierre Cartin 公司的员工们兢兢业业地工作。而楼下，就是 Pierre Cartin 公司专卖店。美丽的橱窗设计低头可见，日复一日。有时候美丽也能令人感觉疲惫。

Cartin 公司的员工很快和我成了朋友。我了解了他们公司很多内幕和企业文化。Cartin 服装专卖店里的销售员们，无论是女孩子还是年轻小伙子，都是清一色的美男子和美女们，就如同 T 型台上的名模。

国内的服装店还没有发展到这一步。

美男子和美女们亲切的笑容，美丽的姿态，足以让那些石油巨贾或王宫贵族驻足待上一分钟。只要一分钟，就够了！

这就是世界顶级服装店的经营之道之一。

我每天漫步在这条街上，真是最大的艺术享受！

先进入眼帘的当然是中国古董店，是法国人经营的。我很好奇，他们连中文都看不懂，怎样去经营深奥的中国古董？

我用故宫里学到的一些知识，去验证国际古董市场。看起来不是一回事：鉴定家未必懂市场。懂中国市场未必懂西方市场。搞市场一定要有一点鉴定知识，也不见得一定是鉴定大师。

这条街的昂贵地价，从侧面说明了中国古董在巴黎的营业情况。因为这条街的来宾们都不是普通的游客。可以说这是一条世界 VIP 商品街。从这条街上可以看出一些国际巨富的生活品位。

这条街周围同样是巴黎最高级的画廊街之一。熊秉明老先生经常带我一起参观这一带街区的画廊。熊先生是法国艺术大学中资历最深的中国著名教授之一。

我记得在故宫工作时，中央美院毕业的同事方振宁曾告诉我，他在中央美院听过的所有著名大师来院讲座中，巴黎的熊秉明教授的讲座是最好的。小方可不是一般人，他眼光很高，轻易不会崇拜什么人。

由于楚老与熊老的关系，我到巴黎后与熊秉明老先生来往密切。熊先生经常到我这里做客，我也经常去拜访他，聆听他的高见。这是我进修的快乐！

这天，我们又一起漫步在我居住的高级画廊街区。熊先生告诉我，这里是世界当代艺术品经营的晴雨表。在法国，能够受到国际高层收藏家青睐的、具有一定水准的画家们，主要渠道是高级画廊。而这条街就是高级画廊街区之一。

细想起来，不无道理。如同高级服装需要高级品牌运营一样，高级的绘画作品除了本身的艺术造诣，还要在高层人群的生活圈子里做适当的经营。需要了解和引领这些有能力、有历史、有资本、有鉴赏水平的收藏家的品位，了解他们的生活方式、交流言语、待人接物、为人处世以及主要的"头脑运营"的方式。

法国的艺术家一般分几个层面：

第一类是一些刚来法国的艺术家，如果没有背景，经常以街头画像为开端。有些人一辈子打不开局面，一生都在街头画像。我们称之为初级画家。初级画家不等于他的画不好，而是没有打开经营画的渠道。或者说，还没有得到经营者的认可；

第二类画家稍微有些人脉积累，能寻找到生存的一个落脚支点；

第三类艺术家以卖画为生。自己卖画，或者参加各类商业画展卖画；

第四类是一些幸运的画家。他们能找到画廊展出自己的画，但多数是自己要交部分画廊租金。这种画展的风险主要由画家承担；

第五类画家的待遇稍高，就是有一家画廊愿意代理。被画廊认可艺术质量的画家，通常会是独家代理。你最好不要自己卖画，最好一切由画廊负责经营，通常这样的画廊准备共担风险。

画家最高层面合作的方式，就是有法国的高层画廊认可，代理你的画。这也意味着这些高档画廊愿意出资为你做宣传，做经营铺垫，与你共担风险。一些国际性的画廊会在国际收藏圈里运营，包括到各个博物馆去做巡回展。

画廊对这些艺术家是要尽力搞好关系的，通常也要付出极大努力博得画家的信任和友情。

因此在法国衡量一个画家和他的水平通常有两种很分明的方式：一是看他的作品是否确实有功底、有创意，画家是否有思想、有阅历、有故事、有历史；二是看代理他作品的画廊是否有基础、有名望，这家画廊处于哪个层面的圈子里。

这两点对一个刚进法国艺术圈的收藏家来说，是必备的知识。而这两点对于中国国内艺术市场就不适用了。

国内艺术市场相当多的"投资家们"判断画家作品时通常靠一些"美

协头衔""名人题词""官方头衔"等来判断艺术价值。细想想，"美协""院长"只是帮助画家组织活动的角色，行政色彩较强，这与"作品艺术造诣"有多大的关系？很多优秀艺术家并没加入"美协"。

如果你在欧洲与高层打交道，无论是经济圈、企业圈还是文化艺术圈（华人除外），如果你拿出一张名片，上面有很多头衔，要很小心，因为通常对方会不动声色地和你拉开距离。原因很简单：如果一个人同时做几样工作，能做得很好吗？这是一位资深的欧洲高层人士对我说的，他很奇怪："为什么你们中国人总喜欢同时做几件事情？每个人如果能集中精力做好一件事情，就已经很了不起了。"在西方人的眼中，这种同时做几个不搭界的职务的人，一般属于非专业的"浮躁类"。所以，你一亮这种名片就已经无声地贬低自己了。有些欧洲人确实承担两三个职务，但他们往往很注意，每张名片只有一个职务。

一位优秀的艺术家更不可能同时分精力去做好艺术与行政两种事情，这完全是两种思维方式的工作。必定两者中取一，只能有一个做得好。

事实上许多我尊敬的艺术导师虽然有些领导职务，但多数是挂名。也有些很优秀的师兄师弟，真正担任行政职务后，多数画不了，难出精品。

世界著名品牌的橱窗设计

此外国内通常流行的请"名人"题词，常请不懂画的名人题词，实在不能说明什么。而"官方头衔"和画的艺术造诣也没太大关系！

回国后，我很是搞不懂为什么国内玩这些"游戏"的却大有人在。

中国收藏圈的这种"崇拜"还需要时间来改变。

我很认同熊先生的指

点和介绍。

熊先生在给楚图南老先生的一封信中这样写道："与罗小华女士多次见面，她有艺术才能，而且勤奋，在巴黎必有收获……当今西方艺术在多元风气、趋新风气的弥漫下，流派千奇百怪，找自己的方向，走自己的路，也很不容易……"

我和熊先生经常来这艺术画廊区探寻当代艺术的脉搏。

其实美术学院里老师们能够讲的，也要从搜集一线资讯开始。美术史就是这样写出来的。

这个街区的艺术画廊主要分两种：一种是新人作品；另一种是已故名画家的作品。这里的价格应当是巴黎最贵的。

没想到两年后，我的作品被这个街区的高级画廊专门代理。也许是我那几年无数次地巡游这个街区，摩擦出的磁场将我带到这个画廊。

在以后的几年里，CASTILLE 画廊为我留下一系列故事。就在它经营我的作品最顶峰的时期，我的人生路线发生了改变。

在这条街上，最吸引眼球的还有世界顶级服装店和令人拍案叫绝的橱窗设计。灿烂夺目、争奇斗艳的橱窗设计简直令人目瞪口呆！

我过去曾经被历史名画深深感动，以为艺术最高形式只有绘画，却从未想到过，精美的服装和争艳的高级服装橱窗设计也可以做到如此地登峰造极！

我贪婪地欣赏这每一个令人拍案叫绝的橱窗设计，那不是用"美如画"能形容的，实在胜过画的美丽！

我在巴黎受到的最大的艺术熏陶之一，就来自几年来我居住的这条街——La Rue Faubour St Aunore。我几乎每天半夜出来，马路上夜深人静，橱窗里却灯火辉煌，映照着闪烁夺目光芒的艺术服装。这些精美的设计白天是不允许拍照的。我当然不会去剽窃这些光彩设计，但也不希望店主怀疑我，于是我选择了夜晚。马路上只有我一个人，偶尔有总统府站岗的警察向我微微一笑。

世上无数文学作品描绘过夜巴黎，我的感受则完全不同。

我贪婪地拿着照相机，拍摄这些来自天堂的美丽！我肆无忌惮，我毫

世界著名品牌的服装橱窗设计

无约束，痛快淋漓地享受着"咔嚓咔嚓"的照相机声音。但无论是摄影还是摄像，都与原作存在天壤之别，完全没有原作的感染冲击力，无法传达感受，无法跟没有见过原作的朋友分享感受。

无论在天津美术学院还是在中央工艺美术学院，无论是故宫博物院还是巴黎国立高等装饰美术学院，我曾经自以为积累无数，但在这新世界面前，我如孩子般地无限陶醉！

那些奇妙而高贵的服装在灯光的映衬下，格外光芒四射！橱窗的整体设计具有贵族气派，只有具备了几千年的艺术底蕴才能造就出如此的高贵艺术！

我突然领悟了为什么巴黎在世界美术领域有着经久不衰的地位。

我突然明白了艺术是什么：她不是一个门类的学习，不是单一系统，不限于一个领域，她是综合门类与交叉艺术的历史的积累、积淀、融化才能表现出来的撞击心灵的境界！

没有这种深沉的过滤和复合的艺术交融氛围，就难有引领潮流的当代艺术。只有具有底蕴的艺术，才能够真正打动人的内心深处！凡能够打动人的内心深处的，无论是绘画，无论是服装，无论是建筑还是橱窗设计，或是一件工业设计作品，只要能够深深打动人的心灵深处，这就是艺术！

在巴黎，大多数过客并不懂法语，而那些艺术作品也无须文字解说，靠的是冲击心弦的艺术语言的感召力，让观众深深感动。而眼下的中国艺术市场中，相当一些所谓的"艺术品"，常伴随太多的解释，太多的名人题词，太多的评论，太多的炒作。相比之下，这些解释和炒作都显得是那么地苍白！

我曾与同学讨论："为什么很多作品其实就是废品，却偏要很勉强地包装，再用金钱去炒作？这不是制作'皇帝的新衣'吗？为什么要骗己骗人？"同学回答说："不是艺术，你说是什么？"

他的思想代表很多人。

艺术的定义是什么？

我在这条街上找到了答案，那就是：能深深打动、激发、呼唤、感动、震撼你心灵的作品，就是艺术品。艺术不需要解释，不需要无关的名人题词，不需要金钱捧场！相反应当是金钱在追逐艺术。

艺术还是什么？

在作品具有灵魂的时候，就需要找到能够真正展示的正确渠道和运营方式。否则仍然遗憾，无法传承、无法被历史承认，犹如 Mme Crong 的爷爷。

世界著名品牌的橱窗设计和陈列的高档服装

认识到这一点，几乎用了我几十年的时间。

几年下来，我每天半夜出去拍照，已经积累很多。

因为白天是不允许拍照的，这些设计都属于"艺术专利"。每件服装或橱窗设计都是世界上独一无二的作品，都标着天文数字般的高额价格！

我近似疯狂地迷恋这种学习方式，我无法抵御这种艺术冲击力给我的巨大诱惑。我就像病态上瘾一样地日复一日去拍，因为这些专卖店每周都更换橱窗设计和摆设贵族服装。这也是国内高级服装店还远不能比拟的经营模式。也许因为巴黎是世界旅游胜地，必须引诱那些世界级的有钱人不断来光顾，所以必须采取这样的宣传方式。

这条街上几乎所有的法国总统府的站岗卫兵都认识我，因为夜晚的他们也很无聊。我很高兴和他们打招呼，他们在保卫我，因为总统晚上不会出来。而巴黎单身女人夜晚出来会有很大嫌疑，被认为不正经。

有了总统府卫兵，我什么都不怕。

在这条街上的学习，几乎成为我今后每到巴黎必修的学习课。这种方式不同于中国，也不同于学院派。

一天，我和朋友阿罗谈起这些兴奋的话题，我们突然萌发一个令人兴奋的话题：中国即将举办"世界妇女大会"，我们为何不找理由去见见这些大师？我们可以邀请这些世界大师到中国举办世界顶级的服装表演！

对，说干就干！

想到就要去见这些大师，我激动得彻夜不眠地写计划书。

世界顶级的服装大师

阿罗为我写了顶级著名服装品牌和大师们的名字，以便我们一家一家地去联络。

品牌有：Givenchy, Guy laroche, Emanuel Ungaro, Christian Dior, Chloe, Sonia Rykiel, Lanvin。服装大师有：Thierry Mugler, Yves St。

我们沉浸在计划如何拜访他们的兴奋中。

先遣军当然是阿罗，他是一名优秀摄影师，曾经与这些大师打过交道。

这一系列的拜访约会，终于被确认——预约成功。

我们一家一家地如约来谈。最让我触及灵魂的工作是，每次前去拜访，这些大师都热情地亲自接待，很耐心

世界潮流中心的高档服装展示

地讲解他们的历史，他们的经营文化，他们设计的服装是如何艺术构思的。打开所有存档和精品介绍……我得到接近世界顶级服装艺术的机会，深感受宠若惊！我相信，无论国内还是国际上的任何美术学院，都很难获得如此丰厚的艺术教育！

这些世界知名品牌的大师，每家延续一个独特的创造风格类型，这使他们之间不存在竞争关系，尽管目标客户都是富豪、王宫贵族或影视明星中的一些有钱人。所以他们的行业组织很具备领导力和号召力。

法国一些著名公司的高层办公室，一般都安排在大楼最上层。

这天我们拜访的是 Emanuel Ungaro，阿罗与这家公司的创办人兄弟俩是朋友。Emanuel Ungaro 公司的设计特点是宫廷贵族风格。历经多年，同样的贵族风格却设计得十分新颖。

Emanuel Ungaro 公司的总部设立在 Montagne 大街上。我已经无数次来这条大街，是因为几乎每周、每月这条大街上的各家高级服装公司都要用尽智慧地更换橱窗设计和橱窗里的模特服装。如同百花争相斗艳，而

Montagne 大街高档服装展示

我总要像赶场一样去品味其中的艺术魅力，这是我最享受的节目。

Ungaro 公司是兄弟俩共同经营的公司，每次都是弟弟接待我们。由于他对我们的计划书很感兴趣，所以会非常认真地介绍行业内的情况，并积极帮助我们联络其他同级别的公司。

特别让我眼前一亮的是 Ungaro 公司的模特们。她们结到头顶的大大的又粗又长的发辫垂下来，让我见识了一种新的发辫梳理方式。她们搭配上古典贵族风格的高贵服装，显得既有传统意义的贵族气派，又有现代高雅时尚的元素。就像天鹅一样高贵不可一世，很有创意。

Emanuel Ungaro 不仅给我们介绍了公司品牌的经营历史，很讲究地挑剔今天的市场。我被邀请出席卢浮宫每年举办的高级服装表演会。我原以为这仅仅是一场电视上见过的服装模特表演。

法国人的礼貌体现在邀请函一定是两张，通常是夫人和先生两个人同时被邀请。而出席这类活动如同盛大的 Party，要讲究服装，讲究礼节。

我的先生不在巴黎，只得请我画廊的老板娘一起陪我去。但是当画廊老板娘知道这个邀请时，惊讶地对我喊道："这不可能！他不可能给你这么宝贵的邀请！因为每年这种级别的表演只邀请王宫贵族或者影视明星和记者，一般人很难被邀请！"

当我拿出邀请函，明显地看到老板娘眼睛里流露出嫉妒的表情。为此我很得意，因为画廊老板娘可不是普通人，她的家庭是法国上层中的富有人家。

老板娘的先生是法国一流的广告公司老板。这样富有的上层人家，居然如此羡慕这张票！

我期待的日子到了。

我特别穿上从中国带来的自认为美丽的服装，一是要区别西方；二是我还买不起那些昂贵的巴黎大师的服装。

我和画廊老板娘爱琳娜一起来到卢浮宫地下室的高级服装发布官，每一个大厅分别是不同的服装品牌发布会。

会场外，戒备森严，如同总统光临一样。一些身穿黑色绅士服装的男服务员，极其严格地审查每一张邀请函。阿罗本想混进另一大厅看看，因为他是摄影师。国内这类媒体或摄影记者是特殊进场的对象，但在这里他被毫不留情地请出来。认识任何人都没有用，即使记者证件也没有用，只认请柬。

每一个座位上都摆放着这家品牌公司的礼品，有的是香水，有的是皮包，还有的是能够代表这家品牌的产品，比如色彩鲜艳的雨衣，总之都是欧洲名牌产品。

模特演出开始了。

不同的大品牌同时在卢浮宫地下宫殿几个大厅展演，真是隆重至极。比高贵的歌剧更隆重，因为来宾们都是艺术与财富的拥有者。

我陶醉在西方模特和大师们营造的艺术氛围中。

除了 Emanuel Ungaro 品牌的欧洲宫廷古典风格让我这个东方人感到好奇以外，给我印象最深的，是 Sonia Rykiel 的服装表演场。

Sonia Rykiel 服装表演的，是一位精干的，集男性、野性、艺术性于一体的女导演，如同战场指挥官。彩排中，她不断地产生出人意料的想法，让模特们实现这些奇妙的构思。她的工作风格让我很久一段时间认为，只有这样综合"性"的导演才是最具才华的艺术家。

我记得最后压场的镜头是婚礼服装表演。

在通常中国人的概念中，模特一定是个头高高的漂亮女性，但是 Sonia Rykiel 的这场压场主题是婚礼服装场，主演模特是一位并不艳丽却具有很强的亲和力、很秀气的温柔小个子女孩儿。当她穿上婚纱，在朦胧的音乐

著名品牌橱窗陈列设计

声中，以不同于通常模特步伐、醉意绵绵的方式从后台缓缓走出来，打破以往婚纱场的通常方式，我立刻感悟了导演的意图。事实效果也确实如导演所愿：一个崭新的设计出场，用最少的语言、道具、背景及最精良的动作语言，让观众立刻感觉到这个模特是设定在一个特殊的神话情节中，类似古典爱情故事中的场面，极其富有生命力，也就特别感觉这个小模特的楚楚动人——是"动人"而不是"花瓶"。

最终，全体观众被这个意外的设计深深感染，全场掌声雷动！

这是法国人艺术创意的特点，他们总要想出真正的创新，而不带任何似曾相识的感觉。他们认为这样的创意才是真正的职业艺术家应该表现的，才能够给观者一个职业交代。他们最直接的目标就是"耳目一新"——体现人类永远的追求。

最终我的梦想——请出世界顶级服装品牌公司联合到中国举办服装表演的计划没能实现。原因是，正当我们的计划按部就班地实施着，也得到一些大服装品牌的肯定并准备参加的时候，冒出一个"竞争者"：上海市某机构拿到政府资金，邀请他们去上海演出。而我们的计划是法国企业出资金，我们协助在中国举办。这个竞争者更加吸引了法国大品牌们，我们只好退出。

法国人没明白一点：别人出钱，是要求你根据别人的意图进行组织；

相反，你出经费我们承办，则可完全出于你的立场和需求。这个根本性的区别，会导致不同的结果。果然，当我坐在家里，看到电视转播的上海举办"Emanuel Ungaro"模特表演时，播音员翻译介绍 Ungaro；这个品牌用法文音译应当是"恩嘎侯"，而播音员根据英文音译将其翻译为"由遮若"，完全是两回事情！

也就是说，上海在举办一个世界完全不存在的"著名品牌"的大宣传，目的是展示上海引来一些国际品牌的业绩，尽管中国人并不熟悉这个品牌。而法国人并不知道自己的劳动被演绎成为另一个名称的品牌，对自己的公司并不会有什么影响。

双方因为不了解对方文化，仅对对方一知半解，却也双方满意。

在以后我担任 10 年中欧顾问的生涯中，我经历了无数这样的场合。由于文化差别，中国人也同样花了很多钱，做自己的梦，为自己做件"皇帝的新衣"，并乐得其所。

比如，中国人举办画展，大多只会邀请画家出席，自己画、自己展、自己看，很少考虑如何能够邀请到买画人；比如，中国广告大奖，自己评、自己看，自己大闹舆论，很少请广告客户评奖；比如，中国很多事情，在中国媒体上大讲业绩，并不关注国外的影响却是完全相反。

我曾经参与几件影响较大的事情，明明在国际组织中，中国人的形象遭到很大质疑，而中方却向上级报告"辉煌的业绩"！——因为上级是不知道真实情况的。这时候，我这个知情人就成为中方的"不受欢迎的人"。

这种故事在海归中比比皆是，无数项目进入这类虚华的怪圈。

十几年后的 2009 年 5 月，我再次漫步在巴黎顶级服装品牌街，期待着再次重温当年的振奋和艺术享受，这次却令我失望了。也许是因为媒体报道的金融危机使得大设计师们将华丽的设计收起来，改为展示价格相对便宜的设计；也许是因为我已经成熟，对艺术更加挑剔；也许是因为中国市场中这十几年的变化，许许多多的崭新服装设计都已经在北京展现，巴黎的服装艺术已经不再是世界高贵代表的独家垄断，而成为新兴国家的宠儿，品牌艺术已经不再那么耀眼；也许是艺术家们的创作因为金融危机的冲击，大大减弱。

我离开了这条街。

欧洲为何不认可中国画

20世纪90年代初，我在巴黎的画展引起了一定的社会影响。尽管巴黎报纸经常会出现"巴黎每天几十个画展开幕式，最成功的当数罗小华女士的画展"之类的报道，但我自己并不很清楚这种影响意味着什么。

一天，巴黎的一位著名饭店的老板见到我，与我商量，能否请我在他的餐馆帮忙，仅仅帮助引领一下客人到座位上，给我一份看来是比较可观的工资。我还没有品尝过打工的滋味，很羡慕那些能够找到可以与法国人接触的工作的留学生，因为他们能讲出很多有趣的故事。作为艺术家必须找机会体验生活，了解法兰西文化才有创作源泉。于是我很想接受这份工作。

没有想到，等我准备来上班时，老板客气地告诉我，他从报纸上看到我的画展很隆重，因此不能请我打工了。

而我很渴望打一次工。如果留学没体验过打工生活，那太遗憾了！

为体验生活，作者做了一回小时工

终于我等到了一个机会。好朋友雪红在一位教授家里做家务，因为暑假回国探亲，担心教授辞掉她，所以让我替她一个月。我很高兴！

说实话，我不会做家务。雪红先教了我一遍。我很好奇，如果不是这次打工，很多法国家用工具我都不认识。这些工具与国内不同，一些产品的功效确实很到位。法国的家庭卫生也很讲究，这让我学习到很多宝贵的生活知识。

原来在法国人家里做家务是那么轻松！只要用吸尘器吸吸并不脏的地板，用抹布擦擦并不脏的器皿，用鸡毛掸掸室内花上看不见的尘土——这不是儿童游戏吗？法国人的理念是：要在屋里干净的时候做卫生，这样就不会有灰尘。绝不是中国人大扫除的习惯。法国人的厨房一定是每做完一次饭，所有的犄角旮旯都擦一遍。永远在干净的时候就擦，因此永远将"脏"消灭在"萌芽中"——这个理念很好，就像一个人预防疾病比看病更重要一样。

那一天，同学终于走了。我盼着自己来教授家里做卫生。

我觉得很好玩，就这么轻松地一小时挣 50 法郎？

那天，我把教授家里所有的新机械通通玩了一遍。法国人很信任做小时工的人，通常将钥匙交给小时工，而主人不在家。这令我很大胆地工作。

工作快结束时，教授回来了。他见到一个陌生人在家里，工作很卖力，觉得很好奇。我告诉他："对不起，今天我要早走一些，因为我要出席画展开幕式。"教授随口问一句："哪位画家的画展开幕式？"

"是我自己的画展开幕式。"我很平淡地说。

这下轮到教授大吃一惊："你是画家？为什么你来我家做清洁工？"说着，急急忙忙过来抢我手中的"玩具"，迫不及待地自己打扫起来，好像做了亏心事。他还热情洋溢地邀请我："你是画家！你是贵客！我要邀请我的朋友们来我家做客，一定要请你来！你一定不能不来！"

我也很惊讶，画家有这么高贵吗？其实我很愿意兼职做这份清洁工。

巴黎社会对画家们的尊重令人惊讶！

我被热情地剥夺了做清洁工的权利，转换角色成为教授家里的座上宾！

于是我在巴黎的打工记录仅有一天就结束了。我无可奈何。

受邀做客的日子正逢圣诞节，教授请我到家里，这一回是他自己做卫生。我深深领略了什么叫热情，教授将他的女友和尽他所能邀请到的贵宾们都请到家里。那一天的晚餐从晚上8点开始，一直吃到第二天的早上5点，居然中间能不停顿地吃！大家说笑着，其中有法国人、日本人、中国人和英国人。大家热热闹闹地说着别人听不懂的语言，这并不妨碍大家兴致勃勃地交谈着。真是很奇妙！

两次打工奇遇，都因为是画家而被"炒鱿鱼"。我知道我不能像其他留学生那样找这种简单的工作了，因为法国人对画家太优待了！

在没有画展和没有课程的时间里，的确很无聊，必须找些事情做打发时间。我的一个很大兴趣是定期跑书店，巴黎的大书店都跑过。

那天，我走到友丰书店。这是一家中国人开的书店，里面除了法国畅销书，还有很多具有中国特点的书。

突然，我眼前一亮：这里居然在卖一套四幅绢上画的工笔重彩人物画。这四幅画应当说还很有功底，勾线、渲染、构图和人物神态都不是普通水平。少说也要画上两周时间，因为工笔重彩需要反复渲染才能做出那种浑厚的感觉。令我不高兴的是，这四幅作品一共才90法郎！就是说，如果在教授家里做，两次小时工就能够买到这幅画！

这太贬低中国画了！

我很不高兴地与书店老板商量，为什么这么贬低中国画？

书店老板知道我是画家。他不急不慢地回复一句："罗小姐，我知道你是画家。我这么便宜的画你买吗？如果你这个懂得中国画的人都不买，我是生意人，你让我怎么办？"我哑口无言！

我很心痛。

法国人如此高看画家，却如此不懂得中国画！这给我留下深深的伤痛。想起我出国前文化部周参赞告诉我的"欧洲人不认中国画"的预警，这回我真实地感受到了。

不久，我被一位爱好推动中国艺术的法国经济学教授 Mme Meishali 请到家里，我们深刻地讨论这个主题：为什么欧洲人不认中国画？

根据我们的分析，原因如下：

欧洲美术也有水墨画，但是他们崇尚的是创意和创作，用笔墨来表现被反复提炼的自然的写意，并强调"写精神"。这是油画用复加笔触塑造的造型方式无法替代的。但是中国画笔墨用法不同于西方，由于文化和语言的历史原因，西方人并没有将中国人祖传的、不同于西方笔墨情趣的品位特点传播到欧洲。对西方人来说，学习中国语言是困难的，了解中国笔墨则更难。

况且中国画的延续，确实没被引导到注重创新的意境中，大多是重在模仿，吃老祖宗饭。没有创作就是临摹，在艺术市场中"临摹"与"创作"处于两个完全不同的地位。

严格意义上说，收藏艺术的重要特点在于它是独一无二的创作。如果中国画侧重模仿，如何让对中国文化了解不深的欧洲人分辨你的创作的不同之处？换言之，他们见到的中国画大致千篇一律，无非将老祖宗画的山从上面搬到下面，将老祖宗画的树从左边挪到右边，仅仅是换换构图而已！

创作忌讳"似曾相识"的雷同，因此欧洲人难以认同中国画。

中国传统画已经被老祖宗们创作到登峰造极，但是当代中国画极少有创新的艺术创作。世界上无数个历史盖棺定案的名作已经为世人做出了榜样：众所周知的《蒙娜丽莎》《维纳斯》，谁又见过这些名作模仿前人？巴黎的高档服装之所以成为世界品牌，高价销售，不仅是创作水平高、质量高，其中一个最重要的因素是"世界上只有一件"。

一个歌剧，一部电影，一个电视剧，一旦失去原创力量，很难被评上什么"奖"；一个成功的舞蹈，一首脍炙人口的歌曲，都不会"似曾相识"，这就是"艺术创作"的价值。艺术失去了"创作元素"，不能标榜是"艺术品"，也不应当成为"高价资本"追逐的目标——这个理念并非欧洲人独有的，中国的专业院校多年来也是这样推进教学的。在中国艺术专业圈里，这是无须讨论的问题。但中国的专业圈太小了，中国传播艺术内涵的专业经纪人太少了，没有形成足以影响社会教育和大众市场的力量。

但这些原理却不影响中国和亚洲地区的艺术市场对于那些"搬来搬去元素"的中国画的追逐，只要有市场，就有这些作品存在的理由。市场越来越大，中国画的发展也越来越繁盛。"创新"是最难的，"模仿"是很容易的。既然门槛如此低，导致越来越多的"中国画家们"登上舞台。

一个不争的事实出现了：中国的艺术市场缺乏"社会教育"。中国的艺术专业群体，没有注重推动正确方向的社会教育和传播，不得不品尝自己种下的苦果。但是法国的大众不同，法国的社会艺术意识历史性地深入人心，市场不认同"抄袭"。古代中国画因为文化因素在欧洲传播得少，欧洲人难于理解其奥妙之处，解读古代中国画成为欧洲少数中国通的专利，所以难成气候。而现代中国画又难与欧洲观念的"艺术创作"对接，这就造成了没有传播和理解，欧洲市场很难认可"中国画"。

如果中国市场普遍开始学习理解什么是"艺术创作"，什么样的作品是"经得起时间推敲的高价收藏"时，市场会发生什么呢？

让历史去决定吧。"缺什么将会补什么"，历史总会公正地要求补偿。

作为一个艺术家，最对得起自己的，还是应当珍惜年华，认真创作，保存一个美好的天地。尽管这个观点一定会有人不以为然地说："让这些书呆子自我清高去吧，先挣钱再说。哪里有市场，哪里就红火，管你什么创作不创作？"这的确也是一种观念。

中欧艺术传播的差别，不仅仅是欧洲不认中国画的问题，还有另外一个极大的空白点。

中国艺术圈中，很多人了解"印象派""古典派"、马奈、莫奈，这是欧洲艺术传播的结果，也是中国人积极学习欧洲艺术的结果。换位思考一下，多少西方人，认认真真地学习了中国艺术呢？即使抱怨某些当代中国画模仿根基太重，那么对于那些优秀的中国画家作品，又有多少欧洲人能够深入品味？

于是，我们找到联合国教科文组织，向他们讲述这些观点，希望推动开辟"艺术传播的丝绸之路"。联合国

联合国教科文总部给中国领导的信笺

教科文组织非常赞同我们的观点和研究成果，并同意以联合国教科文的名义，去推动西方人学习、了解中国艺术的项目。

我们开了一个头儿，我却没有参加后来的工作。原因是我的画展和我的学习太紧张，实在没有精力去物色和运营一个团队专门来做这件事情。

这是 20 世纪 90 年代初的故事。随着中国国际地位的上升，随着更多中国艺术家的努力，也许中国艺术在法国会改变些什么……

时光到了 1998 年，我参与了在巴黎的联合国教科文总部第一次为一个国家举办的国家文化周活动——纪念新中国成立 50 周年。在这个活动中，我接受中国承办方的委托，于 1999 年 3 月单独前往巴黎推动前期的准备工作。

我再次接触联合国教科文组织并与他们合作。我提出了以前的观点，新的教科文组织的朋友热情地为我牵线搭桥。我们找到了巴黎市政府，为以后的文化艺术传播工作做出系列计划。为此，教科文组织的负责人专门给中国政府领导人写了一封信，其中谈到"……祝贺您找到罗小华女士这

样一位高水平的专业人才，由于她的到来，许多工作得以推进……推动了巴黎市政府……"等内容。

再往后，我相信有无数个中国画家在推动这个桥梁工作。

中国画艺术打入国际社会需要长时间的努力。这是文化的对接，特别是中国还属于发展中国家，艺术需求还没有被排列到社会需求的前列。中国社会的艺术经营人才尚未成熟，更不要说到国际上经营中国艺术的人才。

2007—2008年的美国当代艺术市场中，突然出现一批中国当代艺术家的作品，主要是迎合西方人的口味创作的一批"中国当代艺术作品"。而真正根植于中国文化元素的中国优秀当代艺术作品，迟迟没有出现在国际舞台上。

不一样的卢浮宫印象

卢浮宫，记录传承悠久历史与贵族文化内涵的同时，也在塑造今天的贵族文化。

由于我是法国艺术家协会的会员，在巴黎期间，会员证可以让我畅通无阻地无数次免费走进卢浮宫和所有的法国博物馆。

就像我手里故宫博物院的工作证可以畅通无阻，走工作人员入口，进任何一个国内博物馆一样，这也是我能够多看顶级艺术品的特权之一。

2011年，欧美同学会美术家协会（海归美协）成立的当天，会长韩启德先生在开幕式上，邀请海归美协副主席、北大教授朱青生学长在大礼堂讲述他如何参与创作《当卢浮宫遇见紫禁城》的央视纪录片。这部作品第一次用中国的眼光、现代的立场深度解读卢浮宫与紫禁城两大文明符号，从文物看文化，从文化思考文明。读者们如果希望"专业人士"解读卢浮宫，我建议找这部片子的光盘看看。这部作品通过历史比较，把深入西方文化的中国人如何解读卢浮宫做得非常优秀。

我这里从另外的角度，来看不一样的"卢浮宫印象"。

记得一位新华社的朋友参观卢浮宫之后，对我说："在国内，我无限崇拜卢浮宫、崇拜蒙娜丽莎，但当我走到跟前，这些崇拜荡然无存。"

我曾陪同国内一个央企代表团去参观卢浮宫，代表团团长是我熟悉的朋友、清华毕业的帅哥。令我很沮丧的是，他居然在参观的时候一边走路一边睡觉。

莎士比亚说："一千个读者就有一千个哈姆雷特。"

经历几个美院的学习，我对美术史已失去了新鲜感，对西方美术评论也淡然。我有机会直接看，何必再听别人说？我注重自己解读的"哈姆雷特"。

无数次进入卢浮宫，即使每天去学习，也只是从画面或雕塑层面，获得自己的感受。当年的艺术家如何能够创作出如此震撼的作品？我深信绝不是评论家们留下的文字所能充分表达的。除了美的震撼是真实碰撞之外，我找不到那种生命的亲切和心灵的默契。也许我和作品产生的年代距离太久远了，我无法还原它们的真实。我不想增加自己的"想象"去改创它们，我尊重它们每一个创意、构思、构图和笔触的原创。

卢浮宫给我留下另外的印象是活生生的当代生活。每年一度的法国古董文物展销会的组织者是法国古董商联盟，没有比卢浮宫更适合的展出地点所产生的气场和氛围了。

因我故宫博物院馆员的身份，所以受到法国古董商联盟的欢迎。当年在北京故宫太和殿装修时期，我恰巧接待了一位法国古建工程师，这位工程师热情地邀请我参加大展。

也许不久的将来这里不缺乏中国富豪的身影，不缺乏中国收藏家的身影，但"参观者"与"参与者"的最大区别就是"盲人摸象"与"深海游泳"。

几年后，我出席这类法国古董展时发现，也许是我变了，变得对法国的认识开始入木三分了。感恩故宫时期向徐邦达、启功等老先生们学鉴定手艺，我看到这里的的确确有假中国古董；感恩我曾经亲手组织过100多幅原作的夏加尔画展的"阅历"，在这里我发现了几千万欧元的"夏加尔作品"，并非只有在拍卖行才买到；发现了这个沙龙如何接待那些高端客户、有钱人客户和贵族客户。

千万不要以为有钱就是高端，不要以为高端就是贵族，更不要以为贫穷会低人一等。就连贫穷的中国留学生，都会以不屑的神情拒绝那些手上有5颗钻戒甩上一摞钱要求一起吃饭的富豪。这就是欧洲文化的特点之一，人们崇尚文化、崇尚艺术，会平衡与金钱的关系，绝非金钱第一。

这个成熟的欧洲高端艺术市场，有历史，有组织，有常规客户，有成熟套路的模式……

也许，这就是"卢浮宫"赋予当代社会的另一个面孔。为这个面孔加分的，还有每年一些贵族和高端阶层才能出席的世界顶级高档服装品牌发布会。似乎巴尔扎克笔下的欧洲贵族生活从没间断过，他们在任何时代都活着，以不同的新面孔、新时代符号，延续到今天，继续存在。

法国高档服装联盟每年一度的春秋发布会，也设在卢浮宫。

法国服装界的地位在世界首屈一指，它有经久不衰的辉煌历史和历史痕迹梳理后的清晰轨迹。

法国服装行业的最高权力来自两个组织：一个是高档服装联盟（Federation Cuture）；另一个是品牌服装联盟（Federation Prest a Porte）。卢浮宫里每年展示的，多数是高档服装联盟的作品。这些高端品牌服装店的橱窗，极尽奢侈的装饰，时尚而高雅。

每年的服装发布会都是不亚于戛纳电影节的盛典。职业化的高级保安，似乎比警察更加敬业和专业。无论什么人，绝没有可能带进一个私人朋友，而一张请柬则是所有高级贵妇人向往的门票。所有来宾，身穿昂贵的晚礼服进场，显示历史悠久的贵族气息和传统。

卢浮宫的第三个印象是那些世界著名大品牌企业的文化展。我参观了日本化妆品企业——资生堂的历史文化展览，很难想象一个在市场上叱咤风云的企业竟与卢浮宫有关联。作为故宫博物院馆员，我反对企业文化进皇宫。有一次，我陪同戛纳广告主席罗杰先生参观故宫时，发现"太和殿"门口栏杆的伸缩带上居然印有某企业的广告！太有伤害整个展览的氛围了，就像一个优雅盛装的贵妇人，却被人为了争点小钱，拦腰束了一条草绳一样不协调。

这就是区别。

卢浮宫的管理和布展是有内涵的。它的主要古代艺术展览区，绝不允许半点其他不协调的元素掺入，绝不会有影响历史遗迹的氛围。

但是，卢浮宫也巧妙利用它的魅力和观众群，塑造今天的贵族阶层。贵族文化元素一定会安排在地下室，或主流皇宫外的特定展厅。

他们巧妙利用"过去的贵族"带来的大量观众，引领今天的贵族生活。

而世界大品牌企业的文化内涵展现，也必须经得起而不是混淆"卢浮宫底线"。就像巴黎为了保护完整的旧建筑不被摧毁，新的建筑都集中建立在 La Defance，保护了法国的古代文化建筑。

中西文化各有千秋，但哪些是优秀的，哪些是该抛弃的？文化，只有深入研究，我们才能理解和认知。

我常对好友说，没有三五年以上，最好别提自己"出过国"。

在世界著名的法国石油研究院办画展

悠久的中国文化对于一些法国人来说很神秘，很崇拜。龙夫人就是个中国艺术迷，很喜欢与中国人交朋友。

龙夫人是世界著名的法国石油研究院的行政办公室负责人，是一个非常热情的法国夫人。她无论走到哪里人气都很旺盛，总有很多人围着她热烈地谈论什么。

在这群精英的石油高层人士中，我感受到另一世界的新奇文化。

国内的各城市和企业，还没有发展到经常举办画展来充实文化内涵的阶段。法国的这些机构举办画展，显得是那样自然。就像国内的大企业，经常邀请国家艺术团体来演出一样。

在高高的宽敞明亮的大楼里，我见到了往常只有在电影和小说中才能见到的高级科学家们。他们那样平易近人，却是我心中崇拜的偶像。我也是他们心中的神秘人物，因为我们分别是来自两个不同世界的人。

跟科学家谈艺术别有洞天。他们谈论的艺术观念很多是根据科学的思维方式来解读的，我无法改变由这种思维模式得出的见解，但我深深感觉到他们的头脑非同一般，看待艺术的观点很有深度。他们有令人耳目一新的观念，却完全不是按画家的思维方式去解读作品。

1973 年水粉自画像：画展第一天就被法国收藏家收藏

我才明白：作为一个艺术家，除了要了解和发掘生活中自己认识的艺术世界，也要关心收藏家们如何看待艺术。艺术品的价值与品位，很大程度上是由收藏机构和收藏家们的观念决定的。

记得我的一位造诣很深的老师说过："那些艺术评论家评说我的作品如何如何，但我自己不知道。"

我怀疑：许多后世人们评说的世界名画，是否艺术家本人真的那么想呢？结论是：真不能肯定。世上精品的传说，的确很多是别人眼中和口中的解说，并非都是艺术家本人的意愿。

我们一起喝着咖啡，天南海北地聊着。他们问我的问题多，因为他们对画家和中国博物馆馆员具有很大的兴趣，有很多问题可以问。而我却很难提出有关他们工作的问题，于是我成了中心人物。

很久以来，龙夫人一直对我说，希望有机会能为我在世界著名的法国石油研究院举办一次画展。

这个机会终于来了。

这一年的中国春节，法国石油研究院决定为我举办一次画展，以便让这些骄傲的世界顶级法国科学家领略中国文化。

中国的大年三十这一天，我兴冲冲地很早起床，将头一天晚上准备好的作品一一搬到门口，等待车来接。

我们很早到达法国石油学院的大厅里，在人们上班前将作品一一挂到事前指定的地方。大厅里、早已挂上醒目的大标语："祝贺中国春节""祝贺猴年春节"。在法国，在几乎全部是法国人的地方，这样的标语和装饰显得格外令人振奋！大家都被一种新鲜的具有 5000 年历史的文化鼓舞，这次活动无疑给他们平日里单调的研究生活带来一种异常的快乐！

石油研究院特别组织了一场祝贺仪式，以表达他们对中国博物馆馆员的画展有多么重视。大厅里都是"纯法国爷们"，只有我一个中国人，所有的好奇眼光都聚集在我身上。法国的人文教育本来就具备即使不认识的人也要问好的教育素养，如今我如同贵宾明星一般。好在有热情的龙夫人陪伴着我，随时为我介绍新朋友。

中午我们在一起聚餐。一位著名的研究员抱怨我没有邀请他的夫人，质问我为什么。其实根本没有为什么，我太忙了，顾不上了解每位嘉宾是什么情况，况且中国人邀请嘉宾并非一定要请夫人。

这下不得了，这位著名的大师不依不饶，聚餐中始终在抱怨，看来真的生气了。我不得不再三地赔礼道歉。从此我记住了：在法国，一定要请夫人！

法国石油研究院的画展，留给我最深的印象，是这些高级研究员对中国艺术的热爱，让我结结实实地感受了一场法兰西浪漫的高温！

中央工艺美院期间的素描作品

沙隆小镇的盛情邀约

美丽的索恩河畔沙隆小镇。

如果说法国石油研究院的画展让我领略了法国上层人士的风雅、礼节和热情，那么美丽的沙隆小镇则从天上向我扔下了甜甜的馅饼！完全是两个世界，尽管都是"法国文化"。

这一年法国艺术博览会确定在沙隆地区举办。举办方特别找到中国大使馆，邀请著名画家参加。我和四川画家王以时被使馆选中，代表中国画家参加博览会。

也许又是我的中国美院画家的背景和故宫博物院馆员的出身，使馆再次向法国人隆重推荐了我。法国电视三台专门为我组织了一场电视访谈，展示我的作品，甚至要求我当场作画。

这次法国电视台的节目，主要是请我当场表演中国传统国画。

漂亮的法国电视节目女主持人，长得犹如《白雪公主》里的美丽公主。她身穿红色背带裤，大大的圆眼睛和高高的鼻梁，金黄色的卷发，梳成了

《罗马假日》中理发师给安妮公主设计的短发式，俏皮而靓丽，浑身充满生命力。

录制现场摆满了我的国画作品，完全是师从孙琪峰和溥佐先生的传统中国画，我记得有"松鹰图""国画山水""墨竹"等我认为能够展示在法国人面前的作品。这里并没有摆出我的创作作品，因为这些题材和形式对于非专业收藏家来说，比较容易接受。

法国电视三台为作者制作专题节目
主持人（左二），作者（中），文化参赞张文民（右）

大使馆的文化参赞张文民先生和邹启山夫妇是这次电视节目的牵线人，也是中方的主持人。他们一直陪伴着我，并在节目现场向我进行介绍。

节目主持人和当地一位活动主办方的主席，不时提出一些充满好奇、使人兴奋的话题。主持人更像是一位活跃的家庭成员，充满亲和力。台上台下互动得很自如，快乐，时不时地穿插一些说笑和场下提问，营造了一种很自然的热烈气氛。

为了感谢主持人的热情，结束时，我赠送给他们每人一幅书法。

我在法国人面前十足扮演了一次电视明星。令我惊讶的是，这个"明星"很快就在当地的法国人中间产生了"明星效应"。

第二天，由于我没有看电视，根本不知道这个地区的电视会产生这么大的效应，没想到在博览会上我的展览席位前，排队站了很多法国人，要求我签名，用中国书法写出法国人的中文名字。法国人热情地告诉我，他们是通过电视找到我的。在法国人的理念中，从来不能免费地工作，所以我的签名活动从一开始，就有法国人帮助我收费。我完全没有想到，一天下来，居然我的"书法签名运动"也能有很高的"收入"！

在以后的日子里，我走在大街上，走进饭馆吃饭，在博览会上，都会遇到法国人友好地向我招手，告诉我他们在电视上见到过我。一些朴实的葡萄种植园的法国朋友甚至会立即问我能否到他们家里做客。于是，我剩下的工作，除了被居民们排队安排到各家做客，就是和他们照相。

我被大会组委会安排在 Mme Libanen 夫人家里住。我很喜欢这个新家，这远远比住在宾馆要好得多。因为我可以融入真正的法国普通人生活中。

我很开心 Mme Libanen 夫人为我安排了家中最高级的待遇，一个装饰为欧洲古典中世纪风格的房间，所有的摆设都如同早期的小说里描述的一样。法国人的家庭布置，讲究用古老家具，而不是现代装饰。他们认为那是一种文化修养。就像他们到北京喜欢住北京的四合院，而不喜欢住五星级宾馆一样。

我快乐地和 Mme Libanen 夫人一起准备晚餐，因为只有通过生活细节才能了解法国人的生活。

我充满好奇，对所有的厨房工具和烹饪方法都好奇。法国大餐和法国的家庭餐是不同的，就像中国饭店和老百姓家里的饭不一样。很多中国旅游团不习惯法国饭店的美食，却说不定到法国老百姓家里就不同了。夫人无论做什么都很好吃，我享受极了！

Mme Libanen 夫人是三口之家。她和丈夫、儿子在一起和睦、亲热，每天都是高高兴兴的。我很喜欢他们的生活态度，对每一件生活小事情，都认认真真地对待，享受其中的乐趣。比如说，每天清晨开始，三个人负责不同的工作，一

和沙隆的家人在一起

起准备早点，一起用餐，一起洗碗收拾用具。一个人洗碗，另一个准会接过来用干净的毛巾擦碗，配合默契。只要一个没有闲着，另一个绝不去休息。

家里所有犄角旮旯的小东西都会摆放得井井有条。这让人感觉很舒服。

三个人每一天都要认认真真地换上一件漂亮的、烫得笔挺的服装。一定要讲究衣服和裤子、鞋子的搭配和呼应色彩，每天都要享受这些细节。早上分手的时候，一定是大家轻吻后再分手；晚上一定要相互问过晚安再睡觉。这些快乐的小事情，紧紧地维系着这个家庭的亲密感情。

第三天，是大会组委会的活动高潮。

博览会中除去绘画艺术和音乐外，还有很多与艺术品相关的展品和活动。其中的"中国盆景艺术"风靡该地区，我第一次见到整个地区的法国家庭如此钟爱中国盆景。几乎每个家庭无论是否有钱，家家都做盆景，还有盆景协会磋商技艺。据说，是一位中国机械工程师将中国的盆景艺术带到这里，发扬光大，挣了很多钱，重要的是能够迎合法国人的各类艺术热情。这种比较容易让居民懂得的艺术，同时体现了高雅的艺术品位，是很好的推广方式，深受大家欢迎。

细想想，生活是全面的，对于艺术文化的消费当然是全方位的。为什么中国画廊总是将自己高高挂起，放在一个孤独的角落，将大量时间与精力投入自己圈子里展示艺术品的孤芳自赏中？真是很可惜的事情。

将绘画展览、造型艺术、盆景艺术、田园艺术以

作者的书法作品颁给大奖赛第一名

及实用艺术放在一起做博览会，其实效果真的很好，针对的是大众艺术消费。让绘画艺术从高高的象牙塔上走下来，不要抱怨收藏家太少，不要抱怨市民不懂艺术，更不要将艺术当作太神秘的东西。确确实实，我接触过太多的大师们，其实他们都不过是普通人……

由于我是一名画家，又是"电视明星"，同时又是一个陌生的外国人，到这样一个非旅游发达城市，就如同中国"某县城来了一名老外"一样，立刻传遍街头巷尾。我被大家簇拥着来到一个美丽的大建筑物面前，建筑风格很像戛纳电影节的发布大厅，很壮观。不管怎样，我还是有些拘谨。

突然，一群法国夫人将我簇拥着推向一群男士，我差点摔倒在这些人群中，只听见夫人们说"我们将小华推给你们男人"，然后大家开心地大笑。我实在不懂这开的是什么玩笑，但是我知道他们的玩笑总是善意的，无论你是否明白都不能生气，就像中国傣族的"泼水节"。

我很快习惯了他们迅速升温的"自来熟"和他们的朴实、善良。

法国人特别热衷于给朋友一个惊喜！

我被临时通知，明天的颁奖大会中，一等奖将会以我的一幅国画作为奖品。因为我是大家眼里的明星、艺术家，这份奖品将是很珍贵的礼物。

我当然愿意帮助别人，只要我能尽力。

第二天艺术博览会的高潮——盆景大赛颁奖仪式，不亚于"戛纳电影节"！

我突然意识到，其实全世界的哪个大奖，是否高级隆重，是否值得重视，都是人类自己捣鼓出来的。谁能说沙隆大奖比戛纳电影节影响力差？完全不是！此时此刻在沙隆地区，戛纳又算什么？红地毯，漂亮的礼仪小姐，高贵的主席台，雄伟的颁奖大厅，涌动的人群，热闹的电视转播，一切的一切都无可挑剔！

人类不同的群体有不同的祝贺方式，不同的活动，仅仅是不同圈子而已，绝不存在高低之分！地球任何一个角落，都有权组织自己最快乐的活动。记得一位老前辈说："谁唱歌最好听？——当然是自己唱歌最好听！"

评委们经过一整天的艰苦评选，终于评出一等奖。

我再次借助"明星"身份，上台到主席台中央，隆重地将自己的一幅中国水墨画"牡丹图"交给一等奖获得者。那是一位高龄的老夫人，全场掌声雷动！我想起伟人的一句话："人民的力量。"

颁奖当晚，法国沙隆地区的报纸上，我的照片赫然再次出现在主版头条！

在短短十几天的艺术博览会期间，我几次出现在当地报纸头条，加上电

法国报纸头版头条刊登作者的书法介绍

视台对我的专题传播，在这个小地区，我成为一颗耀眼的"外国艺术家明星"。

晚上，我和全村的居民们到街头一个美丽的大园子内的装饰讲究的大饭店用餐。这是一支庞大的用餐队伍，每个人都回家专门换上节日的礼服，就像提前说好了一样，一对一对夫妻说说笑笑排队走入饭店。

据说，这个地区的居民们经常每个周末或者月末，集体到这里晚餐一次，就像一个大家庭集体去教堂一样。

这里的居民主要以种植葡萄、酿葡萄酒为主业，由于销路很好，居民们生活很富有，经济条件最差的都是三层小楼和一个院子。家庭所有使用的电器都非常时尚。房间里和庭院里都经过精心的布置和装饰，家家都有很有品位的油画、工艺品，当然还有昂贵的盆景。所有的农活都实现了机械化，远比城市生活休闲得多。所以他们有大量的时间琢磨如何生活得快乐！这成为集体共识。

似乎这就是小时候学校教育的"共产主义"生活。

我很羡慕这种集体生活意识，羡慕这种社会关系。这种人文风气，使生活变得非常美好。中国现代居民区何时能这样和睦？

Mme Libanen 告诉我，每到这种晚餐时，都会有村民表演节目，制造热闹气氛。果然，今天是一位村民为大家用胡萝卜雕刻小动物。他每一个作品都有一个笑话，饭桌上不时地爆发出笑声和猜谜声。这个大 Party 真充满了朴实劳动者的快乐！

10 天后，我恋恋不舍地离开我的沙隆的家，回到巴黎。

一个月后，我收到沙隆居民们集体给我邮寄到巴黎的礼物，这让我感动不已！这是多么感人的质朴的情谊！

打开一看，包装极其精美的礼物竟然是一包高级香皂！也许这是他们眼中比较合适的礼物，就像中国人给对方送一包茶叶一样。

我爱沙隆，爱这里淳朴的居民们！

巴黎画家的"好莱坞"——CASTILLE 画廊

由于我在画展圈子内比较活跃，巴黎的一些知名高级画廊经常找上门来。

就像多数的知名演员都想进军好莱坞一样，一般成熟的画家都希望进军资质比较好的代理机构，业内统称：画廊。

如同演艺圈内不同级别的演员有不同级别的经纪公司一样，不同级别的画家有不同级别的画廊签约合作。很多画家没有签约画廊，属于"自产自销"。

国际上的一些大画家，都有一些著名的画廊来专门包装、推广和进行巡回宣传，而画家只需要一心一意地画画就可以。

CASTILLE 画廊坐落于 8 区 Ruede Miromesnil，位于最著名的大街 La Rue Faubour St Aunore 的中间，在巴黎总统府旁边的贵族区画廊街区，紧挨着专门代理意大利著名画家达利作品的画廊；同时也紧邻著名画家夏加尔 Chagal 的专门代理 NAVARRA 画廊。这个区域是巴黎代理高级画廊集中的地方，也就是熊秉明先生所说的"法国艺术市场的晴雨表"。

作者在八区贵族区画廊举办画展

CASTILLE 画廊是一个有实力的画廊。在巴黎高端画廊圈子内，它的面积是相当大的，这在巴黎最昂贵的街区很难得。能够被这样的画廊选中的画家是很幸运的，如同被"好莱坞"选中的大牌明星，这意味着画廊要下本钱宣传推广这个画家。

这条街集中了一些印象派或知名画家的代理画廊和古董店，很少有当代艺术。传统名画高昂的价格，很符合这条街的风格。

但是 CASTILLE 画廊不同于这些画廊，它经常展出一些当代健在优秀艺术家的作品。CASTILLE 画廊有自己的收藏圈子，很清楚客户群体的品位。

我是那个年代被这里选中的唯一的中国画家。

画廊老板是法国贵族 Machefesdasan 夫人，家中富丽堂皇，坐落在巴黎 8 区的贵族地段。几件硕大的中国古董，装饰在进门的大厅里。我感觉她家大厅的面积大得完全可以做一个小广场。这个广场每个角落都摆设着珍贵的古董，或者一些名画。

Machefesdasan 夫人第一次见到我的作品时表示出了极大的惊喜，重复地惊叹："Manifique!"（简直妙极了！）

一个画家只有找到真正欣赏自己作品风格的画廊，这种合作才能产生最大的能量。很多时候就像找情人一样，完全是个性化的。我很幸运遇到这样一位实力雄厚的画廊老板欣赏我的画。

我们很快进入实质性的讨论，Machefesdasan 夫人坚持希望做我在法国的全权代理。也就是说，我不可以自己卖画，也不可以让其他任何画廊同时代理我的画，因为她看好我，她有足够的实力来为我做宣传。

夫人的先生是法国最著名的广告公司创始人之一，掌控着重要的媒体宣传和大企业收藏家资源，并有著名企业为我的画展和画册赞助。这些资源绝非普通画廊能具备的。

我们很快进入操作计划。

在画展开幕前两周，我画展的大广告已经在世界注目的巴黎香榭丽舍大街上闪亮挂出。这之前几乎没有中国画家的广告能够在这个地域出现。在各大博物馆前，在戴高乐广场，在铁塔广场，在人群最集中的旅游热点，都出现了我画展的广告牌。记得好像吴冠中先生在巴黎 cernousqui 博物馆的画展都没有达到这种宣传力度，原因是博物馆是公家的，公家资金有限。而这次是地地道道的商业行为，商家有实力，肯支付这些包装费用。

一些博物馆内部的刊物也陆陆续续登出了画展的预告，据说有一些媒体也做了相应的报道。

我事前并没想到这家画廊有如此实力。

为配合这次画廊的大动作，我也开动脑筋邀请嘉宾。

我首先邀请市长希拉克先生（后来的总统），因为我知道他喜欢中国故宫的东西。作为故宫博物院馆员、旅法画家的画展，他会在百忙中考虑的。

其次，我听说总统密特朗先生的夫人是一家艺术基金会的负责人，当然也在邀请行列。

我的法国朋友们也都热情地为我邀请各路法国大企业的负责人。

开幕式定在 19 点。

就在 18 点，一位穿制服的人开着摩托车风风火火来到画廊，这位彬彬有礼的先生将一个精致的快递送到我面前。这是巴黎市政府的快递信使，信中通知由于市长先生今晚有一个紧急要务，他已委派巴黎市政府的市长代表、巴黎市政府主管文化官员出席开幕式，于 19 点准时出席。

Machefesdasan 夫人非常兴奋。她没有想到在每天有几十个世界艺术家画展开幕式的巴黎，我的画展竟引起巴黎市政府如此重视。

上帝总是在让人得到一个惊喜的同时，再附送一个失望。我马上尝到了滋味：画展邀请的另一位贵宾是法国总统密特朗的夫人。邀请密特朗夫人是有原因的，因为中国故宫博物院在世界文化史上有很重要的地位，故宫博物院馆员在巴黎举办画展，完全有资格邀请总统夫人。

画展开幕式当天下午，我接到法国总统密特朗夫人私人秘书的电话："请转告罗小华夫人，我们接到她邀请出席画展开幕式的信笺，但是我们等到现在（距离开幕式时间前几小时）仍然没有收到请柬，非常抱歉，没有请柬密特朗夫人不方便出席开幕式。"这是我何等严重的失误！居然对一个国家总统的夫人发出邀请，却没邮寄正式请柬！事实上这不是失礼，简直就是可怕的无知！完全不懂得在法国高层的一些必备的礼数——与其如此让对方感到不尊重，还不如没有邀请！

19 点的开幕式，现在快递已经完全来不及了！

我紧急要求画廊补救，画廊也惊呆了，他们深知这个时候再送请柬过去会更加不礼貌，因为法国的礼节是：一个重要女士出席开幕式，需要提前化妆，并斟酌什么人跟随一起出席，而我们完全没有给对方留出安排这些事情的时间。

我们只有放弃。最终在展览后给夫人送去一个画册和表达深深的歉意的专函。

这次邀请密特朗夫人的失误，使我从此牢记与法国高层相处的礼仪。在后来世界大师夏加尔的中国画展时期，我所表现的种种应对危机的能力，我在接待法国国家领导人时表现的得体行为，都被欧洲各国使馆的大使们当作奇迹争相传颂。这种能力和潜力的挖掘，全来自这次深刻教训。

大使夫人方征和参赞在作者的画展上

吕霞光先生和巴黎市长特使在作者的画展上

我的画展开幕式终于成功举行。中国大使夫人率领多位中国参赞出席，包括中国驻法使馆的新闻参赞、领事参赞、文化参赞等几乎所有中国在法的高级官员。

大使夫人方正女士仪态万方地出现在画廊上，成为开幕式的中心。

在巴黎市政府代表到达时，已经是宾朋满座。法国电力高级总裁、美国花旗银行副总裁等著名企业的老板们也陆续到来。对画廊来说，这一收藏家群体的到来，为老板争光不小。

这次画展开幕式，让我真正学到了法国高层礼仪。

对于画廊来说，我的画展"大获成功"，卖掉不少作品。

展后的日子里，CASTILLE画廊兴奋地给我讲述了一些新奇故事。

在这次展览中，有一幅作品《女娲补天》被画廊高价卖出。一位富商在第一时间购买了这幅作品。没想到的是，这个富商在购买后，不知道被什么人盯上，不久被盗走。富商非常痛心，只能求画廊请我再画一幅。

一般情况下，我从不画重复内容。但由于这位客人的苦苦哀求和碍于与老板的友谊，我只好再画一幅。

这个时期是法国经济进入萧条时期的开始，而我的画比其他画家都卖得多，使画廊盈利不少。

老板很兴奋，要求我继续多画，并将画廊上面的两小间画室让我免费使用。

而令我惊讶的是：画廊标出的售价，高出我自己定价的好几倍！我对于卖掉作品并不那么兴奋，因为真正的好作品我不希望卖掉。最让我觉得难以置信的是，居然我的习作也被高于我的定价几倍的价格卖了出去。有些简直就是正反面都有练习的习作，原本是我要扔进纸篓的！

多年后，一位在法国蒙马特高地从事 15 年画店生意的朋友告诉我：如果在法国以卖画为目的，思想千万别有框框。因为买画的人千奇百怪，有的人会买你最不欣赏的作品。

我终于挤进"巴黎高档画廊"圈子，这是许多中国画家梦寐以求的事情。

画廊毫不犹豫地与我签署了继续在法国境内全权代理的合同。我与画廊维系了几年的友好关系。他们陆陆续续地卖掉不少我的作品。

我忠于合同，尽管这期间不断有新的朋友邀请我开办画展，但是每次画展如果卖画都要经过我的代理画廊的同意。

地铁奇遇——法国博物馆收藏《双牛图》

出国前，我曾经去拜会吴冠中先生。

20 世纪 80 年代，我在中央工艺美术学院学习时是被安排在装潢系，吴冠中先生是装潢系的老师。1990 年去法国前，我回学校去拜访几位老先生，常沙娜院长特别为我用法语写了推荐信。常院长风趣地说："这可都是'亲法派'了！"并让我去拜访吴冠中先生，因为吴老与法国联系较多。

那天，我去东三环好像是光明桥一带的吴冠中先生家里拜访，聆听吴先生的嘱咐。我完全没想到吴老居住的是那样简朴的住宅。

然而吴先生给我留下深刻印象的事，却是在法国巴黎的 Cernouschi 博物馆。

来到巴黎，很自然地要拜会与中国博物馆相关联的博物馆。经吕霞光先生的介绍，我认识了法国 Cernouschi 博物馆馆长 Mme Bobot。这家博物馆是专门针对中国文物和中国历史的法国国立博物馆。Mme Bobot 几次热情地邀请我这个来自中国皇家博物馆的贵宾共进晚餐，如数家珍般地为我讲解博物馆内的中国珍藏。

Mme Bobot 不愧是法国国立中国专题博物馆馆长，她是我见过的最精通中国文化的法国人。她用积累一生的中国文化知识来管理博物馆和图书馆，对中国瓷器和中国书画都很精通。

我曾经在法国最大的亚洲博物馆 KUIMEI 博物馆实习过。但是比较起来，Cernouschi 博物馆确实能够称得上是懂得中国文物的博物馆。Mme Bobot 的渊博知识令我敬佩！

Cernouschi 博物馆坐落在巴黎 8 区的一座公园里。这个美丽的公园是我经常陪吕霞光先生散步的地方，具有典型的欧洲风格。

作者画展的广告

一次，Mme Bobot 邀请我出席吴冠中先生的画展。

在异国他乡，能够见到自己学院的老师的画展，真如同见到亲人！我在国内从来没有见过这么多的吴先生的画。可以说，真正了解吴先生的作品是在法国。我不喜欢很多人的场合，于是没有在开幕式时赶到，而是一个人静静地在展期中人少的日子里品味吴先生的画。

我完全没有想到，事后这个博物馆会与我发生联系。

以后我为自己的画展轰轰烈烈地忙乎起来，CASTILLE

画廊对我的宣传做得很到位。不仅香榭丽舍大街上到处是我的大广告，在一些旅游景点和著名的博物馆前面也都挂上了我的大幅作品的广告招贴。

喧闹的开幕式后，我进入休息的状态，似乎忘记了自己的画展。

那一天我坐在地铁里，一位装束不凡的法国夫人注视我半天后，问我："请问，您是中国人吗？"

"是的，需要我帮忙吗？"我礼貌地回答。

"我想请您帮助我找一位中国人，可以吗？"夫人问。

"只要我能够做得到。"

"我想找一位名字叫罗小华的中国人。"

我大吃一惊！居然有这等巧事，我揣摩：她是谁？要干什么？

我小心翼翼地问："您找她有什么事情吗？"

"是的，街上她画展的大广告引起了我的注意。"

夫人看来不像有恶意，我放心了。

"我就是罗小华。"

这次轮到她吃惊了。

"姑娘，别开玩笑，我是认真的。我找她有事情。"可以理解，哪会这么巧？谁都会这么想。

"我也是认真的，我就是罗小华。"

于是，我俩开始搜肠刮肚地想办法找到共同认识的人，以便证明我就是罗小华。

不知道是否是上帝的安排，法国夫人在 Cernouschi 博物馆附近下车，恰巧 Mme Bobot 也上了这趟地铁，我终于有了证人。

法国夫人名叫 Meishali，是一所大学的经济学教授，经常接受一些政府项目研究。艺术是她专攻的课题之一，她对中国艺术很感兴趣。

Meishali 确实是一位有思想的教授，常常在如何组织艺术家和传播艺术方面出点子。光她组织的画展，我就参加过几次，每次都有参观者买我的画。

她认为成功地推荐这些她欣赏的艺术家就是她的业绩和成就。

法国的收藏圈子不像国内，国内收藏圈比较小。而我们在法国的画展甚至在医学院、大学、社区、保险公司、银行、旅行社等地方举办，到处都可以展览和卖画。这是一个普及买画的国度，因为人们有对艺术认识的传统和需求。

这些艺术展览的组织者认为，能够邀请到我——一位来自遥远中国的故宫博物院馆员艺术家参展，是极大的光荣。而我很愿意给别人带来快乐，更愿意欣赏别人的快乐！

我很敬佩吴冠中先生的作为。吴先生曾经将自己的作品放到北京798艺术区，乐称自己是草民。这是艺术家应有的品质。我始终认为自己就是草民，体验草民的生活使我懂得大多数人喜欢什么。法国观众对我好奇，我从心底认为这些都是很令人开心的交流和欣赏，我会觉得自己的工作有价值。这是些看得见、摸得着的观众和收藏者，我们之间有交流、有反馈、有友谊、有欣赏。比起拍卖场上看不见的购买者，这些观众增添了很多互动和人气，是一种相互交流的享受。

当《欧洲时报》邀请我发表自己的感受时，我说"观众的喜爱就是我的艺术追求"。因为这个追求能让我给别人带来快乐！

终于有一天，爱思考的 Meishali 夫人又出了一个点子。她看到这些展览中观众对我作品的热情反馈，决定向法国博物馆推荐我的作品。

Cernouschi 博物馆收藏的《双牛图》

我完全没精力去考虑法国博物馆收藏我的作品能有什么意义，但是我们之间的友谊让我相信她是在努力构架中法两国之间的友谊桥梁。我毫不犹豫地将收藏家反馈最好的、具有古老淳朴而浑厚的中国风格的《双牛图》作品交给她。

不久，她将 Cernouschi 博物馆收藏我作品的证明交给了我，上面有馆长 Mme Bobot 的郑重签名。

与 Cernouschi 博物馆长
Mme Bobot 在作者画展上的合影

于是，我知道了我的一个孩子（作品）将永远地留在法兰西，永远离开我留在我人生的第二故乡，就像我出嫁了的一个女儿。

我相信，Cernouschi 博物馆在以后的岁月中，当它向法国民众展示中国艺术品的时候，我的作品将和法国民众见面。虽然人们不知道我是谁，但这里多了一个中国元素作品。

地铁奇遇牵出了一段法国博物馆收藏佳话，而这个距中国遥远的法兰西公立博物馆里，曾留下过吴冠中先生和我师生两代人的足迹。我相信以后还会有更多的中国艺术家和师弟、师妹们在这里留下他们的足迹。这里将形成一个中国气场，在巴黎中心的公立博物馆中凝聚和展示中国元素。

震撼心灵的凡·高墓

正当我的画展进行得一帆风顺的时候，一个长久的美梦被现实敲醒了。

凡·高墓前的教堂

如果不睡醒也许我能永远地享受梦，却永远不知道思考结局。

一天，我到朋友爱尔维家做客。

他是巴黎最现代化城市 La defance 市的时任总书记。我印象中，他始终是一位令人无法理解的、疯狂而兢兢业业工作的法国公仆。从 La defance 最初建设到成长为一个现代化城市，他主持了全过程。

和他在一起，我总感觉愉快。作为市总书记，他一点架子都没有。我们一起去图书馆，一起去郊外旅游，一起与城市最著名的建筑艺术家喝咖啡。

每到一处都有他熟悉的人。他领导了 600 多位公务员，他擅长将所有的工作安排得井井有条。没有任何事情可以将他从全身投入的工作中拉出来。

他平易近人。

他家藏有凡·高的作品，我们聚会的话题不断地谈到凡·高。

他很善解人意，更擅长给我惊喜。

一个周末，他告诉我要一起去郊游，但是没告诉我去哪里。快到目的地的时候，他突然告诉我：我们是去参观凡·高的墓地！这是我在第一个美术学院学习时西方美术史课程中最重要的一课。青年时代的梦想，竟然就在不久后可以得以实现——我完全没有思想准备！

那是一个令我刻骨铭心的日子。我们开车行驶在长长的郊外路上，走到将近昏暗的傍晚，没有一个人和一辆车。不知道为什么，我们一路沉默不语。越接近墓地的时候，气氛越出奇的悲凉。

不知不觉，暮色已经降临。路边有一座教堂，似乎正在进行默默地祈祷。冥冥中，我感到凡·高的灵魂在这里指挥着一切，牵引我的灵魂。我的心情沉重起来。

这里是我十几年前学生时代的梦，神秘，静谧，让我满怀崇拜和尊敬。

我在一片华丽的墓碑林中穿梭，一个一个地核对名字。爱尔维说："不要到那边找，在这边。"他带我转几个弯，走到一个墓地中

凡·高的墓碑

最不显眼的、一片荒凉的小小角落。那里长满荒草，下面立着两块小小的、陈旧不堪的木牌，分别写着凡·高和他的兄弟的名字。

我被眼前的景象震惊了！他生前穷苦至极，死后也如此凄凉？

这就是全世界公认的世界艺术大师的墓地？多少年来人们传颂着他的天才，他的艺术，他的故事，他的传奇和他的价值。

如今艺术市场上，他的作品拍卖价格令人目瞪口呆，如果阴间有财务官计算他作品的财富，人间欠他多少钱？多少人在他身上发财、就业？文学家、画家、画商、大收藏家、历史学家等，竟然没有人能给他修一个小小的、不需要太奢侈的墓碑？这是人间的悲哀和耻辱！

我默默站在墓前，发自内心地哀悼。那一刻，我的震惊转为愤怒，为今天人们对艺术家的践踏和对艺术家创造的财富如此掠夺感到不平！我想了很多很多。我常常会想起巴黎的自由、艰辛和酸甜苦辣，却从来没有仔细地想过这些追求和代价的最后结局是什么。

艺术曾经迷惑过多少痴迷不悟的人！曾经诱使多少人拿幸福时光来交换艰苦生活！曾经有多少用虚幻的理想和希望支撑的脆弱的躯体，为它奋

斗，为它献身，为它付出一切。在我们准备付出、准备牺牲、准备选择之前，有谁告诉过我们它的结局是什么？

在凡·高墓前，我彻底地改变了以前的信念：我发誓不做凡·高，不要贫穷，不被人间愚弄，我要生活，要艺术，要尊严，要活得明明白白。也许这就是现代人的生存观，我付出，社会应当给我回报。

我不知道此时此刻是否是凡·高在与我对话，不知道是否因为我们是同行，他用他的亲身经历给我留下启示。我曾经看到过很多人写文章阐述自己参观凡·高墓地的完全不同的感想，不知道为什么我却得到如此的感受和结论。

我决定暂时中断画画。我首先要知道一个画家是如何与社会产生经济关系，画家与社会的连接环节都是哪些，这些环节是否合理地产生价值。我希望做一个能够主宰生活的画家，而不再做一个生活中的画家奴隶。

于是，就在我的画展和作品销售的鼎盛时期，我做出一个事关我的命运的决定：我暂时停止了画画和卖画。我不再提供新的作品给画廊，我要从"为什么"去探寻"怎么办""如何办"。

没人明白为什么我会突然做出这个决定，画廊更不明白，我的画卖得这么好，为什么我不画了？

我转向努力学习传播专业，因为我认识到画廊能以高价将我的画卖出去，很大程度上靠的是营销，不是简单的销售。

从某种意义上说，画家就是个手工劳动者，只不过戴着一顶"艺术家"的桂冠。

我想知道这是一个怎样的艺术营销过程；我想知道在这个过程后画家的命运是什么；我想提前知道最终的结局是否是我想要的人生。这也许是凡·高当年作画时一个被遗忘的课题。这是凡·高给我的启示。

就在今天，在我进入世界广告主联合会做中国顾问的十几年后，再回头反思当年的思考题，更加清楚地记得这个理念："为什么企业在一个产品产生的时候，要先设计好产品的未来、出路和结局，而艺术家却不考虑这些？难道艺术家不希望自己的作品能够有个最好的婆家吗？作为艺术作品的生身父母，难道不想追求一个美好的晚年结局吗？"

我离开了凡·高墓。但我相信当我以后再重新回到画家职业时，我将会是一个"重生的画家"。

上帝不失时机地给了我一个机会，为了圆我的梦。

1994年春天，使馆文化处的邹先生找到我，给我一项重要工作的同时，给了我一个复杂的工作背景。

世界艺术大师夏加尔画展

十几年后的今天，我常遇到国内当代艺术圈的活跃人物对我说："如今中国当代画家起来的这一批，多数是当年受了夏加尔画展的影响，那次画展意义深远。"我不知道是否真有这样的影响力，但引进夏加尔画展的整个传奇性的故事，确实是我在大学里讲艺术经济课时常常引用的一个经典案例。

西方美术史上有一位重要画家：夏加尔。他的代理画廊是距离我的画廊不远的、同一区域的 NAVARRA 画廊。他们辛苦地将夏加尔的女儿说服，又将世界上的许许多多收藏家们找齐，再联络夏加尔博物馆的负责人，准备一起到中国美术馆展出。单单这些组织

夏加尔的画展广告

与协调就不是简单的工作。

但在临开幕式前的一个月，国内种种问题仍无法解决。这意味着前期做的工作和付出的费用可能将化为泡影。

画廊要求中国使馆派一名中国助手协调国内的工作。由于我在法国举办自己画展的出色影响，中国使馆告诉画廊："我们给你派的人你保证满意。"

夏加尔先生在法国以至于世界的影响都很大。在法国建立的夏加尔博物馆早于毕加索。如果你走在街头，随便问一个小孩子或一个地铁工人，他们都会告诉你他们所知道的夏加尔。这位艺术家深入人心的程度令人吃惊。

要运作夏加尔画展必须进入代理画廊内部，这样才能够了解一个大师是如何通过画廊得以诞生的，这就是我在凡·高墓前所立下的誓言。我需要了解艺术生产的另一半：画廊怎样操作？与社会究竟有什么内在联系？为什么艺术作品的价格最终能如此之高？这里的社会关系、经济关系是如何建立的？这些问题都不是我在美术学院里所能够知道的，更不是一个画家所能够知道的。

过去我作为画家，一直是被别人营销；如今我转换角色，要亲自参与经营一次世界艺术大师。我带着众多的问号，在兴奋中积极投入这项新工作。

时间越来越近，国内没有确定的回复，总是模棱两可。这与西方工作习惯很不同，西方总是提前几个月就会确定所有内容，大型展览或者大型活动需要至少提前一年或半年确认。这次临开幕式前一个月仍有尚未确定的事情，这在法国人看来几乎就是丈二和尚摸不着头脑。

我提议，我先回国看看究竟到了哪个环节。

回国后，我首先和中国美术馆联络。

中国美术馆坐落在故宫对面，我们是多年的兄弟单位。

沟通是迅速的。

美术馆展览部主任王明湖是我多年的老朋友，他就像一头兢兢业业的老黄牛，是令人充分信任的一类人。

我终于搞清楚原因：

原来那时正是中法两国关系紧张的时期，国内审批这个来自法国的画展自然很困难。不懂中国政治的法国画廊当然找不到头绪。他们当然想不到画展与两国政治有什么关联？而我们也没法向法国画廊解释：在中国，这些涉外的活动是要外交部批准的。

艺术圈里有一种不成文的文化："艺术不喜欢政治。更不喜欢两者互相缠绕。"后来巴黎曾出现许多中国画家的"政治popu派"的艺术作品，以丑化中国去迎合一些西方政客的好感，多数中国人并不欣赏这类艺术家。

相反，艺术圈内的交流因政治原因遭遇阻挠的，也不被圈内认可。大家的想法是一致的：艺术就是艺术，如果硬要介入政治矛盾里，并非好事。

据说中国美术馆的正厅自新中国成立以来被批准接待的西方大师只有两个：罗丹和这次的夏加尔。但是罗丹画展的命运很不好，那时正值中法关系紧张，甚至展览都不允许事前宣传。中国这种政治管理艺术的方式令西方人不解："罗丹是世界公认的艺术大师，与今天的中法政治有何相关？"

我知道，我面临的不是普通的沟通问题。它超过了一个小小的画家所具备的解决能力。但是我深知祖国的力量是什么，我请求美术馆向文化部报告："我不仅是画廊代表，我还肩负中国使馆委托的回国将这个工作沟通好的重任。"在国外，中国使馆就是国家的象征。

这一招果然灵验。

几天后，王明湖愁眉苦脸地找到我："画展是批了，但是不允许召开新闻发布会，我们已经上报五次了！"

一个汇集了100多幅原作的世界大师的画展第一次来中国，其中一小幅的保险费就达百万美元！就算不论总保险额是多少，单从不同的世界收藏家手里，一一做工作将这些作品集中起来，就是一项多么困难的组织工作，居然不允许宣传？那为何批准展出？

这简直是没有道理的决定。

我相信，一定是哪个环节出了问题。

但王明湖不这样认为，他身在其中见怪不怪："罗丹展览的时候，赞助方提供了500万，最后仍然没有召开新闻发布会，只能悄悄地展出。"

时间不允许再反复了。

对于国内美术圈来说，那个年代这样重量级的世界艺术家原作展到中国是很难得的机会，居然不让大家知道？我不能等到政府官员都明白后再组织宣传，那时黄花菜都凉了！

中国有些事情很奇怪，各行各业总是喜欢设立一些外行管内行的机制，其中许许多多机制让外部世界感觉不可思议。

我去找中国艺术研究院美术研究所研究对策，所长告诉我："小华，你出国几年来，国内变化很大。没有经费很难请到这些专家来开会和写文章。"但我不这样认为，如果国内美术圈了解我们是何等艰难地帮助中国美术圈开阔眼界，看到难得聚集在一起的这么多夏加尔原作来中国，一定会被感动的。我深信没有经费绝不是问题的关键。

尽管如此，所长答应帮我试一试邀请一些专家。

我必须首先说服一些有影响力的专家。我先找到中央美院邵大箴老师求助，果然邵先生愿意鼎力帮助。后来陆陆续续地凡是通知到的专家们都表示支持，没有一位提报酬，而我连自己买面包的钱都没有。

我心中有底了。再次与王明湖研究对策。王明湖是一位很正派、很懂得

年轻时的范迪安（左二）参加中国美术馆举办的
夏加尔画展学术研讨会

专业的展览部主任，他很清楚怎样充分利用他的地位去争取。

我请他将递交给上级的报告给我看一看。什么内容也没动，我只是提议将题目"新闻发布会"改为"记者与评论家研讨会"。

在中国的办事规则中，不同题目意味着不同性质——终于被批准了！

在没有经费的情况下，我们的新闻发布会计划邀请60名记者，结果来了88位——一律没花钱。

我们在中国美术馆召开的学术讨论会，国内顶级专家几乎没有不到的——同样没有任何经费，却丝毫不影响大家热烈参与！

时间紧迫，我们张贴在中央美术学院、中央工艺美院的夏加尔画展招贴画出现令人惊讶的命运：上午贴出去，下午被偷；下午贴出去，晚上必定消失！学生们对这个招贴爱不释手，我们毫无办法，只能不再贴画，只写文字通知。

所有工作在有条不紊地推进。

开幕式前，另外一个公关难题还没有解决：夏加尔著名的石版画展原定在王府井大街的皇冠假日饭店画廊里展出，但是不知道什么原因，中方董事长刘迅先生一听到夏加尔画廊就赌气不见。

日子一天天逼近，我不得不想办法迂回促使刘老见面。

许许多多的海归都遇到过这样的问题：中外文化不同，很多时候往往不是靠翻译能够解决问题的。不知道法国使馆是怎样翻译给刘迅先生的，中法画廊之间看来误会不浅。

我充分发挥了自己了解双方文化的特长，急速公关和协调。就在画展开幕的前三天，我终于促使夏加尔画廊老板紧急飞到北京与刘迅先生握手言欢。

终于一切搞定，还剩3天时间。画廊紧急从巴黎连夜空运复加尔的石版画，其中有著名的《死魂灵》一书的插图原作等重要作品。这边皇冠假日饭店画廊连夜操办一切用品。双方的工作都进入"救火"程序。

然而一个很棘手的问题出现了：

这类世界级别的著名作品，法方不肯冒险过海关，万一出关被扣留，那价值昂贵的艺术品保险费将成倍增加，无法估算成本。如果要合法出海关，必须办理文化部的批件，而办理文化部的批件则需要整整一个月。但这个展览要配合中国美术馆的油画原作展，必须三天时间一切就绪，否则无法同时召开开幕式。这次的开幕式非同小可：除了法国政要们要来中国，还将有100多幅珍贵的原作收藏家们从世界各国来到北京，礼节上根本不允许厚此薄彼。

这种紧急情况是所有人都无法预料的。

大家都僵住了。无论领导还是外方，都不知所措。因为请柬早就印刷好发出去了，对许多重要嘉宾是不可以儿戏的。

大人物们都躲开了，却急坏了皇冠假日饭店画廊的张经理。

张经理找到我，问能不能找到救急方案。

我正忙于中国美术馆的大展览开幕前的所有琐碎小事和大事。我必须先保证作品顺利出关到达美术馆。中国美术馆已经联系一支解放军队伍做安全保卫，他们已提前进驻美术馆，然后双方要推进系列的核实交接程序。忙得我晕头转向。

张经理的紧急情况也必须处理。

我终于想出一个应急办法，告诉她："别找领导了，没有时间，谁都不会在这时候去帮你申办批文的。只有一个办法：找到承办中国美术馆作品出关的公司，用他们的批文。"

"这能行吗？海关可不是闹着玩的地方！"

"只能告诉海关：这次展览分别在两个地方，我们没有说谎。"

没有其他办法，只能照此一搏了，后来居然奇迹般通过了！

但事实上最终海关没有让我省心。一个更大的风险在等待我们。

我和法方总经理 Mr. Path 先生一行一起来到海关，当晚夏加尔的100多幅大型油画原作将到达首都机场，这是大事。我们早早地来到海关等候，同时解放军部队已经进驻美术馆等待接应和保卫这批作品。

飞机终于落地，比预定时间晚了一个多小时。原本飞机晚点是常有的事情。可是偏偏那天晚点晚在下班以后，拿着文化部批文的海关代理公司下班了——这就意味着没有这个批文，海关不允许出关。而这么多的世界精品停留在海关，在这个场地和这段时间是没有保险公司的保障的。

中方仅仅调动军队在美术馆内部设防，并没有在海关派遣军队保卫这批画，这是谁都没有想到的意外。

情况越来越严峻，因为海关的人陆陆续续也走光了。空旷的飞机场上存货的广场也关上大门。如果这一夜下场雨，对那些晾在机场内的油画作品来说可是真正的天灾！这个环节没有保险，这场事故将立刻成为世界新闻！

天黑了，中方只剩下我一个人，不可能找到手拿批文的海关公司，没有人知道他们的联络方式；不可能找文化部长再拿批文；不可能派遣军队前来广场保卫；更不可能到商场去买些苫布盖好这批艺术珍品。所有可能的解救办法都无法当夜实现。况且，美术馆的官兵们还在等待交接。

外方代表显然急了。全世界展出也没遇到过这种情况，他们只能依靠我。

我找到海关最后一名下班的小姑娘，说明情况，告诉她我要找海关关长。如何能够找到他家的地址？这个要求显然太唐突了，海关关长家的地址是能随便给的吗？

天无绝人之路！恰好这位姑娘知道海关关长今晚要出席一个舞会，她知道舞会地点在哪里。

我们一行来到舞厅。我将海关关长请出来，诉说了当晚的严重问题。

我强调了这批作品的世界影响，强调没有在海关这一夜的保险，如果出事故，将会导致很严重的后果。

关长问我："你没有批件，能否有文化部的介绍信？"

"没有。现在就是找到文化部长也来不及了，还要办公厅的人才能开介绍信，半夜三更到哪里去找这些官员？"

"那我怎么能相信你们？"

"没有任何证明，只凭您对我的信任。但是如果出了事故，可别说我没有告诉过你！那时海关同样有责任，因为这批东西是在海关出的事！"我将全部严重的责任转嫁到海关。毕竟他还是领导，我却任何权力都没有。

这道难题确实难坏了这位领导。

最后，他不得不拿出非凡的胆量，要求我交给他两个护照做抵押，全部提走这批作品。半夜三更，我们终于连夜提走了这批画，运到中国美术馆。解放军早已各就各位等候多时了。真是有惊无险！

我回到家告诉我先生这个传奇结局。我先生大吃一惊："这怎么行？这有渎职的风险！这么贵重的世界名画，万一你是个骗子就这样轻易取走这么多画，立刻会成为世界头版新闻，不亚于卢浮宫被盗！"

也许是夏加尔的灵魂到中国水土不服，意外一个接着一个！

第二天，我们还没来得及从昨日的事件中清醒过来，又一个紧急的重大事件来临：由于中法关系紧张，中国方面停止一切有关法国的友好举动，包括宣传和接待。而法国方面希望缓和与中方的关系，派来一个高级代表团：由著名的法国"基辛格"阿兰·佩雷菲特先生带队，包括法国参议长 Mr. Monory 夫妇、戴高乐的侄子 Mr. Charle degaul 等高层人士。

阿兰·佩雷菲特是有远见的政治家。在法国制裁中国期间，当政的要员中，只有阿兰·佩雷菲特坚持这样的观点："中国是一头将要睡醒的雄狮，将会震惊世界的。"这在当时对中国一片悲哀的国际舆论中，是不一样的声音。

他显然是带队来与中国人讲和的。据我所知，夏加尔画展的来华准备工作已经一年，但这期间法国驻华大使一直很少与中国官方接触。

画廊将这个高级代表团的来访看作是非常重要的一个机会，要求我努力争取这个机会扩大宣传。法国使馆也及时安排这个高级代表团先来参观预展。这对于宣传展览确实是最好的机会。

我既是这个展览的画廊代表，又是中国人，深知面临的是什么局面：我左边是中国艺术圈热情澎湃的期待；右边是中国外交部冷若冰霜的低调。通常中国人会选择的是：多一事不如少一事。

贵宾们前来参加夏加尔画展

我冷静地想了想：怎么办？答案是：凭良心吧！

我先请中央电视台的记者们将机器架好，躲在后面。媒体和美术圈是一样的热情，但是没有中国政府的批准，谁也不敢乱来。

这种紧急时刻，如果走正式渠道批准采访，肯定没戏。时间根本来不及。外交部在忙他们自己分内的事，中法局面尚未打开，谁会为画展冒险？

预展开始了。

美术馆实行严格的戒严，不允许外人进。

法国的几位高级人士和中国外交部官员走在前面，后面是法国代表团成员，信步走向美术馆中央。没有闪光灯，没有记者，没有任何其他人。戴高乐的侄子酷似戴高乐将军的面容立刻引起在场的中国人的注意。

带队的阿兰·佩雷菲特先生显然对夏加尔了如指掌，细细品味和介绍了他的所见。他惊叹如此著名的法国艺术家的 100 多幅作品竟然能同时在中国看到，要知道在他们自己的国家也没机会同时见到这么多的原作。

有人介绍了夏加尔画廊的运作和组织工作情况。作为画廊的中国代表，我不失时机地走向前，心中怀揣着美术圈同行们的心愿，当着法国大使先生的面，当着阿兰·佩雷菲特先生的面，转向旁边的中国外交部官员："您好！我是代理夏加尔画廊的中国代表，为组织这个展览来国内，可谓历尽千辛万苦。我们的媒体朋友们都期望采访一下法国朋友，请问是否允许？"

这样的外交场合，无论外交部还是美术馆的领导都无法当着外方嘉宾的面去说"必须经过批准"之类的话。

外交部陪同官员略犹豫一下，回答："可以采访。"

呼啦啦，躲在里面的中央台记者突然冒出来，架好机器。当晚新闻就播出了！

"禁止新闻发布会"的禁令不攻自破！

我们组织了中央电视台的 5 个专题节目、全国 44 份报纸发表了重要的报道，我们充分利用了国家的声音，将画展的消息传给了外地的同行们。四川、广州、上海，南方、北方——前来参观的画家朋友们来自祖国各地。我所有努力的唯一目的，就是为同行们争取一次难得的艺术盛宴。

一场火救完，马上另一场跟上，这就是夏加尔画展在中国的命运。

第二天，法国使馆通知我，法国参议长夫人要在第二天来参观，由大使夫人陪同，希望我能在场接待一下。

但就在我在画展现场等候的时候，法国文化参赞再次通知：参议长夫人不来了。我急忙去安排开幕式前所有未完的事情。

等我再回到美术馆，负责人正急得团团转："你到哪里去了？我们都不会讲法语，法国参议长夫人和大使夫人来参观，没

作者（左）、央视记者（左二）、阿兰·佩雷菲特（右）

有一个人能够接待，太不礼貌了。"显然，法国文化参赞误传了消息。

我能想象大使夫人在他们国家领导面前会是何等尴尬。试想如果中国高层领导人出访，在语言不通的国外被晾一个上午会怎样？

我紧急询问参议长夫人何时离开北京，回答是："今天下午乘飞机回国。"

我迅速想对策，不能让人家感觉中国人如此无礼，尽管不是我的错。

我急忙回家拿出一幅齐白石的复制品国画，迅速要求文化部翻译一封非常礼貌的信，请求原谅我的不在场，并亲自送到使馆。

我拿着包装国画的圆筒走进使馆区，被警卫毫不犹豫地拦下。这时我才意识到，这圆筒确实很像恐怖武器。

眼见一辆辆黑色轿车从大使馆里面出来前往机场，有一些便衣打前站，我立刻走上前对一位法国人用法语解释这是紧急礼物。

我完全没有想到，我这次危机公关举动，成就了后来我与参议长夫人之间建立起了不同寻常的友谊。

这次法国高级代表团来华，外交上已经显示了法国的态度，但中法关系仍然处在一个微妙的时刻。

按照中国的习惯，这类世界级别的画展开幕式，文化部领导应当出席。而第二天的开幕式如何组织，是什么规格，直到画展开幕前一天仍然没任何消息。没人愿意去触及这个敏感问题。

我原以为这类组织工作应该井井有条，完全没想到还没有文化部的决定。况且，明天开幕式后的晚宴，我们必须按照嘉宾的规格确定桌位和排名。如果一位高级人士不确定，就意味着后面的几十个座位需要全部更改。

我必须找到解决办法。

当年的凡·高如果遇到我这样尽心尽力地去组织营销他的艺术品的人，至少他不会饿着，不会晚年如此凄惨。

我虽然心里在抱怨着这个难题不该我操心，但还是要想办法。

我又想起祖国的力量。

　　我立即拨通文化部办公厅的电话，简要说明我是谁，重点强调了我是中国使馆派来做这个展览的国内沟通工作的。我讲述了台湾地区的"副总统和十几位部长"曾经出席夏加尔画展，这次又是如何加紧要求夏加尔画展再次到台湾展出，而且准备出几百万赞助金，强调如果中国大陆对这样一个重要展览没有重视会引起什么样的影响，等等。这些都是中国使馆人员无意中告诉我的消息，我一一派上了用场。

　　我拨通这个电话时已经是临近下班时间的 5 点。

　　第二天早上，我收到文化部通知：共有三位文化部副部长出席开幕式。

作者邀请三位文化部长和副部长一起参加
夏加尔画展开幕式

　　至此，所有由政治原因造成的障碍，一一解除。

　　"夏加尔"在中国终于跑赢了"罗丹"！

　　历经一个月时间，从中法之间的严重沟通不畅，到开幕式的人山人海，我兑现了我在凡·高墓前的誓言。

　　开幕式的晚宴上，夏加尔画廊的老板使出浑身解数，从世界各地将夏加尔作品的收藏家们一一请到中国，聚集在皇冠假日饭店。

　　不知道外国人使用了怎样的传播方式，我只知道当我来到大家中间的时候，我很惊讶地迎接了一位又一位各国使馆的要人。

　　西班牙驻华大使馆文化参赞抢先一步找到我："夫人，你的事迹我们都听说了，我们西班牙有历史上最著名的艺术家，我希望请你来帮助我们国家的艺术家来中国举办展览……"随后，意大利使馆文化参赞也走了过来："夫人，我们现在就希望与您合作，能否与我们一起将另一位世界大师达利画展引到中国来？"

一时间我在外国使节面前成为一颗"耀眼的明星"。

开幕式下午5点开始，6点结束，7点晚宴开始。各国贵夫人们飞奔回饭店或使馆，为的是更换晚妆。这在西方高层活动中是基本的礼节。

但这种西方习惯还有一些中方要员不了解——这又给我出了一道难题。

我们邀请了很多嘉宾参加晚宴，但只有出席了开幕式的人，才能够确认参加晚宴。人太多，根本无法一一收确认函。这让我和画廊助理非常为难：如何确定主宾桌的座位？况且，在西方礼仪中，夫妇一般不相邻而坐，一般会安排男女依次相间而坐。

这就是说，只要有一位没到，全桌就乱了次序！

不知是谁制定的"西方传统规则"？我们只有30分钟去区别众多贵宾的身份，还要协调好这上百人的十几桌的排次。

就在这百忙中，最麻烦的事情出现了。中方文化部的一位官员代表文化部长出席晚宴，他显然不了解外事晚宴最高级的嘉宾必须是最后一个到场才礼貌，偏偏他第一个提前到场。

我们大家都在忙于协调座位，没人能抽出时间来陪同这位长官。没想到，这位长官可能看到没人陪同，一气之下不打招呼就离开了。

晚宴开始前10分钟，100多位国际贵客到齐，就像电影中的宫廷盛宴。这是国际艺术圈当时在中国最高规格的聚会。法方主宾法国大使和穿戴耀眼的夫人已经到场，而中方最高代表却迟迟不见踪影。我们紧急发动所有到场的文化部参赞，分头寻找中方这位贵宾。

晚宴一再推迟，中方最高级别的代表始终没有现身。

时间一分一分过去，已经超出常规，到场的客人们开始显示出不耐烦。

这种场合中外方都不设主持人，大家的目光渐渐集中到了我的身上。

我意识到，中方最高级的代表不会再来，一定是"离家出走"了，不能无休止地找下去。我悄悄走到法国大使先生面前，用法语低声说："刚刚文化部来一个紧急电话，中方长官临时有个紧急会议被叫回去了，他请求转达歉意和请求原谅。拜托您来做一个晚宴致辞。"

事实上这种善意的谎言令我很紧张，谁也不知道这位长官是否会在晚宴中途回来。我不得不在大使先生旁边的席位上留出座位。

但这显然对大使先生是很不礼貌的，因为其他人都可以彬彬有礼地与邻座的人边吃边聊，而大使旁是空座，主宾被冷落了。

我不得不一会儿坐在大使旁聊一会儿，一会儿再让开，不能动筷。万一中方长官中途来呢？我们将影响控制在最小范围，没有让100多位贵宾看出来。

中西方的不同礼仪，至今很多中国高层仍是不了解的。2009年，我为一个世界组织做顾问时，遇到一些部长级的领导，完全不了解西方文化，当众一杯接一杯地"一口干"法国高级葡萄酒。不仅如此，还坚持要求西方贵宾同样如此。西方贵宾们悄声传递"还不如杀了我们"的哀叹。

开幕式的第一天，积累一年的"意外风险"都集中爆发了。

为回报中方，法国大使先生邀请中方文化部部长等一行在大使馆邸出席晚宴。

事实上，中法外交在僵持一段时间后，中方同样需要在一个适当场合与法国缓和关系。毕竟绝交不是好办法。夏加尔画展无意间担任了一个外交工具的角色，如同当年中国的小小乒乓球。

在大使先生的晚宴上，我递上自己的名片。

"您已经太有名了，名片已经是多余的了！"法国大使 Plaisan 先生说。

然而，我的"危机公关"并没有结束。

晚宴结束后在咖啡厅里，当着众多法国贵宾的面，文化部部长毫不留情地批评皇冠假日饭店董事长刘先生："夏加尔的石版画展为什么没有经过文化部批准就进来了？"部长先生不了解当时事态的紧迫和特殊性。但作为部长，为保证外事程序被严格执行，追问此事并不为过。

刘老是美术圈一位德高望重的老前辈，并不清楚操作上的细节。当着众人的面，他显得面色难堪，有些下不来台。我急忙走上前，向部长先生解释了当时的情况，并解释说："一些宾馆经常组织国际行业大会，不需要申报中国政府批准。五星宾馆的上级单位不是文化部，没有上报的渠道，所以采用了'同一展览两个地点'的方案。"

夏加尔的作品

我为两位资深人士都找到了下台的台阶，部长脸上开始有了笑容。

第二天，中央电视台记者紧急找我："我们需要采访文化部部长，但是程序需要审批。办公厅审批至少要一个月，那时画展早就结束了，如何是好？"

我简直成了"中央办公厅消防队员"！

我随口说："就告诉办公厅说在开幕式中采访文化部部长只采访了一半，如果不能补齐内容，我们就将一半的采访播出去！"中央台记者如同拿到了尚方宝剑，欢天喜地地走了。后来他们再没有向我打电话求助，显然这个理由过关了。

夏加尔的画展期间，我们一共举办了四次规模很大的讲座。中央美术学院的讲座是徐悲鸿先生的儿子徐庆平先生主讲；中央工艺美院举办了声势浩大的讲座，是由邵大箴先生的夫人、著名的史论教授奚静之女士主讲。

为了听到来自基层的反馈，我回到母校中央工艺美术学院。我没有想到，大厅里人山人海，水泄不通。我艰难地挤进前面，需要拍个场面照片

夏加尔画展开幕式现场

为画展留下资料。

奚静之女士发现了我。她立刻中断了讲座，向大厅所有的听众大声介绍说："大家如此热望的夏加尔画展，就是我们这位尊敬的罗小华女士，历尽千辛万苦，为大家赢得的机会！让我们大家把热烈的掌声送给她！"

顿时，全场掌声如雷！

我被大家持久而热烈的掌声深深感动，掌声消除了我连日来所有的劳累，放松了我紧绷多日的神经，我太累了！为躲避大家要求签名，我在奚静之女士热情而投入的讲座中悄悄离开了，如同以往每次画展的热闹喧嚣之后悄然离开。这是我的习惯。

夏加尔回答了凡·高没能给我的答案："一位画家的成功，不能忽略他的营销伙伴的功劳，有时候甚至功劳的一多半属于经营者。上帝回报画家的同时，也给予千千万万的经营者荣誉和成功。"

我读懂了夏加尔，也读懂了凡·高。

遇见法国参议长夫人

轰轰烈烈的夏加尔画展结束了。法国大使特别给我送来了感谢信。我重新回到安安静静的生活中，成为一个不显眼的躲在角落的普通人。

我回到巴黎。

没有想到，我房间里的电话录音里有一段重复几遍的留言："罗小华夫人，您好！我是法国参议长夫人莫诺里夫人。我希望能够有机会见到您。能否请您下周五到法国参议院来？期待您的回复。"

这个留言已经过去一个月了。我没办法回复她，她已经回到距离巴黎较远的外省家里去了。

我来到夏加尔画廊。画廊老板如同对待一个凯旋的将军一样迎接我，因为他们没有想到我是如此 grande Super（高级）！

NAVARRA 先生专门找我谈话。他说，他们原先请使馆帮忙找一位中国画家协助这个展览，仅仅想请一个助手，所以给的待遇比较低。他完全没有想到我是如此的高级人物，有如此杰出的工作能力，他为曾给我那么少的报酬深感不安。

他们希望在任何时候，有高层次的项目仍然可以与我合作。

与此同时，他们转达了法国参议长夫人派人来画廊找我的信息。不在巴黎期间，参议长夫人总共派人找我三次，至今没有我的回音。

我很惊讶并很珍惜法国参议长夫人的这种"平民化"友情，我不能再沉默了。我从法国警察局了解到法国参议院的地址，给参议长夫

法国参议长夫人邀请作者在参议院见面

人写了一封信。不久，我房间里的电话响了。

参议长夫人热情地打来电话。彼此都十分激动，好像是认识多年的老朋友。

我清楚地记得，我就像老朋友那样在电话里请她写篇关于画展的文章，真不知我当时是怎么想的，而参议长夫人居然答应了。

我们两个约定了见面时间，她将专程从外省赶到巴黎来见面。

巴黎很多时候是阴雨天。也许是因为少见阳光，所以欧洲人皮肤白——这是我经常与欧洲人解释他们白皮肤的原因。

我来到卢森堡公园。法国参议院就在卢森堡公园的一边。参议院没有像中国高层机构那样戒备森严。法国总统府每年都开放一天，所有公民都可以来参观。也许这是他们认为的接近民众的方式。

我走进参议院接待室，一位参赞引领我到楼上。整个法国参议院的建筑装饰属于欧洲古典宫廷的风格，显然这里过去是贵族的古建筑。我的感觉就像自己是当年的法国皇帝或皇后接待的客人一样。

莫诺里夫人出来了，原来是一位和蔼可亲的夫人，让人顿生亲近之感。

夫人为我倒上咖啡，我们像老朋友一样叙旧。我们诉说上一次北京的不巧，夫人描绘当她从大使夫人手中收到我送去的画时是怎样地惊讶。我很满足于自己制造的这种惊喜。

夫人告诉我，实际上她给我的三次留言，分别是她三次来巴黎时留的。每一次都想着给我打电话，每一次我都不在，很令她失望。所以这次见面格外惊喜。

"我有两个女儿，你与我小女儿年龄相仿。我很愿意再有一位中国女儿。"莫诺里夫人说着说着大笑起来。我很受感染，高兴地说："好吧，我们照一个母女照吧，就算说定了！"我们都很重视这张"母女照"，请服务人员调整几次才算满意。

莫诺里夫人也给我准备了一份惊喜。她拿出一个精美的信封，请我打开。我打开一看，是一张非常讲究的信纸，周围是花边形的特制的信纸。

法国人对于信纸是很讲究的。我记得巴黎拉德芳斯市长送给我的生日礼物就是一个很著名的出版商为我专门定制的印有"罗小华"抬头的高级信纸。那是拉德芳斯市长专门为我精心设计的，这种体贴很让我感动。法国人有种很好的文化，就是善于精心制造一些令人感动的意外惊喜。

我打开信纸，是一篇夫人手书的工工整整的参观夏加尔画展的感想文章。我真的很惊喜，完全没有想到夫人会如此认真。看到我惊讶的样子，夫人有些不好意思，就

法国参议长夫人亲笔为作者写的画展观后感

像小学生认真完成的作业，等待老师的表扬一样。

我们似乎有说不完的话题。天渐渐黑了，分手前我们说好保持联系。

我为莫诺里夫人的纯真与亲切所感动，写了一篇文章发表在《欧洲时报》上。

我完全没想到的是，我们下一次的联系，竟然会由于那样一种特殊原因。

我完成了预定的访问任务，在法国将不再有理由继续获得临时居留证和往返签证。除非获得法国国籍或者在专门的法国机构办理纳税工作证，才有可能争取成为法国永久居民。

我不属于这两类。这也就意味着我一旦回国将很难再有机会来法国。

但是，我与画廊还在合同期，我不能毁约取走我的全部作品中途回国，哪怕回国上班，也需要在必要时来法办理画廊相关手续。我不得不试图去获得往返签证，而唯一办法就是获得在法国的永久居民证。

我来到巴黎警察局。一些警察很不礼貌，他们敌视千方百计想留在法国的外国人，因为那样就意味着这些来自穷国的、不纳税的人要与法国人争夺社会福利。

我很不自信，感觉好像在向人家要"福利"。其实我仅仅为完成我的画廊合同。我并不想要不属于自己的东西。

我小心翼翼地介绍我的情况。

果然，一位女警察恶狠狠地训斥我一通，简言之："NO"。

我没有被女警察吓倒。我想，也许长官态度会好些。

下班了，我仍在等候警察局的负责人。

我终于等到警察局长。她接待完贵宾后，发现我在门外，尽管门上贴着明显的标志——"禁止公众"，女长官一脸的疲倦，还是礼貌性地问我："有特殊事情吗？"

听完我的叙说，我被破例允许进入她的办公室。女长官将电脑打开，找出我的材料并为我解释：

获得法国十年居住签证有很大的难度：

1. 外国的高级人才可以申请法国国籍。（别国付出成本培养的高级人才被法国所用，当然合算。）

2. 外国的普通人才很难获得法国居民证，有严格的技术指标控制。只有满足很苛刻的条件才能获得批准，因为这将意味着他虽然前半生没有为法国贡献税务，却可以在后半生获得法国国民社保待遇（法国支出）。很多中国人在法国工作了十几年，甚至几十年，即使每次都足额交税也得不到永久居民证。

根据我在巴黎警察局的记录，女长官认为我是高级人才，建议我申请法国国籍。我恰恰不愿意更换国籍，我认为中国国籍很好，但我需要法国签证。

时间不等人，如果我短期内不能成功，我将不得不回国，不再有机会完成自己的画廊合同。我想起女长官说的"高级人才特殊政策"的内情。

怎样才能向法国警察局证明自己是"高级人才"呢？

警察局不会熟悉画廊圈，更不会看画廊证明。全世界的艺术家都来法国，巴黎不能接收全世界的画家——这肯定不是好理由。

我终于想起法国参议长夫人，她能证明我。

我给法国参议院写了一封信，附上我的"母女照"。很快，我就收到法国参议院的专函，我只记得最后一句话："我们将会做出一个有效地参与。"

此时我的签证期限已到，我已经成为"黑户"，我只有立即回国。

半年后，我如约回巴黎取我递交给警察局审核的材料，正常结果应当是"结束法国临时居留回国"或一通解释。

我绕过那些容易"发脾气"的敌视外国人的警察，从另外一个门进去。我实在不愿看那些法国警察流露出的"赖在别人家不走的"不友好的眼神。

当我走进指定大门，刚将姓名报出，立刻从里间的屋子走出一位衣冠楚楚的长官，双手捧着一张崭新的法国十年居民证，毕恭毕敬地对我说："夫人，我们派人找您找了半年，一直找不到您，请您接受这个居民证，法国欢迎您。"我的原则是保留中国国籍，法国完全尊重了我的意愿。

这是法国参议长夫人为我悄悄准备的又一个极大的惊喜！

作为一名中国人，我在法国深深感受到友好和尊重。

我喜欢这个第二故乡。

十年后，北京"人口爆炸"，北京市政府组织市民建言。我将从法国警察局学到的人口管理经验献上，被某位不敢写名字的"法国留学生"指责为"骗子"，说法国从来没有这等事情，一时引发众多不知内情的网友的攻击。

一般的"法国留学生"如何了解法国深层管理的内幕？我没有理睬这位朋友，因为城市管理、国家管理和家庭管理是一样的，没人愿意自己的家混乱不堪，放任自流。

我爱法国，更爱中国。

炸弹与小偷

来巴黎的这些年，我有过几次很特别的经历，很体现法国人的文化。

我在法国总共碰到过四次炸弹事件，不在战争期间而是在和平年代。

第一次，我正陪同由中国一位部长率领的代表团，在某某大街的 76 号大厅参加酒会。翻译带领部长女士略微晚到——这很符合法国的外交习惯，这种场合重要人物一定要晚些到才显得礼貌。

为了能够顺利周到地安排好这次活动，我提前到达酒会举办地。

我来到某某大街，找到 76 号。令人奇怪的是，相隔不远的 78 号门外有许多警察和警车。我不禁走上前问了一句："请问这是做什么？"

法国警察毫无表情地说："取炸弹。"

我慌了，这是我组织的活动，可不能出事！设想一位中国部长在巴黎遇难我将如何交代？

我急忙走进酒会现场，对法国负责人说："很抱歉，外面的 78 号在取炸弹。太危险了！是不是需要临时改地方？"

我得到的回答是："不，已经来不及通知来宾了，不要变了。"

按照中国人的思维方式，当然要撤，这可不是修马路！

最终，我无法改变法国主办方的决定，只好等中国部长到达。匆匆与外方进行礼节性的拜访后，硬是将部长提前劝离了酒会。

第二次炸弹事件，发生在我组织中国代表团出席戛纳广告节那年。当时法国地铁频频出现炸弹，电视、报纸频频报道，警察安检搞得很紧张。

但是中国代表团不紧张，因为他们不懂法语，完全不知道发生了什么。

当中国代表团高高兴兴地坐上地铁，顺利到达目的地的时候，完全不知道就在紧邻的地铁线上刚刚发生了一次炸弹爆炸。随后的广播报道说："炸死 22 人。其余地铁的乘客没有慌乱，静静地按顺序走出地铁。"天哪！

如果这件事发生在中国怎么可能"静静地走出"？

我吓得出了一身冷汗，唯恐代表团有半点闪失！

第三次炸弹事件，是我亲身经历的。那一天，当我走进地铁，不知道为什么地铁里面没有人。再往里走——浓浓的、黄色的烟雾弥漫了整个车厢，很恐怖，空旷的地铁里只有我一个人。原来刚刚炸了一个炸弹，人们都走光了，我却进来了。

第四次路遇炸弹则颇有"法国文化色彩"。

那一次事情发生在我从巴黎去布鲁塞尔讨论工作的火车上。

清晨，人们带着蒙眬的睡意，无声地进入火车。

这列火车是最现代的"子弹头"，车上的客人多数是赶到布鲁塞尔上班的"早客"。

不一会儿，一位法国男子上了火车，坐到我的对面，我们两人共用一个小桌子。我能看清他的面孔。

这位男子中等个头，文质彬彬的，把一个旅行袋放在顶上的架子上。

因为早上起床早，我们没有说话的欲望。

8 点 10 分，火车该开了，但没有动。

8 点 20 分过去了，火车还没有动。直到 8 点半，一队警察持枪上了火车，径直走到我跟前。

我吃了一惊，发生了什么事情？

警察们来到我们跟前，没有理我，而是转向对面的法国男子："对不起，我们需要检查一下您的旅行包，请您打开一下。"

"为什么？ 为什么只检查我的旅行包？"法国男子不同意。

"抱歉，请您配合一下，我们需要检查。您看到了，火车无法开的原因是我们需要检查您的包。"警察耐心地反复解释。

"不，你没有权力检查我的包。你不说出来为什么，我就不配合。"

警察犹豫一会儿，终于说："因为有人举报您的旅行包里面有炸弹。我们不得不检查。"

在法国所有的公共场所，大家都小声说话或者不说话，以防打扰别人。这段对话几乎让全车厢的人都听见了。

我原以为会发生骚乱，然而，这趟列车的乘客们安静得好像什么也没有发生。

警察与男子僵持着，火车仍然不能开。

法国男子不紧不慢地说："您……没有……证据……所以……您……无权查我。"

根据法国法律，没有搜查证，就不能搜查。

原来这就是火车迟迟不开的原因，警察进退两难。

僵持半天，警察终于妥协了，下车了。没有乘客说话，更没有乘客闹。

火车终于开动了。

我没有下车。我已经融入法国文化，尽管"炸弹"很可能就在我身边。

火车开到中途一站，我对面的男子起身，拿起大家都看得见的旅行包，准备下车。

坐在我旁边的一位中年夫人笑眯眯地对这位男士说了一句："您将炸弹带走吗？"

"是的。"然后一切恢复了平静。

这就是法国文化。

有些中国人的"火气"太大，动不动就生气上火。马路上、公共场所，经常看见有人因为各种小事情吵架。

似乎法国人吃了"泻火药"，不管遇到什么样的事总是心平气和。

我曾在法国地铁碰到不相识的年轻人朝我身上撒面粉，毛料大衣上的面粉很不容易掸下来。我刚想生气，就发现周围不少被撒了面粉的人没有生气，只是笑眯眯地将面粉掸掉而已。我学会了"文明"也不生气了。后来知道这天是当地的一个什么"节日"，不可以生气，尤其不要和年轻人生气。

巴黎圣诞夜，一过12点，马路上会有姑娘们叽叽喳喳乱叫的声音。原来圣诞夜一过，任何人都可以在马路上亲吻不相识的姑娘，姑娘是不可以生气的。

巴黎的"小偷"也是另类的。我就亲身感受过"巴黎小偷"的"文明"。

那一次，我准备乘下午的飞机回国，上午我去保险公司查自己的保险。

快到中午时分，我坐地铁回家，准备拿上行李去机场。

就在我出地铁的时候，一位男青年迅速贴到我身后。我立即明白他没有买地铁票，希望蹭我的车票一起挤出自动关卡。

这是我们常见到的事情，很多人逃票，主要是年轻人。一旦被地铁监察抽查到"逃票"，就会被毫不客气地罚一年额度的票款，这是规矩。

尽管如此，我还是非常同情那些"逃票"的人。

我对身后的年轻人问了一句"准备好了吗"？因为票进入关卡后打开的时间只允许有一个人通过，要逃票，必须配合默契行动迅速。

我们顺利地通过关卡，也就一秒钟。年轻人立刻离开了我。

出了地铁正好是超市。我习惯地去准备买些国内买不到的食物带回国。

没想到交费的时候，我突然发现自己的钱包不见了。

左思右想，只有地铁逃票的小伙子是唯一的犯罪嫌疑人。

我只有 30 分钟时间，可是我的钱包里有我的法国居民证。这就是说，如果我不能及时找回我的身份证，我从北京再来法国就不能过海关了。因为法国居民不是靠签证过海关而是必须用有效的身份证。

30 分钟，我能做什么呢？法国小伙子无影无踪！

我已经熟悉了法国文化，熟悉了他们的"文明"。

我利用最后的 30 分钟去地铁站，到地铁售票处，告诉他们："我丢失一个钱包，里面有我的身份证，而我要乘下午的飞机回北京。如果找到我的钱包请与我的房东联络。否则我就无法回法国了。"我又到警察局报案，尽管这也许没有用，但这是法国公民必须做的一个程序。然后我飞回国内。

两个月后，我在北京拿到了我那张被偷走的"身份证"。

不是警察帮忙，更不是地铁站为我特别搜索，而是我算好了。那个小偷一定会想办法将我的身份证送回来，我只不过是通知地铁帮我收一下。结果正如我所料。

小伙子（我不愿意叫他小偷）在拿走我的钱包后，将钱取走，然后将身份证、名片和钱包内所有的东西"拾金不昧"地交给地铁站。

地铁站找到钱包中我房东的电话，通知他取身份证。为了保护我的利益以防万一，地铁站要求我的房东出示他的身份证和我传真给他的一份委托书，然后到警察局领取我的身份证。

两个月后，房东回国度假，将身份证送到北京。

遇到这种事，不了解法国文化的人一定不知道该如何利用这最后的30分钟，而错过机会将意味着后面补办一个身份证将要面对许多的麻烦。

法国小偷已经有了"文明"口碑。

我的一位台湾朋友在法国大学当教授。一次，她被一个年轻人抢劫了，她没有年轻人跑得快，只能大喊一句："我的钱包里还有身份证！"

法国人都知道身份证随时随地需要使用，是最重要的东西。

没过几天，抢劫者将教授的身份证按照地址挂号邮寄到她家里。

更有甚者，一位武汉大学的留学生有一次被偷后，小偷不仅将钱包里面的身份证邮寄到他家里，还将钱包里看病的发票邮寄到保险公司；保险公司将报销的钱汇到他的银行账号上。真是服务周到。

国际大奖——中欧不同的价值观

2000—2020年这个时期的中国艺术市场，被推崇的著名国际艺术大师有三位：一是世界著名艺术大师安迪·沃霍尔，他是波普艺术的领袖；二是世界著名艺术大师赵无极，巴黎两所顶级艺术学院之一巴黎高等装饰艺术学院的教授（据当时学院的法国老师和同学告诉我，似乎报考高等装饰艺术学院的难度，远远难于巴黎高等艺术学院）；三是艺术大师吴冠中，任教于中央工艺美院装潢专业系，而不是中央美院绘画系。

上述案例可以看出大师不一定是美术学院出身，而不少来自装饰艺术学院。相比之下，似乎传统意义的工艺美院和装饰艺术学院的学科，不仅要学习国画、油画和版画并要求有成熟的技巧，而且要学习更丰富于"美术学院"专科的"多学科营养"。学习"全科技巧"的学生，具备各种绘画技巧；后者则侧重用"专科技巧"来做主题，因为他们擅长某种技巧。两者不同的表现形式没有对错，中外历史上都有"大师级别"的案例。我因在中法几个专业学校学习过这两种形式，很清楚这种关系。

这就是为什么我后期能帮助很多中国广告行业与国际接轨的原因。一些业外人士以为我是不是"转行"了，这原本就是一个艺术大行业。在中国的早期，广告就是装潢专业，无论庞熏琹、吴冠中，还是安迪·沃霍尔或赵无极，都在这个专业里耕耘过。

1995 年在巴黎海关，一位气质出众的老太太在一群中国人的簇拥下被法国警察拦住了，进行了长达 45 分钟的审查，仅仅是因为某种怀疑，在戴高乐机场被人围观。

旁边中国使馆的工作人员告诉我，这位老太太是中国广告协会会长杨培青。杨会长德高望重，头脑灵活，却不会说法语，在巴黎机场很无奈。

我走向前，向法国海关出示了我刚刚拿到的法国参议长夫人与我合影的照片；我是夏加尔画展的特约代表，被夫人特邀参加参议院私人约会并合影留念。我向警察阐述，这是中国的一位部长，如果没有正当的理由，不可以如此不礼貌。显然，警察还是被"法语"的解释说通了。

杨会长很生气，第一次来法国就有如此的误会和遭遇。我向杨会长说："我试试把他们的外交官请来，您可以用中文出出气。"

几天后，我在香榭丽舍大道举办一个晚宴，邀请了所有欧洲广告界巨头出席，同时邀请了中国使馆官员和法国外交部官员尼古拉-沙毕先生。

晚宴上，杨会长对我说："我们是第一次出国，中国广告行业的最高级别的领导都来了，因为不熟，一直在一个欧洲广告集团的子公司转悠。没想到，在这里见到了所有欧洲广告圈的高层！"然后转身对中国使馆的文化处官员说："我们请小华做我们的顾问，回国再补办手续。"法国外交部尼古拉–沙毕先生被我安排在杨会长身边，他代表法国连连道歉，被杨会长狠狠地"骂"了一顿。

中国广告协会会长杨培青（左）、作者（中）和戛纳广告节主席罗杰先生在广告大会上

作为巴黎高等装饰艺术学院视觉传达专业的访问教授，我担任中广协顾问应该算"准确对口"。我在忙自己画展的同时，肩负中广协的欧洲交流任务。对我来说，艺术家脱离生活体验去创作才是最可怕的事情。

1996年回国期间，杨会长为我引荐了戛纳主席罗杰先生，并希望我为中国打开"戛纳大门"。这是我在巴黎成功地用中国古典艺术打开"巴黎艺术大门"之后又一个帮助"中国艺术走出国门"的使命。作为中法之间的专业人员，我责无旁贷。

深埋在中国广告行业艺术创意部门的"美院学子"们，很多是我中央工艺美院期间的师兄师弟，这不只是国家官方组织的一场活动，我能为学友和同行两肋插刀。

国内派往法国戛纳的代表团，前几批是国内数一数二的顶级公司和集团，大咖集中在我负责的专业交流旅行团里，与这些"文人大侠"共同度过了15天的欧洲之旅。

万万没想到，国内业界期待"获得国际大奖"的结果是：全军覆没！

第一年全军覆没！第二年全军覆没！第三年全军覆没！

每年全国组织代表团的经费是几千万元，在那个经济紧缩的年代，这不是小钱！

关键是，国内专业圈子被这种惨败搞得晕头转向。

大量的研讨会、媒体报道、争议，业内的各种八卦，扑面而来，在我出席的国内各种研讨会上，似乎都想从我这个"独木桥"中找出答案，因为国人在外难与大赛的核心层接触，他们几乎没有交流的机会。

于是我和留法的翻译一起找原因。同样的中国艺术元素与国际接轨，为何我的中国古典题材被巴黎画廊和收藏家们接受，同样出自中国美术学院的设计在国外大赛上全军覆没？

最终我发现一个原因——评委群体。同样留学法国的翻译发现，戛纳广告界的评委，多数是地中海周边的一些小国家的专业评委，没有公布这些评委的资质或成果业绩，也没有渠道了解这些评委依据的规则是什么？甚至我走访了所在的巴黎高等装饰艺术学院著名的法国教授们，提及"戛纳广告大赛"，居然很多著名教授不知道！

这个世界多么奇妙！一些小国家相当于我们的一个省，几个"省里"的几位专业人员，决定了你的作品的命运——在偌大的中国市场，像推崇上帝一样的那个大奖！而且这个奖换个场地到中国，居然能赢得很多客户！

我专门走访了欧洲广告之父、世界广告创始人的公司——"PUBLISIC"，拜访了总裁 Marcus 先生。

"PUBLISIC"的创始人 Mr Plostan 是世界广告之父，是他从"广播可以穿插广告效果"中发明了广告载体；在欧洲广告史上也记载了这个创始人的发明。

我因此安排了杨会长一行与广告之父的合影，照片拍摄于第二次世界大战期间 PUBLICIS 公司的顶层阳台上，这里也是戴高乐总统曾经的指挥部所在地。

Marcus 先生与创始人属于叔侄关系，是公司元老，也是欧洲广告历史的见证人。在 1995—1997 年间，在我组织的中国广告行业的老大、老二集团与欧洲广告行业的老大、和老二对接交流中得知，中国老大、老二每年的营业额不及欧洲老大、老二的零头。不仅是营业额的差距；中国广告业起步较晚，市场化经验的差距同样令人吃惊。

Marcus 先生是欧洲广告业的中心人物，他自然了解欧洲行业的核心思想和认知。我至今不明白，这几乎是我的父辈的广告大师，怎会与我有那么多说不完的话，我在他这里学到很多学院里学不到的知识。

他告诉我一个至今对中国人和中国市场非常重要的一个信息：

"你们中国人，太过于看重'获奖'了！其实，那个奖根本不重要！最重要的是，戛纳广告节的最后两天，那是世界巨头聚会的日子。"我被 Marcus 先生邀请出席他的客户酒会，这是一场很重要的社交活动。

之后，我接触到世界广告主联合会的理事长 Mr Adriaensens 先生，他给了我一个善意的重要启示：你们中国人，在很多事情上，花了很多力气关注第三重要的事，而第一重要的事，没有做！

我很震惊！我开始关注"为什么西方人并不看重国际大奖"，这个理念对中国，对中国市场意味着什么？

我应邀出席了 PUBLISIC 在戛纳大赛后期的聚会。显然，整个大赛的来宾，除了中国人以外，西方业内最重视的不是"奖"，而是"客户"！西方的客户不是中国艺术圈常挂在口头的"美盲"，很多甚至是超越了艺术创意者的高级审美家！

这个认识，对中国美术创意行业是多么重要，对中国美术学院教育又有何等的距离！

我为此与戛纳广告节主席罗杰先生发生了不小的争执。因为他从不安排浩浩荡荡的中国代表团参加最后两天最具含金量的活动，总是被安排出席最初两天没有重要来宾的活动，然后打发中国人回国，这是我不能容忍的。

很值得回味的是：我和戛纳主席的争议和分歧很激烈，没在国人圈中张扬，却在法国行业内引发传播和议论。法国广告协会主席以及世界广告主联合会的理事长等业内高层人士，一致出面站在我一边，批评戛纳广告节主席对中国的歧视做法。

当然，我相信戛纳主席在这些欧洲朋友的声音下，会逐渐扭转对中国的态度。

这是我要赞扬欧洲人的地方，他们不以"国界"而是以"公理"秉持公正的声音。

以后那些年，这些高层朋友对我敞开真诚的大门，多次无私地帮助我，为中国业界架起桥梁对接欧洲，发挥了无私的帮助，真诚地帮助中国了解欧洲学术氛围。我很爱他们这种学术的"正风气""正能量"。

联合国教科文的世界大赛评委规则

在巴黎圈了解到，欧洲这类大赛和大奖还有很多。国内认为戛纳广告大赛的大奖相当于业内的"奥林匹克"，我核实欧洲业内是否是这种级别，大咖们说："不能那样说。"也就是说，国内只看到一朵花，没有跨过山，山外其实有很多花。

于是我联系了国内比较容易理解的另外一个大奖赛——联合国教科文组织的世界招贴画大赛，组织者为 IGORADA。

我的事迹在法国的业内流传，成为当地的"著名人士"。当我走进联合国教科文组织评委会主席 Parinaud 先生的办公室时，主席先生热情接待了我。

Parinaud 先生和我商量，他们听说中国派来大批代表团，出席戛纳广告大赛，聘请我为大赛的中国专员，邀请中国艺术创意业的朋友参加艺术大赛。

我是有备而来的，我向主席先生讲，中国代表团浩浩荡荡参加戛纳大赛，却连续三年全军覆没。我陪同戛纳主席参观过中国设计的作品，罗杰先生很惊讶，认为中国的许多设计作品是具备水准的，只是存在评委会对中国文化的理解问题。

因此我提出，联合国教科文大赛是国际性的，必须尊重各国的文化。我不否认存在"艺术语言"的差距，但一定存在"文化理解"的误读。因为我是中国专业学院毕业的，同时是法国巴黎国立高等装饰艺术学院的访问教授，我很清楚这两种文化之间的差别，但这种差别并不妨碍我们参加评比。如果评委会成员全是西方人，再权威，又如何理解中国文化呢？比如说，一幅作品的题目为"八千里路云和月"，翻译法语或英语，就是"八千里路长，云彩和月亮"。完全不是中文的意思，还怎么理解作品呢？相反，如果评委会里面有中国的艺术家，也很可能不理解你们的作品。

最后，主席先生说："我明白了，罗。您是可以把我们的埃菲尔塔卖掉的！要知道我们这个委员会很权威，已经多年了。不过，我仍同意您的观点，请给我一些时间，我需要和评委们商量一下。"

我肯定地回复主席先生："如果不改变评委规则，我就不让中国代表团来。"

主席先生也很肯定地回复我："我一定请您做我们大赛的专员。"

不久，主席先生正式给我颁发了联合国教科文招贴艺术沙龙的中国专员聘书，并通知我，评委会接受我的建议：在尊重各国文化的基础上进行评选。

当年，我立即通知国内，组织系列作品的选拔。我的中央工艺美院的校友们积极参赛。

那一年，经我手选送的中国作品，就有6幅作品入围，两幅获奖。

中国的艺术圈和广告圈第一次扬眉吐气！

《北京青年报》立即拨通巴黎长途电话，及时报道了这个盛况（请见报纸照片）。随后《人民日报》《广告报》等都陆续发布了消息。

尽管我很了解，获得国际大奖不是第一重要的，但在国内，很难改变这个观念。

…………

此后多年，在我长期与PARINAUD主席的沟通和交流中，IGORADA评委会组织的评选规则改变了。改变评选规则后的IGORADA评委会越来越被中国人接纳。

2019 年，歌华集团组织"IGORADA"大赛，将大赛引进中国后，成为著名的"北京国际设计周"。在庆功十年纪念会上，我请来海归美协主席、原央美老院长潘公凯先生——作为四位创办人之一的元老，出席了纪念会。在纪念会上，我很欣慰地听到歌华集团总结十年"北京国际设计周"，为国内创下"8700 亿市值"。

当然"IGORADA"将继续与"北京国际设计周"合作下去。也许会合作 N 年，那时我们都不在了，但我为曾为祖国打开了一扇窗而开心。

庞熏琹导师给我的使命"开拓祖国空白学科"已渗入骨髓。告慰导师，也积累我的艺术人生！

北京国际设计周，歌华集团总裁李丹阳
为中央美院院长潘公凯颁奖

北京国际设计
周的高层学术
会议成员合影

走进 66 个国家成员国的世界组织——WFA

20 世纪 80 年代初，艺术焕发了青春，学院里艺术氛围浓厚。当年我向导师庞熏琹提过这样一个问题："当工艺美术教育脱离了社会需求，该怎样选择？"

庞老坦诚回答："我们的客户，就是我们的上帝！"大师在光芒万丈的追求中，能够这样冷静而客观地回答，是需要足够的勇气的。庞老回答了"客户和上帝"，但没有回答："上帝是怎样想？怎样看？怎样做的？"

1998 年，中国广告协会杨会长给了我一个重要使命："小华，世界上有这样一个组织，聚集了全世界的大客户企业，这些企业都是著名企业。他们每年举办一次不对外的非公开会议，中国一直没有在内，这对中国的经济和广告都很重要。我们需要知道世界在做什么？希望你能帮助中国进入这个组织，这个组织就是 WORLD FEDERETION OF ADVIERTISEURS。"

我想起了 WFA 理事长 Adriaensens 先生对我说过："你们中国的很多事情，花很多力气去做第三重要的事，而第一重要的事情没有做。"

我又想起位于总统府旁边的 CASTILLES 画廊，在代理我的作品中，几乎画廊的大部分客户来自欧洲的大企业，如法国电力老总、花旗银行老总，等等。

是的。自从我学习艺术、展示艺术，帮助国内与欧洲交流，从没认真思考过，无论是广告美术创意，还是画家的艺术作品，艺术家都是"出品方"。那么，我们的"买方"和"上帝"是怎样思考的？在他们的世界里，究竟是怎样的？

国际上的买家和藏家群体，究竟是不是中国的一位杂志主编描述的："当艺术家谴责企业家是一群愚蠢的美盲的时候，企业家在说艺术家是一群天才的白痴！"

一个企业不研究它的消费者，这个企业不可能成功；一个艺术家，不研究社会，不研究他的作品最后的买家，也许同样下场可悲。

中国的广告行业长期缺乏研究客户广告主，这导致中国市场的"天然瘫腿"。而"残疾"会直接影响市场的畸形，也许这就是 Adriaensens 先生所说的"第一重要"。

于是，半个世纪以来，因我的努力，在 WFA 的 1997 年的年报上，第一次出现有关中国的报道。

我走进 WFA，这 14 年的顾问生涯对我研究 2010—2020 年间中国艺术市场起到至关重要的作用，至少在"盲人摸象"的艺术大潮中，这段经历让我清醒地关注到了"大象的全身"。

也对我日后的艺术追求，奠定了新的方向。

艺术的视野一定是随着人的视野而扩展，生活永远是艺术提炼的源泉。

WFA 成立于 1953 年，总部设在布鲁塞尔，全称为世界广告主联合会。由于中文的局限性，无法把真正含义的"广告主"说清。中文中，在媒体上做广告的企业叫广告主。但国际商的 Advertisers 含义远远超出广告：定位应该是：市场调研，市场营销，市场促销，广告，大事件（比如，奥林匹克活动中的赞助）公关，法律，等等。即一个好产品变成好商品之间所有的内容和环节，合并统称为"广告主"。

这对中国是个考验，因为中国尚没有这样一个系统研究行业买方市场的机构和组织。

WFA 成立之前，美国广告主协会已存在半个世纪，法国也有 40 多年。1953 年，各国决定成立世界组织，相当于"各国广告主协会成立联合国"。

中国的差距在于，全世界的组织已经成立"联合国"半个多世纪，中国居然没有认识到"上帝们"想什么、做什么的行业研究。

无论是广告行业还是艺术行业，都存在买方 / 卖方 / 中间方的，这三足鼎立支撑着市场的格局。

在这个局面中，原本应该各自了解对方，换位思考，这样才能支撑一个"健康市场"。而我国呢？

从 1998 年任职 WFA 顾问到 2012 年我离开，已有 66 个国家成员国，共有两个委员会。一个是各个国家成员国的委员会；另一个是世界前 100 强品牌的大企业委员会。这些企业的品牌基本上深入上百个国家，因此他们需要"联合国"。

WFA 除了为各个成员国服务之外，还对接联合国、国际商会、WTO、联合国教科文组织、WHO 等世界组织中的企业商务传播这个部门，该部门的相关规则由 WFA 制定。

理事长解释过为什么布鲁塞尔是世界组织的集中地。作为比利时的首都，有 200 多个国际行政中心及超过 1000 个官方团体在此设立办事处，每年有名目繁多的国际会议在此召开。世界组织的作用之一，就是平衡各方为宗旨。

写到这里，艺术圈的读者一定会问，您是不是改行了？是不是与艺术无关了？恰恰相反，我深入到画展收藏家的群体中，要了解艺术更要了解艺术的收藏和服务的群体，如同企业家要了解消费者一样。

我将 WFA 这个国人不了解的世界组织对中国的社会和经济到底有什么作用写出来。应当写一本社会管理类的书来阐述这个组织对社会尤其是市场经济的作用。这个社会工具适用于各个行业，发挥同样的作用。同样适用于艺术行业。我从中提炼了对艺术行业的思考和运营判断。具体我在中欧艺术市场比较章节中会详细阐述。

作者与罗马教皇保罗二世合影

在这 14 年中，我超越了自己，颠覆了过去的艺术家"为我独尊"的骄傲，达到一个更高的视野和怎样才能"以人为本"的格局，颠覆了中国市场经济观念的"企业为盈利生存"的狭隘世界观；即使"最高学府"也高不过"实践中的大海"。

在每年 WFA 世界年会上，我看到最牛的世界商学院是怎样想方设法挤进这个平台，去获得最新的案例和游戏规则。我看到"上帝"是怎样集中了联盟的权力，赢得卖方和中间方的信服和话语权！甚至我在每年的 WFA 年会上，看到了罗马教皇保罗二世的身影！

这里有很多尚未来得及发现的奥秘。

我为祖国站岗

"小华同志，祖国需要你。"2005 年的一天，郑斯林部长给我发来短信；在他身后是三位中国副总理的委托。

我顿时双眼热泪盈眶！百感交集！

10 年了，没人理解，没人明白。我孤独地坚持在没有一个中国人的海外国际组织里，艰难地做着没有工资、耗费了我全部精力、被外国人称为"民间大使"的特殊工作。

那是 1995 年，一位访问法国的中国部长对我说："小华，你一定要想办法让中国加入 WFA 这个世界组织。它成立半个多世纪了，中国一直进不去，它每年组织全世界的巨头会议，我们完全不知道做了什么。"

作为国家公派留法的艺术家，我是唯一进入这个世界组织的中国人，深感责任重大。

我帮助中国打开戛纳广告节的大门，欧洲的高层广告巨头们开始逐步认识我，并频繁接待我带来的中国代表团。在那几年，我才了解到"广告"这个行业的内涵和地位，在欧洲远远超过中国对该行业的理解——"同名不同义"。从事这个行业的人，具有高度的商业敏锐、高度的情商，游走于社会富豪阶层，却要面对大众情绪的判断力、干预力，甚至是驾驭力。

这个行业几乎涵盖了一个社会所需要的大多数商品的营销，在 GDP 中占有重要份额。甚至欧洲一些国家的首脑，也依靠著名的广告公司做形象包装。可以说，从庞大百姓群体需要的用品，到金字塔尖的国家首脑形象包装，都留下广告巨头精英人才幕后操作的痕迹。

同样被称为"广告行业"，在中国，从形式到内容，从行业设置到规范，完全是"第三世界"的角色。

1995—1998年间，中国政府安排中国广告行业的领导到法国访问，我组织了交流会议。中国第一、第二大集团的总裁在交流会议上讲了每年的营业额，没有想到，几乎只是只有中国一个省大的法国的一个零头。

在这个行业里，由三方面支撑着：

1）买方市场。代表所有的大企业雇主，也就是广告主，是行业生存的主宰。

2）卖方市场。各大媒体和代理方，或者其他为广告主带来消费群的载体。

3）中间代理市场，也就是广告公司市场。

几乎全世界所有的文明社会都离不开这个行业。因为每个国民都是消费者，是这个行业最终的承载人。所以，在欧洲的GDP中，这个行业占有重要位置。

这个行业最重要的角色当属买家，出资方。过去中国完全不了解"买方角色形成联盟后，会发生什么"。中国更不了解：美国以及欧洲各国这个牵动政治、经济的行业成立联盟一个世纪之久，对社会产生了什么作用？对世界经济产生了什么作用？对中国这样的第三世界会产生什么作用？中国从没思考过，更没进入这样的联盟。

1997年，我作为中国政府领导下的行业组织特殊任命的"顾问"，走进了世界联盟WFA组织。

当我近距离地了解了这个组织，才明白，为何中国领导人在改革开放20年之际，敏锐地关注到我国的空白，关注到这个世界机构会给一个国家带来什么。在亚洲金融危机后，亚洲各国申请WFA世界大会到本国召开，因为这个占有90%市场份额的投资者们会刺激这个国家的经济。

WFA（World Federeation of Advertisers）成立于1953年布鲁塞尔，有66个国家成员国。在联合国，世界卫生组织、联合国教科文组织、国际商会等组织里，都有一个"商务传播"部门，而这个部门的规则，是由WFA制定。

所有的媒体和广告公司，绝大多数依靠广告主生存。因此代表世界90% 市场份额的买家形成了联盟，世界这个行业的游戏规则就确立了。

显然，当我代表中国走进这个组织的时候，理事长阿德昂桑先生显示了特别的热情，因为他们不能忽视一个正在崛起的大国——中国。

当我打开"芝麻"大门发现这里蕴藏着巨大宝藏而国人完全不知道的时候，那种激动，那种贪婪，那种为了祖国一定要把宝藏扛也要扛回去的"探宝"心态；使我完全相信了好莱坞"国宝大盗"片中的神探们那种非理性产生的冲动。

留学生中有一句名言——"只有出了国，才懂得什么是爱国"，绝非戏言。

我决定暂时放下我个人的一切，为了祖国，完成这个艰巨而光荣的任务。

经过与国家经贸委对接，中国和 WFA 官方认可，在中国不熟悉规则之前，先由 WFA 聘我做中国事务顾问。

接下来的 9 年时间里，我开始了艰苦的双边沟通工作。

2004 年，WFA 面临一个特殊情况，我接到几位中国部长的信息：一定让欧盟直接和中央领导解释清楚。对于不了解中国国情的 WFA 来说，请他们解释清楚如同"盲人骑瞎马"。在这关键时候，我凭一个中国学者的爱国心果断决定，我来向祖国解释清楚。

我向温总理和国家相关部门发出 14 份紧急报告。几天后，我接到郑斯林部长的短信："小华同志，祖国需要你。"

2006 年，国家派郑部长一行官方代表团出席巴黎 WFA 世界大会，主要议题是"中国申请加入 WFA"。在讨论会上，中国代表按规则不能到现场投票，只好等候在大厅外。

中途休息时间，理事长阿德恩森先生满头大汗找到我，告诉我："55个国家投反对票，理由是中国很年轻，不熟悉这个领域的世界规则。"作为这个行业"联合国秘书长"，他不能反对多数国家的意见。因此，他只能提出中间休会。因没最终一锤定音，这个结果还不能正式通知中方。

霎时间，我成为中国与 WFA 之间连接的独木桥！我必须在短短的 10

分钟休息的空隙里，扭转乾坤！

我冷静而迅速地思考对策。我不能让中国代表团失望而归，三位副总理还在等待前线的战报。

我礼貌地将理事长阿德恩森先生和换届要上任的新任理事长斯德芬先生请到角落里，以我对 WFA 的了解，有的放矢地进行"洗脑"，重点是中国正在崛起，如果抛弃中国，有可能产生的后果都有哪些……有理有据、

2006 年 5 月，在巴黎 WFA 大会上
WFA 秘书 Karine（左）、郑斯林部长（右）、作者（中）

2006 年 5 月巴黎 WFA 世界大会常委会合影
第二排左四为作者

铿锵有力的激情讲演，显然两位当家人被深深触动了。

他俩严肃地交换了眼色，沉默了一会儿，他们回到紧张的会场。

我和中国代表团在大厅外焦急地等候着。中国企业联合会外联部主任朱刚担任全团翻译，他沉闷地抽着烟。我俩都很痛苦，但我什么都不能说。

终于，大厅的大门打开了。理事长阿德恩森向中国代表团宣布：

"WFA接受了中国申请！"全体中国代表团欢呼，我们胜利了！

两位理事长将我请到僻静处，告诉我："罗女士，您的申辩感动了我们两位理事长，我俩用我们的头衔为你们中国做了特殊担保，才平息了55个国家的反对。但很严峻的是：如果你们中国不在短期内，迅速赶上世界步伐，世界国家成员将对我们执行委员会产生巨大疑问，我们将很被动，这在WFA历史上从未有过。"

我肯定地回答："请相信我的祖国。"

2007年，中国作为WFA新成员，盛情邀请WFA在中国召开亚洲会议。此前，WFA已经确定有经验的亚洲副主席人选。亚洲各国代表陆续抵达北京。第二天将在会议上公布副主席人选。

半夜，我的电话响了，电话是中国部长打来的："小华，听说亚洲副主席已经定了，但是中国要担任这个角色，请你协调。"

半夜两点，我紧急联络酒店，叫醒理事长斯德芬先生。我们进行了两小时的艰苦沟通后，第二天早上7点，WFA理事长通知中国："准备担任亚洲副主席。"

14年过去了。WFA理事长这样评价："罗女士是我们的骄傲。"

WFA理事长在给中国总理的信中写道：

尊敬的温家宝总理：

…………

罗女士十多年来的工作，掌握了中国这个重要行业的金钥匙……

WFA理事长斯德芬

2005年

《天鹅湖》

第五章

回归祖国

真诚友谊的纽带

尽管法国为我敞开大门，我仍然选择了回国，毕竟血浓于水。

我割舍不下故土的血肉之情。我在法国学会爱，学会奉献，学会宽容，学会为别人制造惊喜。

我回到北京，我要把这份学业带回故乡。

20 世纪 90 年代中期，北京的潘家园还保留有"半夜黑市"。也许是因为没有巴黎的"跳蚤市场"，所以产生了民众需求的一种"艺术市场"。

我和朋友半夜起床去"半夜黑市"淘宝，很刺激。

一路上北京宽敞的大马路上似乎只有我们一辆车，真是太奢侈了！空旷而美丽的城市在沉睡，普通市民肯定不理解这些人大半夜不睡觉居然只是为了买些艺术品。

我们夜里 3 点半动身，可是我们来到潘家园时早已是人头攒动，熙熙攘攘。大桥下摆满地摊，买的和卖的真是默契守约，不见不散。

我一个一个摊位地搜寻自己感兴趣的物品。我的朋友早就不知钻到哪里讨价还价去了。

忽然，一种熟悉的语言吸引了我，居然有法国人蹲在黑乎乎的地上低声地讨论所要买的瓷器。我感到很亲切，不自觉地走过去帮帮她。她也同样惊喜，居然在这里能够找到讲法语的中国人！

天亮了，地摊立刻飞快地消失。据说每天早上有工商局的人来。

我和这位法国夫人成为朋友。她是美国大使馆参赞夫人，一位极其热爱中国艺术的法国人。她邀请我到美国大使馆举办画展。

　　无论是巴黎地铁奇遇导致法国博物馆收藏我的画，还是北京夜半潘家园黑市引出的美国大使馆画展，我早已习惯这类"画展之约"，就像老大妈买白菜一样平常。

　　没有原因，没有理由，没有任何功利性的要求，仅为在北京遇到法国朋友而高兴。我答应在美国大使馆举办我的画展。画展如同在法国举办一样，只是为大家开心，朋友相聚，也为一些好奇的美国人宣传一下"中国元素"。

　　有时，作品就是友谊的纽带，也是一个"物以类聚"的感情外交工具。这种文化立即拉近了人与人之间的距离，并非利益驱使。

　　美国大使馆的画展没有开幕式，没有鸡尾酒会，也没有请柬和大广告，但是它创造了友谊和聚会的机会。这令我很开心。

　　画展引来一些香港的朋友，非要到我家做客看画。

　　香港朋友中有位美丽的季小姐，很能干。不知她怎样向朋友们介绍的，几位朋友争相买我的画。季小姐分别在两间房屋与我商量一个价位，又到另一房间与几位购买者商量价位。得到同意后，季小姐为我支付账单和交换作品。一切办理得那样熟练，好像在她自己的家里。

　　美丽的季小姐很热情，张罗着给我们一起照相。

　　在季小姐不断上涨的热情鼓舞下，我最后拿出我的长卷《十牛图》和长卷《娱乐图》，但我一再声明这两幅画不卖。

　　我强调不卖的原因是，《十牛图》已经在巴黎展出多次。台湾《雄狮美术》杂志主编在巴黎时一再劝我，这幅画没有到台湾展出前，千万别卖。因为台湾藏家必定会出高价购买这幅作品。

　　我不是因为高价而有所保留，而是潜意识中希望有更多的人欣赏它，就像欣赏自己美丽而优秀的女儿，有更多的人喜欢就说明它的价值。所以我一直都铁定地坚守"不卖"原则。

　　在巴黎，如果我坚持不卖就不会有人强买。就像法国人吃饭从来不勉强，你客气一下说不吃就没有人会再勉强你吃。

令我想不到的是，香港文化不同。

季小姐热情地要帮助我在香港召开"新闻发布会"发布这两幅长卷，并提出先借走，办完"新闻发布会"后就送还。

我听了很高兴，完全是出于信任，没有借条，没有付款抵押，没有任何协议，高高兴兴地将两幅作品拿给季小姐。

在大家高高兴兴的气氛中，各方都很满意地分手了。

然而，这两幅画借走后没有"新闻发布会"的消息，不知道什么缘故。我总是放心不下自己的作品。

一年后，我决心不再办"新闻发布会"了。我拨通长途电话到香港找到季小姐，希望索回我的两个长卷。季小姐恋恋不舍："罗女士，请你再给我些时间吧，我实在很喜欢你的这两幅作品，不做宣传放在家里没有人知道这么好的作品。"

"谢谢你！但画放在你那里时间也太长了，又没有固定计划和日期。等你确定新闻发布会时，再从我这里拿走也不迟。"我坚持着。

我们在长途电话中无法沟通，我又无法专程跑去香港。最后季小姐终于告诉我，她实在是太喜欢这两个长卷了，因我不卖，她很不情愿与这两幅画失之交臂。她反复说明她是属牛的，尤其是长卷《十牛图》对于她来说是多么重要。没有办法，她只能先斩后奏，只是强调希望我给她账号，她提出一个价格，再给我汇来买画的钱。

我陷入苦恼中，因为我确实不想卖《十牛图》。

别的画家是希望卖画，而我确实总是为不愿意卖画而苦恼。

这样的事情已经不止一次，我一直没有找到好办法来应对这种场面。

画家总希望最代表自己水平的画不出售，而收藏家往往都希望购买的是代表作。

虽然感觉有些迫不得已，我还是感觉我的作品能够找到一个真正热爱它的藏家也是一件好事。就像出嫁自己的女儿，如果婆家人真的爱她，价钱就是次要的了。

季小姐终于在香港建立了自己的画廊。我想她的成功应当与她这种对艺术品的执着是分不开的。

虽然画家不喜欢将最好的作品卖出，但同样不愿意让不好的作品流入社会，那样会有损自己的口碑。我很理解为什么吴冠中先生经常撕掉自己不满意的作品。其实几乎我遇到的所有的老前辈，都经常撕毁自己不满意的作品。

与画廊合作了这么多年，见到过各种各样的买家，最让我感动的是我在巴黎遇到的一对美国夫妇。

收藏家通常喜欢购买的是请柬上印刷的作品，这是一个规律。

我在巴黎第一个画展中，我印在画展请柬上的一幅作品，主要形象是一个象征羊头的古代风格的图腾，四周是狩猎者们在欢庆，将古代的原始情感和生活内容，用现代的手段描绘出来。整张作品色彩鲜艳而不俗，构图均衡却不呆板，描绘了一个清新的、单纯的、兴高采烈的生活情节。我虽然说不上多么钟爱这幅作品，但是没想到由于西方人的审美观与东方人不一样，这幅画却得到西方观众的青睐。

请柬上的画《庆》被几个来宾同时看好，都表示要买这幅画。法国人买东西有个特点，通常有兴趣买而需要花很多钱的时候，往往第一次不会买，而是会来至少3次反复观察，回去再考虑。不像中国人喜欢凭借"冲动"购买东西。法国人这种购买习惯很适合在艺术画廊买画，当然

收藏家和作者

不适合在拍卖市场买东西。

尽管几位客人都表示要再和朋友或家人一起来决定，但我们终于选择将画卖给最执着、最认真、最辛苦的美国夫妇。

美国夫妇显然与法国人的购买习惯不同，他们讲一口我听不懂的英语，不停地比画。然后不停地指指请柬上印的这幅画，反复向我们说明他们收到请柬不假思索地跑来就是要买请柬上的画，甚至不看其他作品。因为他们没有时间，他们是从会议中抽空跑出来的。

没有人给这对美国夫妇做英文翻译，我们一直在打哑谜。

他们比画着请柬上印着的画，又比画手中的美国银行卡。

我不明白为什么画廊老板拒绝了对方。

第二天，美国夫妇又来了，拿着美元现金继续比画着画，态度很坚定，而且不讲价格。只要能买到这幅画，随你定价。我听懂了，他们急着赶飞机回美国，已经没有时间了，所以坚持要买这幅作品。不料又被画廊老板拒绝了。

第三天，两位美国夫妇满头大汗，第三次跑来。

这回画廊老板笑了。

我很不懂。难道卖画还要如此地考验对方诚意吗？

最后，画廊老板回答我："因为这里只收法郎。"

看起来确实画廊老板有些过分，这可不能说是一位做生意的好材料。

但是我为自己的作品能遇到如此好的婆家感到很幸运，出于对客户的尊敬，我提出："我们照张合影吧！"这个提议不需要翻译，对方立刻听懂了。

后来，国内的收藏家告诉我，画家和收藏家对画的感情完全不同：收藏家当遇到自己的所爱时，必定是"势在必得"绝不相让的。

无论如何，每当我进行作品交易时，都会充分享受作品带给对方和我的真诚和友谊，这比什么都重要。

"钱奴""房奴""画奴"

在巴黎期间，一个朋友带我去见一对老板夫妇，一路上不断称赞他们的业绩和勤劳。这对老板夫妇是做鲜花批发生意的。

凌晨 3 点整，朋友开车来接我。我正睡得迷迷糊糊，实在不愿意起床。记得法西斯有一种整治俘虏的办法，就是折磨你，不让你睡觉。这种刑罚听起来不以为然，但是一旦受过这种折磨就太痛苦了！

我们开车来到巴黎郊区的一个巨大的市场时是凌晨 4 点整。这里已经熙熙攘攘，都是些来批发鲜花的零售商。

由于鲜花的保鲜期太短，鲜花店必须当天买、当天卖，批发老板们则要更早起床。

几千平方米的巨大市场，每天的进货量足以满足整个城市的零售商，老板夫妇每天要做的可不是一般的工作量。

我看到的只是一天的情景，你能想象多年如一日的这种生活吗？

令我很惊讶的是我朋友的一句话："这对老板夫妇挣了大量的钱，他们从来没有时间过圣诞节，没有上街吃饭的时间，更没有看电影、旅游或者其他娱乐生活，真正是几十年如一日。"

巴黎不乏这种"钱奴"，虽然他们很有钱，人生却很枯燥，很辛苦，每天只重复一件事情。

巴黎华人主要从事的是餐馆、皮包店。老板开第一个餐馆时很辛苦，更多的餐馆就是夫妻店，因为雇用员工太贵，支付不起昂贵的人工费。每个夜晚，是法国人最讲究的吃饭时间，老板们都要在场，处理各类想不到的客人事情和监督员工。因为餐馆收现金，如果老板不在现场，很难控制账房的收入，老板只能日日夜夜地亲临现场。

一家著名饭馆的老板告诉我，很多老板干了多年，连在外面吃一顿饭的机会都没给自己留出来。日复一日。一旦餐馆生意红火挣了一点钱，就要再开几个餐馆。老板的最高生活目标就是多开几个店，于是生活就日复一日地重复同样的内容。

当人到晚年，守着太多的"银行数字"或"纸票"才会猛然醒悟：原来除去你消费的以外，剩余这些纸票和数字与你一点关系都没有。它们不属于你，你必须留给后人或社会其他人，让他们享受这些你名字下的数字带来的快乐。其实上帝本已赋予你享受文学、音乐、旅游、美食、亲情、爱情、慈善等的时间。原本你是可以从生活中品尝到更丰富的快乐，而你将这些时光都错过了，只做一件事：挣钱。

无论人生需要什么，一旦超量就没有意义了。

随着中国的改革开放，一小部分人先富裕起来，相当多的"钱奴"出现在中国这块曾经被贫穷折磨太久的土地上。甚至有些人不择手段地破坏公理，损人利己，疯狂掠夺财富！

就在中国人睁大眼睛追求"金钱"时，法国的主流文化却在追求"幸福指数"，追求"以人为本"的生活。特别是居住在巴黎的一些老留学生，每次谈起国内的变化，免不了加上一句："真是疯了！"

人性的贪婪是无止境的，不加以控制只会产生更多的贪婪，后浪推前浪，令人来不及停下来思考。在"金钱"的大道上，人们抢路，闯红灯，发展经济的同时也在亵渎文明。于是社会出现太多的不公平，制造太多的穷人，太多地破坏生态，太多地透支地球资源！

可悲的是，从来追求真善美的艺术圈，也没有逃过这一劫！

中国从"文化大革命"走向"金钱大革命"。

继"钱奴"之后，中国紧接着进入"房奴"时代。这是经济大潮中必然的过程。在欧洲，股票市场爆发后，是房地产、汽车，

作者在巴黎

然后是艺术品时代。

"房奴"与"钱奴"不同。房奴耗尽自由换取"所有权",其实最终这个所有权必定不是你的,没人能活到"万岁"。如果你只居住 80 年,何必在意是租房还是住房?剩下的只是算账问题了。这种观点在中国讲起来似乎"不食人间烟火",但是在法国大多数人是租房。租房的种种好处已经在中国开发商们强大的"宣传攻势下",成为"弱势"的声音。

"房奴"出现后,中国没有像欧洲那样集中出现"车奴"群体。但中国却在一个耀眼的"艺术品市场高潮"时代,开始出现"画奴"群体。

当"画奴"成为被社会关注的问题时,时光走入 21 世纪。

1994 年,夏加尔画展代理商 Mr. NAVARRA 来中国的时候,以敏锐的嗅觉看到中国的未来,他对我说:"十年后中国的艺术品市场必定火起来,为了迎接这个市场,中国应当现在开始培训一批专业的画商。我愿意帮助中国培养前期的 20 位画商,带他们到纽约、巴黎、东京去学习不同的市场文化。"

遗憾的是,我没有帮助 Mr. NAVARRA 在中国找到合适的合作者,那时候大多数中国美术专业还没有这种意识。即使现在,"艺术品商人"仍然不是美术专业学生能够担当的角色。在 1994 年,就连中国的企业与国际相比经商经验还很欠缺,谁能想到在艺术领域做交易?

十年后,当中国艺术品市场真的成长起来的时候,我曾问过 Mr. NAVARRA:"为什么你当年的预言这么准确?"

他回答:"很多市场的规律是一样的。十年前的日本,如同 1994 年的中国,投资者们先涌向股票,后是房地产,再后是汽车,汽车之后就是艺术品。这个规律已经在几个国家一一兑现了。中国也不会例外。"

当 21 世纪的艺术品投资时代到来的时候,中国根本来不及准备相应数量的专业画商和专业的画廊。无论是买家还是卖家,都被突如其来的收藏和投资大军搞得措手不及,尚未来得及积累一些艺术基础的投资家,被匆匆忙忙地卷入艺术品投资交易的旋涡。

"画奴"不同于"房奴"，买方和卖方都可能沦为"画奴"。

买方买画时"原以为是真的"，一旦发现不是艺术品，即使富翁也会很痛苦。于是开始为烫手的假画奔波，从此财富缩水，沦为"画奴"。

这个群体越来越膨胀。

故宫的同事们为我讲述了一些见闻：一些富人倾其所有购买"艺术品"，建起来几个私人博物馆，却没有一件是真品。在艺术投资的新潮流下，这类故事并非少数。我们很难判定近几年艺术品市场是否就是被"无知的富翁们"推动至火爆的。

当市场第一批"富人艺术品投资"发现被骗的时候，多数的选择是"忽悠下一个"。为了避免朋友间的"欺诈嫌疑"，很多人选择"拍卖"。于是"拍卖"场上鱼龙混杂，真假一起拍，真收藏假收藏一起交易……

也有相当多"投错艺术品"的富人不愿意相信这些是"假艺术品"，宁可相信"卖画者"，准确地说宁可相信"梦"。试想这些富翁留给子孙的是一些什么呢？

早发现，早痛苦，早为"画"奔波找出路，沦为"画奴"；

晚发现，晚痛苦，有时连"奔波"的机会都没有了！

卖方"画奴"指原先很好的艺术家，自从被"金钱"捧起来后，再也找不到当年精心创作的感觉，整天忙于生产"应酬画""复制画"，甚至不如一个老百姓自由。这些"富起来的画家"与巴黎街头的"穷画家"本质几乎是一样的：都在牺牲大量创作的灵感与激情而转向"钱"。这类画家与那位巴黎鲜花店批发商是一样的，很可惜。

一位真正的艺术家的一生，创作精品的数量是有限的，这是几百年艺术史证明的事实，除了寥寥几位"世界巨匠"。这些艺术精品要靠历史磨砺来检验其价值。

无论买方还是卖方，都应当了解这个自然规律。

然而，中国艺术品市场上越来越多的"废品"占据着越来越大的"比例"。真正的艺术精品，是不可能在浮躁与匆忙中创造出来的。

有人说："存在的就是合理的，何必杞人忧天？多元化有什么不好？"

但无论如何，艺术品真假混乱的历史阶段必定会过去，艺术市场最终会走向成熟、冷静。

历史翻过一页又一页。艺术界走过了轰轰烈烈的 2007 年和 2008 年。这是中国艺术界走向金钱顶峰的时代。

到了 2009 年，观望了多年的我决定回到中国的艺术圈。

对于我来说，感觉自己就像小时候看过的电影《三海旅行》中描述的主人公一样，用半生时间周游世界，再回到家乡时，既熟悉又陌生。

熟悉的人还在。

熟悉的事情还在。

熟悉的环境还在。

但熟悉的思想、熟悉的理念已经有些陌生了……

由于我在国外不同领域学到了很多新的思考方式，再回头来看今天中国的美术界和美术市场、美术观众、画商、画廊，都感到有一些不可思议的地方。也许这就是中西文化观念的差别，也许这就是"比较文化"的价值。

没有比较，也许我们会很长时间以为自己是正确的。当"习惯"在主导人的行为或者说在"误导"人们行为的时候，换用另外一种思维方式去看问题，往往会产生革命性的效果。

当年我引进夏加尔画展时，一些不大懂得"抽象艺术"的人告诉我："我家的孩子刚上小学，但比夏加尔画得好得多。"我当时只能善意地笑一笑，因为隔行如隔山。

如今有朋友对我说："我表亲是雕塑家，我看来看去，感觉不过就是一个泥瓦匠。"此时已用半生时光走过中西方众多国度的我，却深有感触："有道理。"粗制滥造的作品不是"泥瓦匠"又是什么？

而真正的收藏市场需要的应当是"创作精品"，而不是虚幻的"次品"。未来历史将澄清艺术收藏的误区，并非所有的"收藏品"都保值。世界牢牢地记住了"蒙娜丽莎"，却不可能记住这位艺术家所有的其他作品。这个历史规律在中国艺术品投资的浪潮中似乎被忘记了。

当代法国优秀艺术家追求的境界

就在我感悟到导师庞熏琹先生把他的艺术种子撒向大地生根发芽、长成参天大树时，在法国我又认识了一座高峰。

2014 年年初，欧美同学会秘书长给了我一个课题——"调研法国是如何将艺术创意成为国家 GDP 的经济支柱"。我带着好奇，走访和调研了法国的相关部门。

递交总结后，给我留下最深的印象是：

1.法国的官方认为："法国人从来不强调法国的艺术是民族的，法国人认为，法国的艺术是世界的。"

2.法国人认为"艺术是'社会的针'，需要'针'的刺激，唤醒和发展社会"。所以法国对艺术家很包容、优待，几乎能享受最好的待遇。

3.法国的政策是，只要你是最好的艺术家，就让你入籍，变成法国人。

我就受到过这种优待。法国警察局局长曾经找我谈话，在法国参议院高层的干预下，让他们给我一个合法身份，以便在法国继续运作我的画展和画廊。法国的警察局局长希望给我办理法国国籍，说服我的理由是：当我们认为你是高端人才时，我们才会劝说你入法国国籍。这样在我们的人才库里，就多了一名精英。但是我毫不犹豫地谢绝了。我始终保留中国国籍，无论我们的国家艰难还是兴旺，我都是中国人！

在我调研这个"法国的国策"之后的 2014 年的 9 月，我回国刚刚下飞机，就接到一个任务：担任北京歌华集团承接的一个中法艺术合作项目的"总裁助理"。实际上是协调处理中法艺术家之间由于中西观念不同而在工作中出现的一些隔阂或摩擦。

这个项目，让我看到"艺术攀登领域里的又一座高峰"。

位于法国南部的一座小城市，叫"南特"，曾经是一座工业小城。居民们以工厂为家，曾经有不少订单，维持这个城市的生存和就业。自亚洲四小龙兴起后，许多订单转到了亚洲、印度或中国等劳动力更便宜的国家。于是这座小城市几乎瘫痪了，生存面临巨大危机。

这时候，这座小城迎来 80 位艺术家。在艺术总监的带领下，重新思谋这些工厂的设备。最终以他们的艺术创作，带领所有的工人，把这些大设备变成巨大的、能跑能动的动物，比如达十几层楼高的大蜘蛛，还有相关的动物剧。在真人世界里，让人类社会变成小人国。

这样的创意，开创了南特城市的生存之道，在欧美表演中获得巨大成功，解决了当地工人的就业同时，激活了这个城市的活力。

这是在我走过的艺术道路中，发现的又一座高峰。它把艺术发挥得对人类有更大贡献和更深的意义。这种起点、胸怀、眼界、成效和对社会的贡献，远远超过以往艺术的范畴——艺术就是这样走进 GDP 支柱行业的！

中法两国领导签署的合作协议里，就是这样一个巨大艺术动感剧《龙马》。《龙马》剧叙说的是：宇宙中两大动物——蜘蛛和龙马，占据地盘并想争夺对方的地盘。但在面临自然界的风、火、雷、电和大雪的灾难中，相互帮助，最终产生了友谊。剧情结尾，天上飘下来一个中国古代的亭子，

中法建交 **50** 周年纪念项目——法国机械艺术"龙马"亮相北京鸟巢

上面坐着一个美女弹琴，于是两个巨大动物开始去争宠，在美丽动听的音乐中落幕。

两个巨型动物有十几层楼那么高，需要大面积的跑道和风雨雷电等的设施，只能在北京鸟巢举行。17 个集装箱运到北京，在夜里组装。我们的工作基本属于"连轴转"，日夜兼程！

值得书写的，是法国艺术家的工作状态，是中国艺术家需要努力学习的。

第一个挫折来自协调中法音乐家之间的合作。法国音乐总监不断要求中方更换演奏家，让我很头疼。剧中需要配乐，法国带来的演奏家不够，需要中方专业演出团队配合，换了一个又一个。法国音乐总监不满意，甚至威胁不干了！

我幸亏年轻时参加过宣传队，对乐队工作不算陌生，终于搞清楚他们的分歧在哪里。

法国总监要求中国演奏家要有"激情、激情，还是激情"，要求中国演奏家把音乐吃进肚子里，然后流淌出来。然而派来的中国音乐家只能看乐谱弹奏。

这难坏了总监先生，因为奏出来的"乐感"不一样。彩排期间我的好友前来观展，诉说她是怎样被音乐响起后的现场激动的。艺术家的"激情"是连接观众的内核，无论音乐还是美术；为何欧洲人酷爱音乐和艺术？这与艺术家传递什么密切相关。

另一件触动我的是法国人对艺术不要命的"激情"故事。

一天半夜，组装机械的大吊车将一个大钢叉吊到半空时突然掉落，砸在两名法国艺术家身上。一位先生头皮被划破大约 15 厘米长、两厘米宽的大口子，白花花的头骨露了出来；另一位法国女艺术家，我给起名叫"毛毛"，因为法文名字太长，医生无法准确叫出名字，她的情况更加严重：大钢叉掉下来，穿过肝肺两个脏器！

两个人必须同时急救。半夜里，中日医院值班医生人手有限，我不得不直接进入手术室，帮助医生缝合手术。第一次站在医生的位置，我双腿发抖，看着白花花的头骨，我只有一个信念，赶紧抢救！我坚持到医生缝完最后一针，汗唰唰往下流。估计那位女艺术家的抢救同样惊心动魄。

最让我感动的是第二天早上，那位露出白花花头骨的艺术家居然准时出现在工地上！他要继续完成他的艺术创作，尽管他只是一名不起眼的配角！

就在全体中法艺术家和工作人员完成组装准备彩排的时候，我接到医院的电话：法国女伤员"毛毛"躺在 ICU 病房，一直没有脱离危险，但是她要求：

能否让她坐上 120 急救车，带上所有监护设备，赶到鸟巢，让她亲眼见一见彩排"成功"。最终在我的协调下，所有现场的工作人员和中法艺术家们为"毛毛"在彩排现场举行了一个特殊意义的"全家福"。中间为"毛毛"留出位置，替代她的是众人一起高举的牌子，我用中国书法和法文写出了大字："毛毛，我们都爱你！"上面签满所有"中法全家人"的名字。

2014 年，在北京鸟巢上演了一场法国艺术家们奉献的一场"艺术的真谛"。

记得年轻时候，我经常用马克思的话鞭策自己：

只有那在崎岖的小路上不畏艰险奋勇攀登的人，有希望到达光辉的顶点。

巴黎美爵艺术基金给我们启示

一个中西方文化与艺术运营理念交融的典型案例。

2013 年，应法国使馆参赞先生邀请，我在北京金宝街一个酒店参加一个聚会——几位法国人、意大利人、西班牙人和犹太人的小型聚会，我是唯一的中国人。

晚餐时，大家谈论的主题是"中国艺术市场"。1994 年法国画廊预测中国十年后的艺术市场将兴起。的确，中国艺术市场在 2004—2005 年突飞猛进，引起全国艺术圈前卫者的关注。然后一路高歌猛进，中国艺术市场拍卖的成交数额令人惊讶。

中国艺术市场的持续升温，吸引了西方画商大咖的眼球。2013 年是一个中国艺术市场热度不减但略有收敛的时段。

聚餐的来宾们讨论着一个话题：中国艺术市场的未来几年走向。

法国人和意大利人热烈地赞誉中国艺术市场。犹太人说："我做画商 45 年了。我认为中国的艺术市场至少应该等 5 年后再来。"但他的理由得不到法国人和意大利人的赞同。显然，这是一次关于是否在中国建立艺术运营机构的讨论会。

据多年的经验，我了解西方人对中国的认识，总有文化上的差异。一位销售轩尼诗酒的法国商人曾经说："我在中国待了10年，终于明白一个真理，就是你以为都明白的时候，就都错了。可惜我的总部老板不明白。"这是很有代表性的感悟。

中国人到西方，也有同样的误会。一些中法高层重要的谈判，往往毁在一些不懂对方文化却"可丁可卯的翻译"上。这是一些中外明智的人士都很重视的问题。"意译"与"字译"的区别有些时候会把对方的意思弄反。不了解对方文化，使得点点滴滴的翻译积累成巨大文化反差。

如果只在对方国家待上一年半载，很难说了解了对方的国家和人文。

于是，"海归"群体常常会成为这个中间地带的"话语权"人，或者"资深导游"。

聚会上，我提出我的看法，认为中国艺术市场有多成分的非理性投资，估计很快会体现在下一步的市场表现上。我说了几个内在缘由以证明我的判断，立刻得到犹太画商的赞许，他感慨地说："真没想到在中国还能碰到您这样明白的人！"

巴黎美爵艺术基金简介首页

巴黎美爵艺术基金书籍介绍

但我的见解并没能被法国人和意大利人所接受，他们坚持在中国投资。

接下来的日子里，我被他们一次次地邀请；他们开始在中国筹备"巴黎美爵艺术基金"。我所了解的情况是：17家欧洲银行共同发起艺术基金，以巴黎一个具有27代的皇家奢侈品家族、几代人的艺术品收藏传统和品牌力量，作为艺术基金的定位和品牌组合。名称为"巴黎美爵艺术基金"。

这个品牌和定位很重要，它决定了依靠家族服务于欧洲皇室的"语境""贵族习惯""审美标准定位"和历史悠久的贵族生活模式。这种模式集中了一小部分富人圈。这是普通平民百姓难以了解的。在这种文化圈以外的人群，恐怕不会理解他们的决策、选择、运营模式和对艺术品位以及艺术人文的判断。

也许因为我在聚会上的见解得到他们崇拜的犹太画商的赞许，我在他们眼中成为重要的"桥梁"，虽然他们并不清楚我是谁。

我答应帮助他们寻找他们希望代理的中国油画家。我知道他们不会考虑中国国画系的画家。两个月下来，我陪同他们观看一个又一个国内算是高档的油画展。我参与了他们挑选画家的整个过程：一个个过目，研究，现场评估。

这个过程至关重要。西方人眼中的中国画家，怎样才是优秀的呢？在评估过程中，他们对每一幅作品和每一个画家的评价，使我深深体会到，他们的确有眼光。大部分画家和作品的确不够成熟，尽管一些画家头上光环不少，但在严格推敲时，软肋很多。

前面的文章里，我们分享了巴黎四位大师的历程，可以看到西方成熟画商是如何挑剔画家的。画家在创作过程中，严格推敲每一道程序，整合成一幅成熟作品。哪怕一道工序的潦草，都会暴露无遗。

两个月后，美爵基金负责人将国内排行前100名的著名画家的所有资料购买齐全，运到香港。据说有 80 人的专业团队评估艺术家和代表作。

就像当年故宫鉴定古画，一群老鉴定家鉴定一个个大库藏品，反复品味，仔细分辨一等品、二等品。我参与了巴黎美爵基金的评估过程，一个个评估和鉴定。了解他们追求什么？什么是国际画商眼中需要关注的元素？如果国内高层油画家们有机会参与这样的评估过程，相信很多作品一定会在更完美之后，再拿出来亮相。

赵无极说："我画完画，总要在家里放两个月，觉得靠得住再拿出去。靠不住，我就不签名，不出去。画出去了，收都收不回来，若你已经有名气，那问题更多！我每次展览都提心吊胆的，每件作品都经过反复推敲才拿出去的。"

赵无极有一个观点："在我看来，从 16 世纪起中国画就失去了创造力，画家只会抄袭汉代、宋代的伟大传统。中国艺术变成技巧的堆砌，美和技巧混为一谈，章法和用笔都有模式，再也没有想象和发明的余地。"

马蒂斯说："什么是新？不是表面效果的新，而是通过深刻思考之后，才能把你引到一条新的道路上去。"

西方工业与科技的严谨风气，同样体现在艺术创作上，这是一种社会生活态度。我们看过的中国油画展览作品，缺乏严格的"推敲""深思熟虑"和整体人文体现，是落选的普遍原因。

也许这就是西方画商难以找到能够代理的中国艺术家的原因。这是美爵基金给我留下的深刻印象。美爵基金的高管中有几位意大利画商，他们的严格认真甚至苛刻的要求，让我作为一名画家被深深触动，"没有严格的工作，不要亮相作品"成为座右铭。

一起工作的日子里，我们聊起巴黎生活。出于礼貌，我送给他们一本第一版的《从故宫到巴黎》，他们才知道我也是画家。

一个月后，他们隆重地约我，提出一个我从未想过的决定：最终研究结果是，中国画家中，他们唯一选中的是我！而我一直在帮他们寻找中国的油画家。

我谢绝了他们的盛情邀请。原因是，我认为我在巴黎的成功，是因为巴黎画廊老板在欧洲具有深厚的客户人脉资源，拥有巴黎最昂贵的显赫地段的户外媒体，深知客户需要我的作品。所以他们的风险控制得很好，只剩下西方文化能不能接受我的"中国元素"这个突破点。集中所有火力，只攻一个问题，胜算是可预知的。

但巴黎美爵基金不一样，尽管他们拥有雄厚的资金和魄力，拥有高贵的欧洲品牌和成熟市场的优秀传统运营模式，但是他们不了解中国现阶段的人文倾向，不了解当下中国的艺术市场，远不及欧洲成熟市场中按规矩出牌的玩法。

我不希望我在巴黎良好的业绩和形象被生手影响了，这是我回国后一直没找艺术代理商的原因。保持自己的品牌形象，是我在 WFA 学习的金钥匙。

我认为我帮助他们看懂中国的艺术市场，对他们的帮助远远好于他们代理我的作品。但是，基金负责人反复耐心地做我的工作，最终我不得不答应和他们签约，不得不退出帮助他们理解中国市场的角色而转向"闭门创作"。

我想，他们之所以看重我，也许是我在巴黎的成功给了他们信心；也许我是中国的皇宫出来的画家，与他们历史悠久的欧洲宫廷供应商传统相吻合。他们一再强调，重点希望我继续创作"中国皇宫题材"。也许，他们在油画圈没有找到中意的人和作品。法国艺术圈崇尚"创新创作"，他们宁可选择我的"边缘化"的"混合技法"作品。

在他们考察我的大量作品中，国画作品仍然不在选择之列。

"欧洲不认传统中国画"的理念，哪怕来到中国市场、面对中国客户，仍没有改变。

而我，在故宫创作的作品是中国传统题材，是发自内心感受的创作，不是为什么人、有目的地去创作。这点，我仍坚持保留自己的创作自由。

巴黎美爵艺术基金终于确定第一批只签约两个人：法国美术家协会主席雷米和我。

我很担心。我判断美爵基金不熟悉中国市场，雷米和我的作品，距离唤起中国市场的热情距离太大，成本会太高，能否坚持持久很令人担忧，因为中国不是法国……

巴黎美爵艺术基金为作者印制的画册

让我深深感受到值得向他们学习的第二个地方，就是艺术家与代理机构之间的"签约合同"。"合同"的严谨和科学化、公平化，建立在一个客观评估艺术家和代理机构等值的基础上。这是中国大量画廊与艺术家之间合作不愉快的关键点。

在中国艺术市场上，画廊与艺术家签约后，画廊付出很大成本，而画家成名后不再通过画廊，开始自己卖画，造成画廊的损失。这是许多画廊抱怨的原因，也失败于这个环节。

相反，画家也经常遇到画廊拿走作品后，没有履行协议，或者丢失作品，或者由于种种原因，不能实现事前所约，造成画家损失。这种事情也不在少数。

在与美爵基金合作的详细合同中，双方不可能造成对方的损失，每一环节都有严格的制约。这是画家和代理机构能够持久下去的法律层面的保证。

这样的合同，尽管协商时间比较长，但令我心服口服。

在法国，各个行业机构都有一个对行业内的从业者客观评价"薪酬""工作量化的价值"的行情。人们习惯这种"行情产生的价值认可"，几乎应用在各处。比如，我曾经问法国某行业组织，我这样的外来人才，如果应聘工资多少？行业组织马上根据阅历、工时、工作质量和量化成本等元素，给出一个大致参考的合理价值。

一个作品，同样能评估出代理机构所付出的"工作量，工作内容和质量，以及量化产生的市场价值"。这样就很公平，一旦作品销售之后，按比例五五或四六或三七分成。

但这种"估值"方式在中国艺术市场上似乎很不成熟。

巴黎美爵艺术基金第三点值得中国画廊学习的经验是：他们认真工作，认真地研究我每一幅作品。这种认真程度让我感动，让我不得不认真思考新的创作需要更加严肃和努力，必须配合代理商的"品头论足的角角落落"！

这是一种中国画商需要学习的专业精神。如果画商没有仔细认真地领悟和学习艺术家的创作，是不能很好地向客户传递的。这种艺术感染力，画商们需要二次消化并创作准确的"沟通交流"语境，这是中国艺术市场缺乏的要害问题。

正是中国艺术市场缺乏"高水平的画商"，导致后面的环节常常失控："坐火箭出来的画家""坐火箭出来的拍卖价格"，最后伤及购买者和收藏家，把他们挤出市场，再忽悠下一拨涌入市场的新手……我后来在许多大学或机构讲课时，不少学员让我看到他们悲惨的"艺术投资"，很心痛！

不久，我从网上下载巴黎美爵艺术基金对我的每一幅作品的研究文章，几乎有上百篇，整整三个大文件袋也装不下。我为他们认真研究我的作品而感动。据说，他们在香港有80人的研究团队。虽然和他们没有交流过，但从网上发表的大量研究文章的"量化"看，我相信他们是一支专业的研究团队。

在 2013 年"艺术北京博览会"上，美爵基金醒目的欧洲风格的豪华摊位，成为那一年中国艺术大餐中一颗闪亮的明星。

美爵基金很准确地找到了客户群体。在"艺术北京博览会"豪华的摊位上，美爵基金为我准备了"金融口精准高端消费的客户群体"讲座。在我讲到一半的时候，美爵基金为我印刷的摞到房顶的画册，已经被来宾们都拿走了。讲座完毕想要一本画册时，居然没有了。我是在听众之后才看到自己的画册的。

巴黎美爵艺术基金为作者在艺术北京博览会举办的画展

在讲座结束的时候，几乎三分之一的来宾要求买我的作品。但是，不同于法国画廊的做法是，美爵基金负责人当场表示"不卖作品"。

这样的模式在法国常见。但在中国艺术市场，画廊的做法截然相反，几乎"严格防范"顾客与画家接触。成熟画商因为有严谨的"合同"保驾，根本不怕画家接触客户。相反，客户与创作者近距离地交流，是推销艺术作品至关重要的环节。

这是美爵基金在中国艺术市场的"职业艺术代理的优秀榜样模式"。

为了更深入了解巴黎美爵艺术基金，我来到巴黎总部。

离法国总统府不远的"共和国广场"和法国总统府一条街的交叉口是"皇家大道"，巴黎最昂贵的街道之一。

这是一座有着"古董房"身份的大楼。巴黎美爵基金占据了二层和一层大面积的展厅。豪华阵容令整个总统府大街上的画廊老板们"瞠目结舌"。这是坐落在著名的法国艺术评论家熊秉明先生所说的"欧洲艺术市场晴雨表"的"巴黎贵族区，引领艺术潮流、市场价格潮流的历史悠久的高档画廊区"。这里的画廊很多是几代人祖祖辈辈经营的"老字号"。

我在这条街居住了十几年，我曾经的巴黎代理画廊也在这个区。这里60多家高等画廊联盟的成员，我多数认识。

当我向这些高档画廊问及"巴黎美爵艺术基金"时，同行们都表示很关注，它如同一匹黑马，闯入传统运营模式的高档画廊联盟。因为精打细算的法国人，通常不会投入这么大的资本。美爵基金立即吸引了他们的眼球。

法国巴黎皇家大道上的巴黎美爵基金总部，的确拥有很大的场地和大量西方油画作品。一些人员匆匆忙碌着，投入很大，无论成本还是人力、物力。

几年后，我因母亲去世痛苦得不能自拔，远离艺术圈和美爵基金。从法国回来的时候，发现国内的巴黎美爵基金开始转变，不再是刚来华时追求"欧洲皇室品位习俗"的"原装品位"，开始追寻和迎合中国艺术市场的元素——无论是后续签约画家还是运营模式。这样的变化，说明股东结构出现了变化。

最终巴黎美爵艺术基金在2016年离开北京。

中国哪怕是小众气候的贵族文化都没有形成。他们吃透了美爵家族几代人的欧洲贵族阶层的语境和习惯，却困难地游走于中国初期的艺术市场，应验了犹太人的最初预测："应该至少5年以后再来。"

但是，巴黎美爵艺术基金给中国艺术市场留下很宝贵、很优秀的工作经历，值得中国极度缺乏的优秀画商们学习：具备高品格的审美内涵和水平；严谨而公正的合同文本；对艺术家及其作品的认真研究程度，沟通客户的准确目标和方法……

最终我很感激巴黎美爵艺术基金，在他们离开北京后，我曾想向他们捐一部分作品，以表示对他们严肃认真工作、对艺术家的尊重，很想表达一份回报感激的心愿，但找不到他们了。

这篇文章希望为国内的艺术运营专业化提供一种学习的资料，同时对巴黎美爵艺术基金在中国的付出，表示一份感谢和尊重。在欧洲的艺术认知中，抄袭和临摹属于学生阶段的练习手段，不属于"职业艺术家创作"，唯有"创新才是创作基础"。

凡尔赛面对圆明园

20世纪90年代中期，在巴黎期间，我的好朋友Herve先生曾是la Defance大区总书记，相当于市长。他曾经是希拉克班底的成员，也是法国著名的政治经济学院高才生。

法国很多高官或者大企业领导人毕业于这个学院。如同国内的清华、北大，毕业后都有自己的校友圈子。

Herve先生很儒雅，喜欢艺术，喜欢读书。我们很多次聚会，是在香榭丽舍大街的书店里。前面提到的参观凡·高墓地，就是他给我安排的一次"法国方式的美术史教育"。

我们似乎有说不完的话题。从法国的就业，到法国的社保；从法国经济到中国崛起。他对中国的发展有惊人的判断，对中国的感情也不一般；虽然他不是外交官。

他让我认识到法国人的优秀品德。

故宫副院长王树清（左）、翻译（中）、
法国市长好友 Herve（右）

有一次他来北京度假，自然我是他最好的导游。一天，他很沉静地对我说："当年八国联军把北京的圆明园毁了，法国也有罪过。我愿意动员法国两大石油企业赞助中国，重新恢复圆明园。如果你能联系到中国相关领导，我来做推动工作，是很有可能的。"

我深知他没有开玩笑，因为他管理的何止这两个大企业，几乎法国龙头企业都在时尚摩登的 La Defance 城里设有总部。他是市长，是这个城市的建造者之一。他们的圈子有他们的理念和人文，很多时候与国内思维不大一样。

我知道他没有把握的事情，是不可能向我承诺的。这个提议很让我兴奋！

我和故宫博物院领导提及这件事。也许是领导认为这件事很复杂，迟迟没有回复。几个月后，恰逢故宫博物院院长带队到巴黎办展览，我抓紧机会安排他们见了面。

最终，故宫博物院院长也没有推动这个提议。无论什么理由我都能理解。

2014 年，当巴黎美爵艺术基金与我约定，希望每年创作一些重点作品时，我把这个心愿画成一幅作品，题目就是《当凡尔赛面对圆明园》，也许能够留给后人完成使命。

这幅作品点击了多少中法之间的情和怨！圆明园初建时，与初建凡尔赛皇宫时在历史上同是最辉煌的时代。两位历史上著名的皇帝——路易十四和康熙大帝，都是伟大的人物。据史料记载，这两位皇帝惺惺相惜。在这两位盛世皇帝当政期间，创造了两个不朽的历史建筑群——凡尔赛和圆明园。

如今，我们看到的凡尔赛皇宫依旧辉煌，而圆明园已经成为历史的废墟。

历史记录了侵略与被侵略，但几代人之后的后人，是该友好还是应该以仇人相对呢？

今天我把两个皇宫放在一起，画面中的我在与历史中的雕塑对话。

混合油画技法《当凡尔赛面对圆明园》2014 年创作，尺寸：95 ～ 95 厘米

我想把这曾经美好的友谊和曾经被后人摧残的历史遗迹统统都展现给读者，比较它们的辉煌和衰败、友谊与残暴、和平与战争，希望后人回归和平的思索。

画面用一个中国古代铜钱的轮廓，记录这个前后的比较，是因为圆明园被毁掉的那一年，咸丰皇帝停止了中国的铜钱使用。历史遗物是那么的默契。

2020 年，一次在朋友微信里，偶然提及这个话题。

一位博物馆朋友评论：不该修复圆明园，那是展示历史耻辱的爱国主义教育。

如果我们换一种思想：建筑不该为人类的相残停止辉煌。如果修复圆明园，同时有个展厅，记录被毁坏的历史，让后人永远警醒并领悟到法国后人对祖上暴行的忏悔，会不会更有意义呢？

留下这幅作品给后人思考，让后人去决定吧！

回到巴黎，我由向西方展示"中国古典元素艺术"转为"比较艺术"。创作了一批"比较艺术的题材"——《悄悄话》《大国商谈》《我爱北京天安门》等作品。

《悄悄话》

第六章

探索生命

《静静的蓝树林》

也许，导师庞薰琹给我的使命太过刻骨铭心——"填补中国空白学科"。

艺术的灵魂是"新元素"，艺术的空白点，总能引起我的兴趣。人走过知天命的年龄，关注点走向生命的内里。

艺术创作定会随人生的路径同步探索。生命是艺术的源泉。

我很难想象，一个艺术家的创作，会离开他深入体会的生活。很难想象，一个"艺术家"能每天重复画同一幅画，居然多少年重复一幅画。

工人可以重复动作，重复产品，可以习惯性地过重复的日子，但艺术家不可以。他的使命、他的职业、他的生命与艺术是融合在一起的，每天都有不一样的太阳。因为生命是成长的，每天的生活和内容、每天的思考和感悟是不一样的——这就是艺术的生命力！

作品《静静的蓝树林》是我走向天宫探索的开始。

对我来说，世界末日是母亲离去的日子。那一刻，我理解了什么是"生命"。

2014 年年初，母亲离去前的日子里，我和母亲的生命是互相交替的，是相互博弈的。那种深爱和拼尽全力想留住却不得不离别的痛苦和压力，让我变得像一头困在笼子里的猎豹。

眼看母亲吞咽功能不行了，饿了 100 天仍然顽强地活着，每一天的每一秒，我都在用灵魂争夺。我们不敢让她羸弱的身躯上有任何有创治疗，我替她品尝鼻饲是否能承受，我替她吃安眠药看她能否睡觉而不是离去。

我灵魂的自残表现在我身上长了大片的皮炎。医生说这不是皮肤病，而是在精神压力下长出来的。尽管有心理医生 4 小时的说教，它仍然不停地疯长。我的双腿突然不能行走。每次看护母亲值班倒休的几天，几乎每天瘫在床上，24 小时流泪，流呀流呀！生活里不再有任何人和任何内容。不吃不喝不动，整个身体的瘫痪状态，只有排班到我那天，思念的力量才能让我重新站起来。

保姆说："华姐，您能不能少来几天？每次您到来，全家人都紧张。您的气场让老太太躁狂，您走后她才安静下来。"我问姐姐有没有这种感觉？姐姐说"有"。妹妹说："爸爸走的时候，你忙国家大事（联合国教科文总部的中国 50 周年活动）。这次妈妈走，你一定要在。"我对她说："我无论怎样努力，妈妈一定是我不在的空隙中离开。"

妈妈太睿智了，她已经对我有足够的告别，足够的遗嘱。她深知我的痛苦，她不会让我在她离开世界之前被痛苦压垮，更不会让我走在她前面，何等睿智的母亲！

我很想很想提前离世，不再遭受这样的摧残，又很怕很怕我提前离世，母亲会何等孤单痛苦！我和母亲共同衰落，交替着，争夺着，一起度过每一天的每一秒！

最终母亲赢了，她终于走在我前面，把我狠狠地扔在人世间。

她在走之前，每年让保姆给我织一副护膝，薄的，厚的。她无数次担心"以后谁来照顾你"，她不放心。

她在不吃不喝两个月的时候，大年初一只有我俩（轮流倒班）坐在七莲花灯下。她看着灯，悄悄对我说："把心放宽一些。"我无语。

她去世后在冰冷的停尸房待过两天，人已僵硬。姐姐突然想起她的手，她的手是紧握的。当姐姐说："小华身体不好，把戒指给她留下吧。"她僵硬的手居然松开了！

在她去世一年半后，我每日悲伤终于导致甲状腺癌症，医生说是悲痛的原因。当我手术第二天，停机一年半的她的手机给我发来一个短信："开心每一天！"

——我相信她还在，灵魂是可以交流的。

她走了。从此，太阳是灰色的，天空是虚的，人间所有的流动都是行尸走肉。

世界毁了！

她离世的头七刚过，我已经奄奄一息，不得不来到巴黎，远离那个氛围，远离那个生不如死的一草一木！

在巴黎期间，我每天到房东家后面的树林和湖边与母亲对话。每天活着的使命就是到天空中，扒开云彩的缝隙，千方百计地寻找母亲对话。一定要找到！

每天我回家的路上，我都会在地上拾到一欧元。我相信母亲每天都在回复我。

为了留下这些灵性对话的日子，我以房东家后面的森林和湖畔，创作了一幅作品——《静静的蓝树林》。大幅，小幅，白天，黑夜，蓝树林伴随着我……

突然有一天，似乎冥冥中，母亲提示我："你要回国，去研究和传播大

《静静的蓝树林》

爱，为众多老人结束生命时不再痛苦，去研究无疾而终。"

带着母亲给我的指示，我回到祖国；带着一份妈妈留给人间的厚礼。

生命的意义。

生命本无意义，是人类文化赋予它意义。不论"宗教""主义""信仰"，还是某种民俗文化的思想传递，人们追求一种境界，让生命充满"希望"。

从科学上说，人出生到死亡只是一个过程。过程结束，随之它的附带意义结束，与本体再无关联。哪怕是伟人、名人、皇帝、富人、艺术家，一生奋斗，都是度过生命的陪伴而已。在生命结束后，后人如何评论，如何继承，都与本体无关。

清醒深透地理解这些，是母亲去世后在巴黎湖边每天与天上的母亲对话那些日子里体会的。权力，财力，亲情厚意，随着生命的晚期走向没落。生命过程中的过度采集，除了温饱维持生命之后的多余财富、权力，其实没有什么意义。

如果人类都能清醒地认识这一点，社会会少一些杀戮，少一些掠夺，少一些欺凌和"弱肉强食"，甚至少一些"恶性竞争"。让人们回到"珍惜以人为本"的生命本质上——多增加一些"爱""幸福""美好""舒适"，包括生命最后阶段的"爱"。

从"以人为本"意义上说，一个圆满的生命应该是"生得快乐，死得幸福"，这是最高境界和目标。但是，当今社会，我们面临一个重大的困境，就是"生命结束"如何才能圆满？身体和精神在结束之前，绝大多数经历的是"痛苦"，深不可测的"痛苦"，无论是身体上还是精神上。

那么，"艺术"这神奇的工具，在这个阶段能为人类做些什么贡献？

无疑，这是一个"伴随生命到底"的课题。

你的使命是"开拓祖国空白学科"——导师庞熏琹的教导是那么"刻骨铭心"。

为自己，就是为人类。

艺术能拯救生命？

艺术除了能让生活完美，刺激社会，净化灵魂，还有更高的目标吗？

马克思说，在崎岖的小路上不畏劳苦的人，有希望到达光辉顶点。

当在焦虑、抑郁、恐怖中走不出来的时候，艺术能帮人释放，超过医疗和药物。有些时候，当死亡到来，艺术能帮人唤醒生命，超越了医疗的力量。

什么样的艺术能与生命抗衡，什么价值又能抵过生命？

我把这探索称为"人本灵动艺术"的探索，回归人本内在灵性的互动和交流。

回国后，我以强大的生命力和动力，投入"临终关怀""缓和医疗"和生命末期"安宁护理"的公益事业中去。我先后组织了 N 个"志愿者研究会议和研究群"，进行以上各深层次的探索。有海归医生，有养老院院长，有忘我深入社区的志愿者们，有培训护理机构的院长、主任们……我拼尽全力，发挥世界组织 WFA 给我的智慧，努力推动中国的社会养老和临终关怀。

2015 年世界死亡质量排名统计的 80 个国家中，中国排在 71 位。这意味着大部分人在身体衰弱无比的时候，要经历各种痛苦，包括医疗痛苦之后，才能结束生命。好残酷！在这种生命的结局面前，颠覆了一生中的各种辉煌和光环、各种尊严和财富、权力，所有的价值和尊严荡然无存！一生的奋斗目标是什么？

让我回到"以人为本"原点的思考与探索。

在各类社会养老问题中，我们抓住刚需——"临终关怀"，关注的群体是草民阶层。绝大多数的人员是退休金在 3000 ～ 5000 元。他们付不起昂贵的养老院费用，付不起昂贵的保姆费，他们如何走过生命的最后阶段？

在我们的各种努力过程中，贯穿始终的是我们的临终关怀志愿者群。

吴×，是某央企的一位处长，是我们志愿者群里比较受尊敬的一位朋友。她锲而不舍地坚持每周到医院做临终安宁志愿者陪伴，已经送走200多位往生者。她曾经两次在同事濒临死亡的时候，跑回办公室，拿来两盘磁带，播放同事熟悉的音乐。奇迹出现了！音乐两次救活了濒死的生命！

我经历了两次类似事件。一次是1989年，有人以匿名信诬告我走后门。文化部通知我，不要和任何人接触，以便等待审查。我在出不去、进不来的状态下，精神日益抑郁。那个阶段拯救我的是，我创作了一批以古代为题材的作品，渴望真善美，最典型的是长卷《十牛图》。这是我走出抑郁的最佳良药，因为深深地期盼回到纯净的、简朴的、安宁而简单真诚的古代，是我潜意识"输出抑郁情绪"的出口。这是医疗不可及的。

第二次是2013年。母亲晚年的病痛，令我长期经受每两周往返于天津、北京之间的疲惫不堪和压力，最终长出8厘米的肿瘤。那个阶段的焦虑严重不可抑制的时候，是巴黎美爵艺术基金的合同拯救了我，我将所有的压力输出倾注在创作上。井喷一般地发泄，最典型的作品是《春苗》（被巴黎美爵艺术基金收藏）。那种渴望新生命、渴望新生活、渴望把我带出苦闷的心境，远远超过精神科医生的诊疗效果。

一位国外医生的视频，是关于"医治从阿富汗战场回来的美国大兵严

《生命，春苗》

重的恐惧精神疾病，是依靠艺术而不是医学"的报道，证实"艺术功能"远没有被深深挖掘，我开始转向"艺术与生命"的研究。

记得在巴黎高装艺术学院学习的时候，老师三番五次地让我重复体验，我需要做"视觉传达"创意的单位 ALLIANCE FRANAIS。我突然醒悟了：人类是可以找到一种艺术的语言来与一个机构、一个事物、一种情绪对话的。对话的工具是图像或听觉的艺术，而不是语言文字。

母亲临终前，我为母亲创作了 10 幅"我送母亲去天堂"的作品，贴在她床头。她懂了。母亲去世后，我无法自拔，重新拿起画笔，把心中的寄托和悲愤表达出来。我创作了一幅幅美人鱼，上天入海自由穿梭在人间和天上……

那么，我们能不能找到一种创作方式，能像音乐一样，抢救濒死的生命呢？

我给同学何 ×× 发出探索疑问，他同样关切这个话题。

我报名成为几个临终关怀医院的志愿者。

我期待……探索……这是我余下生命的意义。

中国艺术收藏误区与未来预测

近几年艺术市场的高价格，实实在在地抢了一把大众的眼球。高价格为多年躲在公众视线之外神秘的艺术领域，做了一场大大的广告，将它推到大众面前。

翻开 2006—2008 年的中国《艺术品市场研究报告》，令人吃惊的数字出现在眼前：从 2005 年开始，艺术品投资曲线突飞猛进一路上升，直到 2008 年的金融危机。

我惊讶地看到，中国的股票和基金在这个时段，大大奖励了投资者。

这个报告记录了这个阶段出现了历史上从来没有过的"艺术品投资冲高曲线"；出现太多的"千万元高价艺术品"，出现了太多的记录。但是毕竟艺术品不同于产品或者能源股，艺术品的产生过程是特殊的、不可批量的，尤其是一件艺术精品。

批量的作品在短时间内，没有冷静的推敲就冲向高价——这违背了"一个人一生不可能创作太多艺术精品"的规律，也违背了世界艺术史上"一个高价格艺术品必须经过历史的淘汰过程才可能被承认的规律"。

那么"艺术品投资新浪潮"的背后是什么力量在推动呢？

无论投资者是来自近年来华尔街那些"金融衍生品"的利益获得者在买了私人游艇、飞机、岛屿后的余款消费，还是企业界为"增加资产评估"以常人无法评估的价值为"交易"砝码；无论那些大量的行贿所需的"礼品"因为跳出了"监察估值的无奈"，还是为各种各样的"洗钱"建立的避风港……经济大潮中的主宾们突然间发现了一个可以牟利、可以避风、可以交换权势的"新工具"。一些人在利用更多人的"无知"传播"神话"。

一些暴发户的金钱，匆忙投入陌生的艺术领域。洁白的艺术史终于卷入众多的"金钱交易""钱权交易""赌博交易"。投资、投机交易与正常的收藏一起推高了艺术品投资大潮。

这些"高价艺术品"，真的令人感到艺术的"震撼力"了吗？

当"高价艺术品"成为"不能摆到桌面上的交易工具"的时候，是否"艺术精品"已经不重要了？因为这是"工具"需求者们人为抬高的价格，而不是艺术品本身的价值；它的价值在"不需要是否懂艺术的群体"中间的"交易符号"。

这些"交易符号"夹杂在经过历史大浪淘沙的艺术品长河中"造势"。当交易功能一旦过去，这些高价艺术品必然回到本来面目，因为它是被

"催化剂"催出来的巨婴，"肥胖症"必须"减肥"才能健康。

可悲的是，一些艺术家在被捧上天后，一旦遭遇"减肥"，市场口碑将连同本来的价值也被扭曲了。

也许，这就是"历史的磨砺"；也许历史上功成名就的大家们多数遭遇过这类磨砺。历史一定要逼着艺术家们不断升华，才能真正给予其稳固的地位。凡是不能坚持长跑者，只能被淘汰。

唯一能够驾驭和鉴别这种大潮"泡沫"的，是那些扎扎实实创作的艺术家，是那些具备扎扎实实的民族文化底蕴的艺术市场。

历史将做出一个公正的结论：最终抗跌的，仍然是少数艺术精品。

相比之下，法国的艺术市场很少这种泡沫。在中国艺术品市场画出神采飞扬的高曲线时，法国艺术市场仍然按部就班。法国艺术市场的理性价位导致大量的艺术品来到中国，因为国内的价格比起法国艺术品高得多。尽管中国人的平均购买力远不如法国，但这属于不同社会教育的结果。

欧洲历史的社会艺术教育积淀决定的社会民众购买力，远远大于中国。这令一些国内的艺术画廊一直认为"中国艺术的春天还没有到"。

也许正因为"艺术的春天没到"，社会对于艺术品的认识很不够，这个市场才可能被成功地将"艺术品"忽悠成"交易工具"。

如果中国的大众开始理解艺术，大多数人学会如何鉴赏艺术，艺术的春天到来的时候，也许不会有那么多的"高价作品"。取而代之的，将是大量低价位的艺术品，泡沫将越来越少。如同法国市场，还艺术以本身。

这个预测，有待于被历史去证实。

作为始终关注中西比较艺术市场的专业人士，近年来我在巴黎听到太多谴责中国艺术市场的声音。指责我们的造假、卖假、泛滥成灾的"不诚信"，直接冲击着欧洲艺术市场的有序化。

"假艺术品"不同于"假画"。

"假艺术品"的生产链基本是这样形成的：

首先是一批"暴富"者，来不及补充艺术修养就匆忙进入"艺术收藏"领域。2007—2008年国际炒家抬高的"当代艺术"，同样是来自华尔街来不及补习艺术课的富翁们，形成第一道冲击收藏领域的"多米诺骨牌"。

被"金钱"冲击的艺术市场，一时被媒体的炒作失去了方向。

穷怕了的艺术家们受宠若惊。

很多艺术家经不起金钱的诱惑，沦为金钱的"画奴"；更多的经纪人在金钱的冲击下，成为艺术的制假者。一些人购买原作后，雇用高手临摹，以假充真去拍卖；因为与拍卖有着共同利益，只要过了"鉴定"关，不愁卖不出。

一个艺术家所有的作品并非都是艺术创作。

任何人都可以画画，小孩子的画也是画，但这不等于"艺术品"。

如同"品牌服装"与"大众服装"，"五星宾馆"与"普通宾馆"，艺术品与普通画是本质不同的两个概念。

制假艺术品有了强大的后盾——这成为冲击艺术领域的生产线——随着假服装、假皮包等假名牌的泛滥，假艺术品毫不羞愧地加入假货盛行的时代，冲进艺术收藏界。

第二道工序是：在造假的生产、营销支持下，金钱开始进入下一个生产链——假评估，假鉴定，假包装，甚至假的电视节目。

最后一道生产线就是媒体催情："假拍，拍假""假交易""假记录"，冲进艺术这块领地。

也许有朋友看到这里，会以为我在"耸人听闻"，制造"恐怖"。其实，我们只要跳开所处的环境，就能看到外面世界是如何看我们的。

在巴黎，西方人注视着中国的飞速发展，流传最多的是"经济神话"，伴随着对"造假"的批评。

我们看到市场初期的"杂草丛生"，不能否认的一个事实是：一个时代的非理性投资艺术品，大量"吃螃蟹的富翁们"推动了中国的艺术圈从象牙塔走进民间，引发社会的关注。大量艺术投资泡沫形成的同时，也为艺术在社会上的地位做了一个大大的广告。

"大广告"之后，又会产生什么样的艺术形态呢？

战争之后，一定是建设，而建设的基础必定是专业化。如同一个饿急的人，突然见到食物，第一个要做的事情就是暴吃。第一阶段过后，开始文明起来，懂得节约，懂得礼貌；开始需要规则、需要秩序、需要诚信、需要道德。

那么，目前中国收藏的误区在哪里？欧洲艺术市场给了我们什么启示呢？

我总结了一下欧洲市场的规律。

首先，法国普遍具有对艺术的认识，普通工人家里也往往挂上一幅原作画。这是一个民族文化渗透的表象。这个社会基础由来已久，已经完成了社会普及艺术教育阶段。理性的大众艺术市场证明了这个结论。

购买者依据自己的经济力量、艺术观点和审美观念购买不同的作品。市场基数很大，造就了名副其实的"巴黎世界艺术之都"。整体的艺术消费百分比高于中国；中国当代艺术市场即使加入富翁空降兵，即使催升了投资曲线，仍然是少数人的市场。

其次，欧洲的艺术市场如同其他行业，形成了有序的市场秩序。

立足高端收藏家的高级画廊，经营已有定论的艺术家的历史积淀认可的作品；行业内设有各种措施防范假画、制裁造假。画廊的市场专业力量远胜过中国画廊的经营水平，成为主力军之一。

中国画廊的生命力很脆弱，能够坚持 5 年以上的画廊还不多。立足中档艺术品的画廊，专业化地推动社会认可艺术作品，服务于收藏新生代画家的群体。

立足普通大众消费艺术品画廊，侧重于"百姓买得起"的艺术品。"复制品"画店将明确标明"复制品"、限量印刷品；超市、旅游艺术品商店，甚至拍卖行每天都有销售大众艺术品专场。

每个阶层都有自己固定的职业角色。

重要的是，要针对客户群做到"诚信"，有专门的机构进行行业自律。协会在西方是一个非常重要的管理市场的自律组织；制定各种各样的制约制度，杜绝市场的非公正、非透明的做法，推动社会行业有序发展，保护专业的健康成长。在西方，政府的角色是纳税人的代言人，不可能什么专业都熟悉。一个行业的公正、公开与透明，建立正常秩序和相互制约机制，主要依靠行业协会。

归根到底，中国的艺术市场尚未有与国际接轨的行业组织。中国艺术品难以进入世界流通体系，有我们自己的原因。

法国艺术市场是一个理性有序的市场，很少出现天价，因为买方和卖方都具备专业知识。成熟的市场天价是靠历史的阶梯上来的。当"空降兵"降临的同时，也造就未来的泡沫。

欧洲也有假画，著名的"达利"作品被几家同时代理，相互指责对方有假。但是欧洲的艺术市场有"赔偿"制度、惩罚制度、制约制度。

欧洲鉴定艺术品的真伪有专门的行业组织，一旦发现有假，有专门起诉的机制。一旦起诉成功，鉴定家要被判巨额的赔偿。经常被起诉将证明这个鉴定家不够资格，行业组织会将这类鉴定家淘汰出局。甚至他的子孙们往往不愿接收遗产，因为如果前人鉴定失误，继承遗产的子孙要担负巨额的赔偿。

在同等艺术水平的前提下，目前中国艺术市场的价位远远高于法国市场。但是我却常常听到艺术评论界的一个论点："中国艺术品还没有到达西方的价位，艺术品还有升值的空间。"

这种论点就如同"中国电视机价格比起欧洲市场太低，完全可以再提升价格"一样。不进行质量比较，不进行功能比较，不进行品牌比较，不问消费文化，不问消费承受力，不问中欧消费者的工资区别，而盲目"比价格"。

中国的高价艺术品与欧洲是同质量、同文化的产品吗？

中国的买家与国际收藏家圈子和华尔街的投资者是同样的财富消费吗？

近几年美国市场被非理性的投资家们炒热了，这不等于欧洲成熟市场会接纳这种泡沫。欧洲人不认中国画的历史真的改变了吗？相反，西方的艺术泡沫必定会到中国来找接盘，就如同美国的次贷要全世界埋单一样。他们需要找一个不成熟的市场来发财，来接盘。因为中国的社会艺术教育尚未普及；因为中国相当多的富翁可以做"不懂行的投资"。这里的文化与欧洲文化截然不同，就如同成年人与孩子做生意一样。

中国高价艺术品并没有进入世界艺术收藏圈流通。这说明流通领域尚未打开，风险只能在小范围内消化。既然是小范围消化风险，那么风险的比重必然加大。

华尔街的富翁们买进的"高价艺术品"制造了种种神话后到亚洲寻找接盘者，这是同类财富阶梯吗？前者可能只是丢失"小费"，后者一旦接盘就可能沦为"画奴"！

西方国家很多垃圾丢到中国，因为一些中国商人为一点点的小利润可以不顾子孙后代的生存环境。能够避险的工具只能是"学习"，市场缺什么必须补什么。

中国原先有8所美院，扩招时期出现1200所。一代人的成长是需要过程的，哪里找到这么多合格的艺术教授？艺术院校的教育很多不再有过去的教学质量，每年几十万艺术专业毕业生。也许未来中国的大众艺术市场会先于"精品收藏"。

如果中国的艺术市场任其"良莠混杂、真假不分、大锅粥地泛滥下去"，很可能中

作者回国后在一次论坛上发言

国的收藏界与房地产一样，会持续一个时期"持币观望"。

因为"精品"产生得太少，这就是真相。

我的预测将如同房地产规则：精品将继续被理性的资产追逐，因为被历史定案的作品是有限的；而这段历史并没有太多的"精品"产生，大家忙于做"画奴"。其结果将必定令精品增值；大批被"洗脑"过的高价艺术品将转入大众消费，因为这些艺术品原本就不值"高价"，没有高质量。

艺术消费者们会随着认知的发展越来越挑剔。就像越来越挑剔冰箱、彩电、手机和电脑一样。

"泡沫大广告"为未来的艺术收藏敲起不可逆转的警钟。

当艺术收藏走向理性的时候，会真正推动"中国的文艺复兴"。

我们将当今艺术市场的弊病一一展现出来，希望敲响警钟。这绝不等于抹杀当今艺术繁荣的积极层面。富裕起来的中国社会开始关注艺术市场，无疑推动艺术界前进了一大步。

这样"盛世收藏"的大好时代没人反对，这是期盼已久的时代。

一个繁荣大潮，必然有理性的内因，继而放大并影响下一个波涌。

就在我们云里雾里力求找出艺术市场真相的时候，世界另一端的美国，向中国市场发出了一个数字证据：梅摩指数。

梅摩指数从 19 世纪开始跟踪了世界主要艺术市场的拍卖行情，得出一个惊人的结论：艺术品投资跑赢了大盘。

这几乎是一个激动人心的大好消息，引来无数眼球。确切地说，引来更多眼球的并不是专业的圈子，而是更多"画盲"的眼球！

当众人的思路从"收藏"转向"投资工具"的时候，一场不可避免的"投资"浪潮就会随之而来。

当人们惊奇地发现，艺术品投资的指数曲线有意无意地经常与股票、基金曲线争宠的时候，更容易激发"发财的欲望"。

在未来的中国市场中，牵引眼球的将可能仍然是金融机构。因为金融机构熟悉使用"指数曲线"做判断。这是大众面临的又一个难以熟悉的工具。对大众而言，不仅是艺术品的交易链中存在种种的"陷阱"，现在又多出一个"金融曲线"的盲区。因为指数的采集过程和综合过程存在各种内在的方式，只有深入这个迷宫的专业人士才能鉴别哪些地方是薄弱环节，哪些地方需要补充。只要有一个环节不够严谨，就会导致最后的指数是"有误"的。只有熟悉这个领域的人才知道如何判断这些指数，如何不被数据所迷惑。

这必定是一个大多数人忽略的要素。

打开网站，你可以搜寻到很多国际金融机构投资艺术品的成功与失败的案例。凡是历史上国际金融机构投资艺术品获得成功的，都离不开艺术领域的专家组合。金融圈自己所做的"艺术品投资"多数都失败。

当金融碰到艺术，如何能在短时间内相互理解彼此的知识结构迅速地做到"水火相容"？如果不能迅速地理解对方，又如何成功投资？

股神巴菲特成功的一个著名信条就是："不炒自己不懂得的股票。"

这条铁的原理不仅适用于金融，更适合未来中国的艺术品投资者们。

2009年，我出席一个中国著名银行与著名文化公司的艺术品融资宣传会。到会者大多是千万以上资产的富人，但几乎没有人懂得艺术。金融家们胸有成竹地介绍了市场上走红的几位著名画家的艺术品，宣布了中国一流鉴定家的评估结果。最终以最低价格推进抵押，使得富翁们满怀欢喜地投了资。整个程序几乎完美得无可挑剔，金融家和投资者都深感大获成功。

我却非常担心：这里的关键在于真伪和估价。而被宣布的鉴定家们尽管很有名，却并非被评估的这几位艺术家的真正知音。每个人的知识都是有限的，一个人只能在他所从事的范围内成为专家。离开自己的研究范围，就如同普通人的认知一样。这些要害问题，圈外的金融家和投资人怎么可能了解？

我深信这些金融家和投资者都具有绝非常人的智慧。但圈内与圈外，只隔一扇窗，却是两个结果。更为神奇的是，这些投资家竟然连作品都没看见就被神话故事所吸引；投资家们对金融家的信任无可挑剔。

艺术品投融资与收藏的要点就是看原作，要请懂得它的人看原作，这是最基本的常识。而这种低级错误却发生在我们最高级的精英中。

一位香港教授在讲课时说："只有中国市场，在企业业绩下跌的时候，股票竟然疯涨。"这个阶段的股民尚不成熟。

我前面介绍过，法国人来买一幅画，很多时候会来几次以后才确定是否是自己真正愿意购买的艺术品。而在我们中国，几千万的投资，却能够在不见作品、不见评估者、不知道评估者是否是艺术作品的权威研究者的情况下，居然交易成功了。

我很难过。我不知道很多交易是如何成功的，但我知道一旦又一批"艺术盲"进入艺术市场，一定会给艺术世界带来无法想象的后果。这种后果，有时候能够引导艺术圈支付整整一代人的代价。

作为艺术家，我很希望社会能够重视艺术，让艺术成为大众能够懂得的欣赏品，去美化生活、美化社会。但如果一次又一次的"金钱泡沫和神话"冲击这个纯洁的领域，受伤害的不仅仅是投资人，更是破坏了一个美丽自然的生态环境。

也许会有人说：这是叶公好龙、杞人忧天！谁不希望资本光顾？

没人反对金钱，没人拒绝资本。社会的发展需要的是平衡。当社会资本投资艺术的时候，需要配合的是艺术教育基础，需要配合的是艺术专业经营的基础，需要修正混乱不规范的市场。

这样中国与世界的距离才会缩短，中国的艺术才会进入世界的圈子，真正的艺术春天才会到来。如果中国的艺术教育与市场没有改变，正常的资本必定会远离，因为投资人需要安全的环境是铁的规律。

在 2006 年的国际教育论坛中，我有幸认识了菲律宾前总统拉莫斯先生。这位戎马一生的军人、西点军校的高才生，一生平定 7 次武装动乱，推翻了前政府，自己任总统。这位传奇人物在总结自己一生的经验的时候，说了这样一句话：

　　"这个世界最重要的武器，就是教育。"

拉莫斯总统（左）和作者

第七章

留给后人的思考

"中欧艺术协会"与"海归美协"

在中国美术史中，大致分为两个体系：一个是以中国传统艺术为根基的本土艺术体系，历史悠久，树大根深；另一体系是以西洋美术为代表的海归美术。在近代以来的美术教育中，耳熟能详的是以徐悲鸿、刘海粟为代表的海归艺术体系。

但是，自从新中国成立以来，西方艺术在教育、学术、行规、市场和社会形态方面都发生了深刻变化，却一直没有一个相对应的平台，将世界发生的艺术领域的事情，深入地与中国艺术行业交流。海归艺术家是个体的、零散的，难于形成深层对接，多数处于信息不对称的局面中。然而，新中国成立以来无论是海外艺术家还是海归艺术家，从没间断努力。

20世纪90年代，在欧洲，中国艺术与文化一直陷于难以进入欧洲主流文化交流的困境中。不仅是中国历史悠久的传统艺术，还有孔子学院、欧洲中国文化中心，各种形式的努力，也仅仅停留在华人圈里，难以进入号称"世界艺术聚集地"的巴黎主流世界，远不如同处亚洲的日本艺术。

前面谈到身居世界艺术核心圈的老前辈吕霞光老先生，带着对祖国文化艺术的深深情谊，卧薪尝胆，兢兢业业，积累大半生的财富，希望与我们这代年轻艺术家共同架起"中欧艺术交流的桥梁"。当时海外艺术家们深入思考：西方美术在中国，像马奈、莫奈、毕加索甚至深入大

左一：哈菲尔（协会秘书长），左二：菲利浦（副主席）；中：吕霞光（主席）；
右二：简宣义（协会财务总监），右一：作者（副主席）

众群体中，百思不得其解的是，为何中国的文化艺术进入欧洲社会如此
困难？

几经酝酿，以吕霞光先生为首的同行们商议成立"中欧艺术协会"，这
在法国很容易得到批准。

"文化"，是两个国度之间相互交流理解认识的基础，许多国与国之间
的误会，甚至战争，往往源于不同文化的不同理解。

不得不说，吕霞光先生"卧薪尝胆，高瞻远瞩"几十年，以一己之力，
在海外积累财富和艺术资源，积累世界级雄厚的人脉资源，潜心准备着、
酝酿着，等待机会发扬中国艺术。这不是一个普通艺术家和收藏家的胸怀，
是远远超出小我的伟大爱国理想，也同样是对国际社会的贡献。但几经挫
折，倾其一生，散尽财富，也未能成功，留下深深的遗憾。

2020 年，一则微信群里的消息让我震惊：在中国某个小城市，以极其

低价贩卖吕老生前珍贵的艺术作品。很明显，曾经辉煌的理想大厦，连同它豪华的艺术财富一起倒塌了！

我彻夜难眠。

吕老的理想是花费半个世纪的时间，为在西方世界传播中国文化艺术、促进中西文化的交流、缩短距离而努力；时隔20年，另一个抱有同样崇高理想的艺术家群体，则是从西方回来的中国海归艺术家群体，希望像涓涓流水一样，将纯净的艺术规则引入祖国，把西方艺术生态中的好东西带回祖国，为促进祖国文化健康繁荣和搭建与世界之间的桥梁而努力。

2010年，一批海归美术家聚集到一起。从2004—2010年间，中国艺术市场突飞猛进，钱风暴把艺术这个曾经神秘的行业，推到明星行业队列里，赚足了国人的眼球，艺术品被一步步推向天价。这个市场牛气冲天，前所未有的"钱风暴"迅猛刮到大众眼前，警醒了一批成熟市场归来的海归艺术家。他们知道，非理性的钱风暴，在助力艺术进入天价的同时，也会毁掉艺术行业中重要的"文化根基"。

2010年，欧美同学会的会议室里，坐着十几位艺术家。针对国内艺术市场中种种非理性的现象，艺术家们感到身上的责任重大。守护好艺术家园、老祖宗留下的艺术使命和精神瑰宝，不要在我们这一代流失！这是艺术家们的社会责任、共同的理想和追求。

这群艺术家开启新中国成立以来第一个"海归美协"。

主席潘公凯先生的一句话——"为国内朦

韩启德会长（右）和作者

胧的艺术市场和艺术生态，引进一股清泉"，成为当时的海归美协的宗旨、使命和目标。

在欧美同学会会长韩启德先生的努力扶植下，海归美协如同100年前的海归学长建立欧美同学会一样，"满腔热情，白手起家"，在没有一分钱的困境下成立了！

这是新中国成立以来，第一个"海归美协"。

在改革开放的大时代中，国内各个行业都迅速与国际对接、交融。唯独美术行业，这个古老而又浪漫的行业，使大众找不到规律。所谓"外行看热闹，内行看门道"，即便美术内行也对国际游戏规则看不出"门道"的情况下，海归美协适时诞生了！

海归美协创始成员有：

主席：潘公凯先生，原中央美院院长，著名画家兼资深设计师；

第一副主席谭平先生，著名留德海归当代艺术家，原中国艺术研究院常务副院长；

罗小华（留法艺术家），被推举为秘书长，深知艺术圈的行情，当一群男生聚集时，都希望让女生干家务活。

副秘书长古棕先生，著名留苏艺术家，北师大艺术教授。

海归美协的副主席们，我称之为"中国二环以内"的艺术家（排名不分前后）：

朱青生先生，著名留德美术史研究博士，北大教授，被"世界艺术史大会"推选为主席。

包林先生，著名留法艺术家，原清华美院副院长。

胡建斌先生，著名留日写实派油画家，人民美术出版社总编辑。

彭锋先生，著名留德艺术评论家，北大艺术学院院长，世界艺术史大会执行秘书长。

余丁先生，留美艺术史博士，中央美院人文学院院长。

王端廷，著名留法、意艺术评论家，中国艺术研究院美术研究所

海归美协创始人合影

研究员。

袁佐先生，著名留美油画家，清华美院教授。

胡伟先生，著名艺术家，中国美术馆副馆长。

李铁林先生，海归国画家，社会活动家。

2011 年至今 10 年，海归美协历经两任欧美同学会会长——韩启德会长和陈竺会长。

这两任会长都是医生，都是德高望重却毫无架子的"副委员长"。记得总会联欢时，韩启德会长加入男女生二重唱。到陈竺会长这任时，在人民大会堂金色大厅举办联欢会，取消"主席台"，副委员长兼会长混在"百姓学长"中间，一起站着围观看节目、一起吃饭——这是百年老字号"欧美同学会"的会风。

2011 年海归美协成立后第一件事，就是接受总会的命题报告"中国艺术市场危机"。

当我们将报告整理出来后，领导再次批示要求提出"解决办法"。

当时中国艺术市场风起云涌，很多人看不清云里雾里的时候，国家领导层高瞻远瞩，这让我很惊讶，也很佩服。

在从成熟市场归来的海归艺术家看来，当时中国艺术市场出现很多莫名其妙的游戏高潮（请见下一章分解），影响艺术行业的健康成长。"解决办法"恐怕要抓要害："艺术品估值问题"。WFA 世界组织联合九大组织共同研发"JIC"国际黄金标准模式，就是针对市场三方核心的"交易货币"，在世界各发达国家推行，而中国尚未引入。

同理，梳理"艺术品估值"将直接牵动市场的上下游和运营环节，使之规范。

海归美协有位特殊人物：苏××，原在中央工艺美院学习。她具备多年活跃在国际高层的阅历，充分理解这个环节的关键性和重要性。于是，我们共同推动国家资金扶持课题。

财政部某同志得知消息，六次找我了解"国际运营模式"。最终告诉我，"这是他们遇到的最好课题"。

海归美协创始人会议

但是在我们申请立项和资金过程中，遇到重重阻力。不仅因为这个主题在中国"鲜为人知"，还可能触动一些利益集团以及资本的敏感处；同时因为欧美同学会属于行政团体，申请国家文化方面的资金支持不对口。

我们付出种种努力，随着苏××的意外去世搁浅了。

这样重大意义的项目，不得不夭折在摇篮里。这个把国际模式搬到中国艺术市场的设想，随着一代人的离去，渐渐远去了。我相信，随着经济和文化逐步走向成熟，它或迟或早还会被重新提起。至今，中国艺术市场、艺术交易的相关行业，还没有令市场各方共识的"艺术品估

作者和海归美协主席潘公凯先生合影

值"体系。

海归美协第二个重大的努力，是"欧美同学会建会 100 年"。

一个世纪以来，中国各个行业的迅猛发展中，都留下海归学长们的足迹。周恩来、邓小平等老前辈的故事，出现在"欧美同学会百年历史"的展览中。

海归美协的精英们聚集到一起，商讨如何整理"海归艺术家 90 年"的历史，为欧美同学会的百年纪念留下美术行业的足迹，也为艺术圈的后人留下中外对接的足迹。

几经周折，一言难尽。但它最先提出，酝酿、探索和努力，充分体现了海归艺术家们的报国之心。

海归美协到了陈竺副委员长担任会长时，法国的阿法兰前总理和陈竺会长联合发起"中法文化论坛"，每年一次，分别在法国或者中国举行。这是个文化交流的好机会。海归美协准备多时，希望借此平台能促进"中法艺术论坛"。但中法之间的沟通程序上出现断层，也因我的连续三次手术而中断。

十多年来，海归美协的每一位成员，在市场大潮下，坚守艺术职业操守底线，保持纯净的初衷。每个人以自己的作品和阵地，发出正能量的声音。任何时代都会有这样的艺术家。

如今，创始人近乎退休，我把他们对祖国艺术行业的热爱和坚守、职业操守和种种努力记录下来。这代人没有完成的事业留给后人。

海归美协的艺术家们从成熟市场归来，究竟能在哪些方面为国内艺术行业做贡献呢？

我终于找到一个机会。把 2021 年 5 月 12 日的陕文投艺术讲座内容略微系统地梳理一遍，留给后代。他们能够踏着前辈的足迹，少走弯路，完成我们这代人的使命。

下面这些内容，是海归艺术家留给业内后人思考的话题。

中欧艺术金融比较讲座

（陕西文化投资集团艺术金融团队讲座）

（作者按：这个讲座也许引不起大众的兴趣，因为它的内容是指向小众高端群体。但我仍然把它整理出来，是因为这篇讲座稿，集中了中欧艺术教育与学术比较、艺术市场比较、艺术金融比较各方面的整个时代的总结和比较。它不仅使当下艺术行业的人能有一个比较全面的情况了解，更是给未来留下今天的剖析。也许，这就是海归艺术家对国内艺术行业最大的贡献，至少是这一代人多年探索的总结，仅供后人参考。）

朋友们，今天很高兴有这个机会与大家交流。艺术金融是个小众话题，能遇见很不易。

我先做自我介绍：我完成了三个中法美院教育比较、故宫书画鉴定与市场鉴定比较、中国鉴定与欧洲鉴定行业规范比较、中欧艺术市场行情与运营比较、中欧收藏家比较、中欧艺术市场的行业规范比较、WFA 世界机构的中国顾问 14 年。WFA 是世界 66 国成员的大品牌的买方组织，例如，宝洁、联合利华、微软，可乐等。为什么一个画家走进这样的机构？因为一方面他们都是我当年巴黎高端画廊的客户，也都是购买我作品的藏家，

讲座现场

如法国电力总裁或花旗银行总裁等客户。法国的画廊经常邀请艺术家与客户直接交流，使客户直接了解艺术家，也促进艺术家对客户的了解。国内画廊经常是避免客户与艺术家直接接触的。

另一方面，我们国家领导人也希望并委托我帮助中国进入 WFA 这个半个多世纪以来中国难以进去的世界买方组织。最终我以长年探索和努力，帮中国加入了 WFA。这样我也有机会完成了世界行业组织怎样梳理市场的比较，最大收获是对买方市场的最高层面的研究。买方群体是市场的原动力，没有这方面的研究和数据就难以客观估值，没有靠谱的估值体系就难以做艺术金融。这是今天讲座的核心。如果大家有什么问题，可随时提问交流。

一、先谈金融与艺术金融的比较

我先问一下，谁做过投资基金？记得巴菲特讲过，股票投资需要关注什么？首先会关注企业和它的产品，有没有未来大众的需求。比如可乐，看看百姓的关注度，再看看企业运营模式能不能推广。还要看看企业高管运营团队是不是精英团队？产品质量能不能长期站稳脚跟？社会接受程度如何？还有增长趋势预测、内行市场运营 / 品牌战略、投资群体分析等要素。不仅如此，市场中还有银监会、保监会的市场监督角色为投资者保驾护航。我仅仅是粗浅地学习，自己并不炒股。

那么，对比一下，看看历经十年的中国艺术金融，是怎样的生态链呢？

艺术金融生态链的评估。

1. 对标企业的艺术作品：按作品？按艺术家、年轻人、有阅历、传统、现代？

我们先比较一下中欧艺术职场的鉴定。

在法国，艺术家想从事艺术工作，首先要申请通过"艺术家职业评定委员会"的审查评估，才能成为职业画家。什么意思呢？就如同财经大学教授，教授不能成为会计师，需要会计师资质认证之后才能当会计师；政法大学教授不等于律师，中医大学教授不等于医师，要经过认证，艺术家也同样。

只有通过艺术家职业评定后，才能进入法国美术家协会。我的一位中央工艺美院老师，当年在巴黎就没有通过艺术职业评定，尽管他很优秀。

中国没有"艺术家职业鉴定"这个环节，只有体制内的画院。体制外大批画家没有行业组织为他们争取"职业认定资质"。因此外行买家进场也比较难以衡量。从投资角度，也许漏掉一大批好作品。

职业评定对于市场来说，是作品质量的一个基本保证。国内一突出现象是：以职务论价格，加上一大堆不相关的官衔，如某某主席、某某会长，价格就升。实际上内行人都知道：艺术作品的好坏，与官衔有什么关系？

凡是在美院学习过的学生都很清楚：张老师比李老师画得好，但李老师有某某官衔，而学生们仍然追张老师学习，这叫"内行"。令人惊讶的是，社会风气以官衔论价格。在外行的百姓面前，不相干的名头替代了艺术品性。

尽管有些担任职务的画家的确画得很好，但官衔不应是评价艺术的标准。一旦官衔成了标尺，水货会扰乱市场，对整个艺术群体的利益是一种侵犯。

著名书法大家启功先生生前有段视频非常宝贵，他说：事实上我写字没当会长时写得好点儿，我写得踏踏实实的。一当会长大伙都要求我写，这一下就成大路货了，都是伪劣产品。这是艺术大家的格局，诚实地一语道破艺术圈里的"皇帝的新衣"。

我相信这种价值观下的艺术交易，一定会在下一个成熟市场中被颠覆。

在法制健全的国家，行业组织会出面纠正这种非理性行为，会严肃地坚守艺术的品质为行业生存底线。因为这种行为将伤害艺术行业，将艺术引向歧路。

国际市场中的行业组织会努力引领业内成员和公众的基本价值观。

2.我们再看看艺术鉴定环节：欧洲的鉴定行业规则与惩罚制度。

在欧洲，文物或艺术品市场中的鉴定行业组织有严格规定：凡是鉴定错误的作品，一旦被买家证明是赝品，法院判决，高额的赔偿金会几倍于成交额，有时需几代家人偿还。这种市场行规，大大限制了制假造假的风气，为市场的生存保驾护航。尽管如此，仍然有不怕死的赌徒在造假，但至少极大地限制了制假。

一个假货泛滥的市场，会毁掉整个行业。

中国的艺术品制假成本很低。我母亲的邻居，一位安徽卖宣纸的农民，从拍卖市场买了一幅真品，然后雇用一位临摹高手临摹后，到拍卖市场拍卖。农民告诉我，他年利润2 000万。

2014—2016年间，我几次在北大总裁班讲课。学员里有上市公司老总，挨个请我吃饭，让我帮忙鉴定他们的收藏。我很难办，如果我讲出真话，他们的财富就打了水漂；如果我不告诉他们真相，他们留给子孙后代的将是一堆垃圾，而他们以为是千万家财。近十年来这样的买家我见过不少。

"泥沙俱下"的市场初级阶段，将同样会载入历史，前期试错成本太高。

3. 艺术运营：画商的缺失，十年艺术基金没有客户群。

为什么会出现上述的非理性现象？国内市场欠缺一个重要角色：懂行的艺术运营商阶层，上接艺术家，下接买家。内行引领外行，而不是外行挤走内行。

留住买家，就留住了市场三方的饭碗。而不是如同某著名拍卖公司的董事长在一次会议上形容的："一批批外行挤走了内行，一批批新外行又挤走老外行买家。"损失的不仅是买家，同样深受伤害的是真正的艺术作品受冷落。它关系到艺术创作方向、人才的大问题。

那么我们分析一下今天的艺术运营商。1994年我帮助引进在中国美术馆举办了夏加尔画展。15年后《当代艺术杂志》主编告诉我，如今崛起的当代艺术家中，80%得益于那次画展的影响。但是美术圈不知道的是，那次画展不仅从艺术上为国内打开一扇大门，还应为今天的中国艺术市场埋下一批优秀艺术运营商的种子。

1994年画展期间，夏加尔画廊老板对我说："罗女士，您可以帮忙与中央美院院长协商，我们愿意为中国艺术市场10年后的预期做艺术运营商的培训。我们需要挑选20名学习过美术史的学生，画得好坏不重要，学过绘画技巧就可以。我们准备把他们送到巴黎、纽约和东京的高端艺术市场画廊中去实践，仅仅一个画展如何摆放艺术作品这一个环节就需要5年。"

然而，1994年的中国业内并不具备预测市场的认知，错过了这个良机。

果然，10年后的2004—2005年，中国艺术市场一年又一年地创纪录。赚足了中国百姓的眼球和世界艺术圈的眼球。但是，艺术市场缺少中间艺术运营的层面，这在许多艺术论坛上被研究者提起。许多国内研究者已经意识到，在成熟市场里一级市场的重要性。

十几年后，我再次来到巴黎，问夏加尔画廊老板，为何十几年前您预测得那么准确——中国十年后的艺术市场会起来？老板回答："因为我们了解欧洲、美国和日本的艺术市场，都是这样的规律。经济复苏后先是股票，然后是房地产，再后是汽车，随后就是艺术市场了。经济规律大同小异。"这不是盲目的说辞，而是其他市场发展的规律。这就是海归艺术家特有的优势，具备两个不同市场的经历；只在本土一个市场中，没有比较和前瞻的眼光。

2021年4月，我和国内一位十年前艺术基金的明星老总谈及艺术基金运营。我问及他们运营十年有多少客户积累，他的回答是令我吃惊的"没有客户积累"。严格意义上说，很多艺术基金和很多画廊并不具备艺术运营商的素质。仅仅如同百货商店一样的"画店"，或者是集中很多资金的"画店"，只有买和卖，没有运营。

到今天为止，我在国内仍很少看到成熟画商的影子。多数画廊只有"开""关"的命运。

一个企业缺乏优秀的"市场营销运营"——好产品不等于好商品，能盈利吗？

当然，我推崇"欣赏作品为前提而不是投资作品为前提的艺术收藏"。

4. 我们再看看艺术圈的媒体：媒体会引导大众，同时也是市场价位推波助澜的工具之一。

在欧洲，具有公信力的媒体基本都坚守新闻职业操守：拒绝被收买。中国有的艺术媒体的专业评论成为追求利益的工具。不仅各类文章如此，有的艺术杂志也是如此。一些专业美术馆也早已变了味道。钱的诱惑，扰乱了大众对艺术的认知，产生了更多外行的买家。

记得20世纪90年代初期，法国政府为我举办画展，在巴黎官方画廊。画廊雇用自己的评论家，也许是对我的主题创作"女娲补天""后羿射日"不理解，或者他并无感受，没有为我写文章。一般的商业画廊是有义务为画家做学术研究的。我尊重评论家的独立角色，但这并不影响我出售我的作品，开幕式第一天就卖出10幅作品。这在每天几十个画展开幕的巴黎，战绩颇为壮观。评论家谢绝为我写文章，并不影响观众们热情洋溢的留言——"金子般闪光"等众多赞美之词。

如今在我的艺术档案里，很多法国媒体报道或电视台做节目，我从没给过他们一分钱。

这是不被金钱左右的"真实艺术舆论"，无须包装，无须夸张，更不需要忽悠观众。

这样的成交额是真实的，没有水分，便于买家客观评估。

这是成熟市场与初级市场的区别。如果说预测，未来市场一定会朝这样的方向发展。

5. 我们分析一下最重要的环节：艺术品购买市场。

在国内艺术市场的成交数据中，没有公开买家的真实数据。很多成交额藏有大量水分几乎是圈里公开的秘密。这些成交额组成的指数，难于判断真正买家的整体状况。也许有人会说，大数据就能判断大趋势，那么我们看一下成熟国家怎样做的。我们了解一下最大买家——世界组织WFA是怎样稽查真实交易数据的。

作为买方联盟的世界组织 WFA 与另外两个世界机构——卖方和代理方世界组织等，为了将市场投资指数去水分化、透明化，联合了九大世界机构联合推出了"JIC 国际黄金标准"稽查模式。这个模式是市场交易中的买方、卖方和代理方共同需要的"货币"，尽可能真实的数据是三方共同的需求——根据数据决定投资。为了杜绝数据作假或采集数据过程中不科学造成水分，三方行业组织各自代表本行业的利益，共同与九大世界组织联合研发了这个标准模式。根据这个标准模式，三方共同稽查数据提供方的一些要害环节，最终达到比较客观的指数数据。

数据制作方积极配合这种稽查，因为只有积极参与这类稽查，才能证明你的数据是去水分的，是尽可能公正的，是可以为市场中的交易三方共同参考和使用的。

这就是成熟市场的标志。

作为 WFA 唯一的中国顾问，据我所知，这个"JIC 国际黄金标准模式"至今没能成功引进中国。

在许多需要这个工具的行业里，水分数据仍然在盛行。

对买家的专业研究和真实交易额的数据，是艺术金融投资的核心问题。没有买家真实交易数据的研究是不可行的，只有卖方一厢情愿是难于做交易估值的。

记得 10 年前，国家工商总局高层领导到 WFA 访问回来告诉我："我们中国市场中许多找不到的数据，居然在 WFA 都能找到；我们在忙于总结过去的时候，他们在研究预测未来。"这就是成熟市场与初级市场之间的差别。

这些海归艺术家带回的经验有助于我国同类市场的前进有方向、有比较、有进取路径。

6. 中外金融投资家虎视眈眈的"艺术品估值体系"。

欧洲的行业组织通常会对业内的一些相关价格做出一些常规性的"量化成本"考量行情，提供给业内交易各方参考。国内某些领域也做这种

"行情评估价"，比如"钱币市场"就经常发布"行情评估价"，但在书画市场中没见过。

按照这样的规律，艺术品价格的考量需要一些量化和质化的元素。比如国际艺术市场，对水彩画、油画、版画各有考量价格的行情和分类。再比如创作成本的量化考量：一幅"开国大典"的画作与一幅山水花鸟的创作，构思构图创作所付出的劳动相差太大。山水花鸟多少有临摹古人的成分，而"开国大典"这类的创作，则需要反反复复地推敲，技巧另说。此外，还会斟酌作者的各种历史元素等。这仅仅是一方面。国内市场很多买家是即兴甚至国画按照"尺寸"计算价格，国画的空白尺寸也算价格。这是成熟市场与初级市场的比较，会不会成为未来的纠正元素目前不知道。但合不合理，大家都心知肚明。

这些欠缺推敲的基础元素形成某些交易行情，如何成为比较令人信服的估值体系？

其次市场接受程度、买方数据是另一重要指标。但在研究市场时，缺乏"买方数据"的整理和判断，很难完成相对公正的"估值"参考系数和体系。

7. 最后，投资银行的基金要看操盘人。那么，投资艺术基金是否需要高手呢？

2010 年国内艺术金融风起云涌，出现各种形式的探索，几乎都尝试用"金融模式套用艺术交易"，却忽略了一个很要害的问题：艺术品不是企业大批量的产品，特点是个性化、创新化。每一幅作品和每一笔交易，都与批量化产品的规律、特点不同。

金融投资要求回报期，而艺术市场并不是时间到点就盈利。上述种种环节的水分，加上十年来多数"艺术基金"操盘人并非成熟的艺术运营商，这是大多数金融投资失败的关键。

从上述的比较，我们不难看出，中国艺术市场仍处于"初级阶段"。尽管媒体报道"世界第 × 大艺术市场"，但国际内行们都懂得。

我们不能忽视的一个事实是：大笔钱出来了，并吸引了前赴后继的买家！

所以，在海归美协建立初期，从成熟市场归来的艺术家们，面对云里雾里的初期市场，有学长曾提议：应该成立艺监会（相对于银监会，保监会）。

二、中国艺术生态环境分析

产品方生态。

1.学院派：2000 所美院，如何选拔？

我们需要关注以下的历史：国内很长一段时间只有八大美院。记得 1977 年考学很难，我是千名考生前六名之一，仍然九起九落。最后录取我的那个专业只有我一个人，美院不得不把我放到二年级同学中。即使如此，整个班也不过十来个同学，全系的老师们精心雕琢。

2006 年我参加美院院长会议，那时已经有 1200 多所美院。如今估计超过 2000 所美院，令巴黎美院校长张大嘴：那么多艺术教授是突击出来的吗？

每年几十万的美术专业学生毕业。2010 年我的一位助手——央美的美术史研究生说，全班上百人，毕业时老师都叫不出名字！这是培养艺术家吗？

全系老师精雕细琢培养出来的学生，和大批叫不出名字的学生，教学质量能一样吗？我从世界广告主联合会获得的数据是，中国的广告市场创意美术设计，70% ～ 80% 市场份额不在大陆美院毕业的本土艺术设计师手里。

尽管如此，我们赶上高科技创作的时代，电子工具解决了不少问题。但是艺术家的功底，恐怕单靠高科技是不能替代的。

这种生态，对成熟画商或成熟艺术基金来说，挑选合适的艺术家合作会面临很大考验。

2. 中国学院派教育与国际相比，"创作教学"缺乏深度和力度。

我们都知道欧洲不认传统国画。其中一个原因是，学习国画主要靠临摹起步。很多国画作品的确很精彩，但总是有老祖宗的影子，缺少现代创作元素。

一些国画家试图探索创作新路，但很难突破百姓欣赏传统国画的习惯。

也许，多年历史积累的教学模式、国内美院的教学，在创作教学的道路上，颇为艰难。我在巴黎高等装饰艺术学院学习时，一个主题老师要求画一百个草图，挑选一个后再进一步画一百个草图，几经反复推敲，最后老师画龙点睛。这种创作过程，我读书的几个国内美院几乎没有。

成熟市场崇尚的是"艺术创作"，"创作"成分很重要，忌讳"模仿"。我相信未来艺术市场能够留下来的作品，一定是"艺术创作元素"为重头的作品。一幅作品推敲得怎样，是不是成熟，厉害的画商是看得出来的，糊弄不得的。

这也许是投资参考系数之一。

3. 年轻艺术家面临的问题。

我常常听到一些艺术基金这样定位投资年轻人：便宜。

客观地说，对年轻艺术家我主张是"扶植"。因为我们一路走来，当年优秀的学长们很多夭折在毕业后的生存问题上。如同攀登高峰，中途因为不擅长人际关系，不擅长经营生活，不得不改行。就像楼花，不到最后很难说是不是预想的楼层。特别是一些年轻人，阅历浅，没见过大师就自称大师。这很不利于年轻人成长，更不利于投资。

4. 成熟画家面临的问题：成熟画家的优势，是画商或买家已经看到这个艺术家一生的各个阶段，便于研究和找出他的闪光点和精华作品，还有作品的历史背景，具备文化元素的传播内涵。就像"成品楼"看得见摸得着，而不是"楼花"的未知。

但成熟画家也存在一些风险。传统派的风险：制假成本过低，会流行一个阶段。确真确权是要害。而当代派则审美混乱，个性化收藏，难于形成个性化客户群。

从艺术投资角度，"楼花"与"成品房"相比："成品房"抗风险率高于"楼花"。困难在于：鉴别真伪和寻找未出镜的优质艺术家，因为中国缺少成熟画商。

但是有一个规律值得重视，就是任何时代、国家，不管成熟或初级市场，都有漏网的优秀艺术家和优秀作品没有被画商发现，这就是投资与运营的机会。

我在巴黎的房东年事已高，我住在她家一单间里，有一天发现里间满满一房间画作。我请来巴黎东方艺术主任——著名艺术家和评论家熊秉明先生，和中央工艺美院教授一起欣赏。大家一致认为："这批作品完全不亚于马奈、莫奈的水平，是印象派时期优秀作品。"这样的宝藏，就很适合做艺术基金；它质量优秀，史料完整，作品数量可观。

运营方：前面已经讲过，严重缺乏成熟的画商，这里不再重复。

买方生态。

1.近年来国内市场上出现收藏家出手难现象，他们之间不流通也是原因之一。我曾经邀请过几位收藏家谈论这些事，基本上谁也不服气谁。

对某著名企业收藏大库作品的研究显示：缺乏流通，价值观不统一，信息不对称。

一些很优秀的作品几乎没能进入市场，而一些出尽风头的作品，在大库的名录里却并非最优秀的作品。

在欧洲，像吕霞光这样的高端专业的收藏家都知道，哪些好东西在谁手里，收藏家之间经常进行交易活动。同时社会上有专门为收藏机构探宝的"顾问""经纪人"做场下交易，当然还有成熟的画廊。各种艺术展览很频繁。一个艺术家或收藏家可以参与各种机构的展览、社区展览或节假日的销售活动。这就为作品的流通增加了很多机会和渠道。但国内销售渠道比较少，艺术投资有很大局限性。

2.市场关键环节：画商欠缺，导致流通领域比较脆弱，专业眼光局限了很多交易。

3.某著名拍卖公司董事长发言指出："新买家特点，往往对过去的成交价没有太多概念。他们不清楚某件东西应该多少钱，而是按照自己在现场的直觉来竞价。这也是现在不断出现让人惊奇的高价原因之一。""外行挤走了内行"，各自成为独立群。

4.买方市场：当代收藏界几位大家——谁能接盘？我最近一两年见过一些收藏巨多的收藏家，家里，库房里，或某些地点存放了大量收藏品，普遍问题都是出手困难。

5.中国富人在经济发展阶段开始需要这个功能——"区别社会阶层和个人身份的文化载体"。

进入这个阶段，市场与改革开放之前相比已经相当大了。

6.年轻一代开始追逐时尚和猎奇，但购买价格都不高。

7.国内收藏家、买家之间缺乏交流，不互通，缺乏市场性质的行业组织，造成很多环节的堵塞。我曾经和北京一些大收藏家聊过，讲述收藏家之间交流的必要性。收藏家之间经常会彼此瞧不起，这极大地影响了交流。

事实上，世界级别的大收藏家，几乎都很清楚他们需要的在谁手里、自己想出售的藏品谁可能购买。很多时候，在拍卖场上买藏品，而在私下卖出是他们经常的做法，与国内买家不一样。我觉得他们的理念更成熟一些。

比如在 WFA 世界品牌组织里，宝洁和联合利华是竞争关系；可乐和百事可乐是竞争关系；爱芬和雀巢是竞争关系。这些并不影响大家在一起交流共同需要的规则和需求。

即使收藏家们有自己的审美观，看不上对方的审美，那有什么关系？只要你想出手的藏品对方可以接手，就可以了。总不能指望老百姓购买你那昂贵的藏品吧？但国内似乎这扇门很难打开。这就使买家信息闭塞、出手渠道单一、交易出口稀少，难以盘活资产和市场，造成更多信息不对称的交易。

国内艺术市场出现的问题。

1. 很多交易质价不符：当前尤其书画值得关注；"怎样估值"是一个关键问题，估值理念深入买卖双方市场，才能理性化。

2. 盲目追逐"名头"。

3. 不同时代审美评判标准不同，造成人们认识上的偏差。

4. 审美价值取向上，专家学者与市场买家不同步。

5. 艺术产权不明晰带来风险。

6. 艺术品成为新宠时，信息不对称交易充斥市场。

三、中欧比较后的预测

如果我们事前知道股票的走势，投资就能盈利。但现实生活里，如果从成熟市场走向初级市场时，会不会预知很多问题的发生和走向呢？

艺术品功能是什么？其中之一是"区别社会阶层身份的文化载体"。这个心理的内在元素，成为世界奢侈品商人的根基。

生态环境比较。

中国买家：1. "投资"钱生钱的欲望远高于欣赏和收藏的欲望。2. 送礼的需求，在国家反腐后，市场缩水。3. 布置宾馆或家居。4. 其他。

欧洲买家：1. 人文价值：人生需求"进入高层社交圈的护照"意识。2. 家底雄厚的艺术收藏成为传统和家族文化。3. 有投资倾向的收藏家。4. 社会基础广泛，特别是"人文价值"往往高于"金钱价值"。

记得 1994 年我们在中国美术馆举办百幅夏加尔画展时，中央台记者随机采访阿兰·佩雷菲特先生，他能随口讲出夏加尔的生平故事。事后，我请参议长夫人写一篇观后感，夫人很爽快地写出有分量的文章。

在我帮中国政府商谈某些合作时，法国外贸部长听说我是艺术家，大部分时间在和我畅谈艺术，最后一分钟谈合作，立刻签字。这种艺术深入人文的厚度，很令人羡慕。

另一个案例：北京有个尚八艺术中心，是法国电力总裁夫人组织的，周末经常邀请在华法国企业家们，进行艺术哲理的畅谈和研究，刺激并协调日常的企业陈规。

2014 年我接受一个国内课题：调研法国如何将艺术作为 GDP 支柱之一的经验。

调研中，法国官方告诉我，在法国人看来，"艺术是社会的'针'，时时刺激平庸的思维，碰撞出火花和新创意。同样用在社会管理和企业管理以及日常生活中"。

法国政府有个政策：只要你是成功艺术家，就给你法国国籍；法国从来不讲民族艺术，而法国的艺术处于全世界的领先地位。

上述案例比较结论：艺术品价值和功能是丰满的，国内仅仅挖掘了一小部分，缺乏挖掘更多群体对生活的需求、对艺术需求的潜意识。

我们举一个案例：

2012 年，我受邀请去平顶山参加艺术拍卖会。区政府让矿老板们到北京把拍卖艺术品交易引到本地，增加本地的税收。

大家知道平顶山在艺术市场中，连二级地区都够不上。估计了解齐白石的人都不多，怎样做艺术拍卖？我提议，在拍卖前我做一个讲座，当地政府答应了。

记得当天晚上 5 点，当地政府为我接风。晚餐上几个回合后，主人立即给河南省电视台著名主持人打电话："快来！这里有位大师。" 7 点，电视主持人带着摄像师赶到饭局，我们交流了一会儿，我送主持人一本书《从故宫到巴黎》。

第二天早上 7 点，主持人通知我："罗老师，我一口气看到半夜，您准备一下 9 点整上电视直播。"两小时电视直播，以问答形式回答观众感兴趣的话题。

电视直播结束后，电视台长对我说："就连我都想买艺术品了！"

第二周，开始作品拍卖程序。我带去一幅比较抽象的油画。

拍卖中，一间小小演播室有几十个客户。我报的是无底价，目的不在销售，而在试验我的讲座能不能在一个小城市的市场有效应。

拍卖结束后，我追踪买家为何要买我这幅作品。买家回答："我们是房地产商。您讲座之前我们肯定不会买，但听了讲座，如同窗户纸捅破，立刻明白了！我建议您下次来平顶山不要在这个偏远区，而到市中心五星级酒店，我保证您的作品每一幅百万以上！"

这个案例说明，中国市场不缺钱，而缺少有经验的开发。

我们看看那些成功的国际艺术金融是怎样运作的。

首先，艺术保险在欧洲比较成熟。是悠久历史上多次名家名作展览的时候艺术保险的需求促成的。几乎每个高档艺术画廊，都有艺术保险的身影。

在巴黎总统府大街附近的 CASTILL 画廊代理我的作品的时候，一天半夜画廊保险系统报警，警察立刻来了，有效地使画廊规避了损失。

世界大收藏家之一吕霞光先生的藏品宝库，都有保险线路图，艺术保险在欧洲很普遍且历史悠久。

艺术保险的长久存在，相应就有艺术品估值。我认为在欧洲艺术估值是比较容易做的，因为市场阶层比较清晰。高端市场和大众市场分明，每个市场中的基本共识比较统一。在流程的各个层面上，具备市场共识和基本规范，都会给艺术品估值起到作用。

有了公认的估值规律，即可推理其他艺术金融的发展空间，比如艺术品家族信托。但我没有亲身经历过，无法细说。

其次，法国绝大多数的艺术基金是非营利的，好处是能够免税。但基金需要赞助一些社会公益事业，或者将销售艺术品的资金，用来推广艺术而不是盈利或分红。

近十年来，国内引进各种国际艺术方面的讲座，数不胜数。我们看到，成功案例是"英国铁路基金"。分析实例后发现，英国铁路基金的成功并非偶然，是因为出资方与运营方的合理组合。资本方寻找的是有经验的艺术运营商。又回到我们前面反复提到的"专业的艺术运营商"。国内艺术基金运营者，多数是金融人才而不是画商。这是很关键的环节。资金可以是个人或集体融资，只解决资金来源问题，而运营才是艺术投资成败的关键，因为艺术市场的规律不同于其他金融市场。

巴黎美爵艺术基金是同样路径：尽管最初是欧洲多家银行的共同股东，但运营的模式，仍然走欧洲高端艺术运营商的路径。特点是比法国画廊的合同要严谨得多，丰满得多，这也许是金融人才对艺术运营增加值的节点。

相比之下，国内艺术基金多数是重投资、轻运营，成功案例少之又少。

欧洲艺术基金的特点是：清晰的客户群、清晰的目标定位、精准挑选合作艺术家、商业运营模式的精准把握、丰富运营手段、人文理念等要素的综合。

对中国的艺术市场，犹太画商这样评估："5 年后再来中国看看。"言外之意等待中国自我调整、自我成长。

最近我们看到（2021 年 5—6 月）中国艺术市场的拍卖，在继续着作品价格从几十万到几百万、几千万、上亿元的交易成绩，这足以刺激一些国内的有钱阶层。对某些资本来说，不看重规则，只看重下一家买单。

而我认为，关注一代交过学费的画商和买家，关注艺术教育与艺术人才的走向，关注一个时代学会精准投入和梳理过程——这个过程走向成熟，就是真正的春天！因为很显然，经济能力已经具备。新客户群体的培育会随着社会人文的改变而与先前不同。

小结：国内的艺术金融能不能做？怎样做？

个人拙见：国内艺术金融正在探索，模式与国际不同。

任何探索都无可厚非，也都必然经历付出代价的过程。但艺术金融需要强调一个基本价值观，尊重一个重要规则，那就是"文化引领资本，而不是资本操纵文化"。金融是把双刃剑，大笔资金进场，扶植什么就红火什么。

中国五千年文明是立于自信和根本之上，如果资本追逐利润，不顾假货盛行，我们的后代很可能会分不清哪些是中华文明，哪些是水货，这就断了我们的根。

今天我们强调保护艺术，强调规范，强调学会运营，强调精品，就是为发扬光大我们祖国的文化艺术。金融具有巨大的推动力，如果金融能够遵循艺术市场的特点和规律，就能更好地起到保护、促进艺术发展，保护国家利益和中华文明的发扬的作用。

成功秘诀只有一个：学习先进经验，向高手反复学习。看东西，看市场，看人。

粗浅拙见，仅供参考，欢迎大家交流提问题。

作者在"中欧艺术金融讲座"上做主题演讲

2021 年 5 月 21 在西安

《后羿射日》

后

记

20世纪70年代初，我为学习艺术几近疯狂。我享受这种青春期的疯狂，嫁接在艺术的载体上。我奔跑，我狂欢，我用尽青春力量的所有，去追逐，甚至不怕"闯祸"带来的挫折，一概在所不惜。那是一生中最肆无忌惮的时期。

90年代初，我不在乎西方社会喜欢什么，我只把中国古典文化以绘画方式带到巴黎，竭尽全力敲开"芝麻"大门，为传播中国文化和爱好中国文化的西方朋友，搭起一座桥梁。管他什么大师，管他什么高价，管他什么头衔！

只要能生存，我尽力完成我的使命。

归国后从事比较艺术，我不在乎国内艺术追捧什么，不在乎艺术市场捧什么，更不在乎国内艺术市场的潜规则。"价格飙升"不能作为艺术家创作的目标。我在乎的是，我理解了我的时代；我的视野中所涉及的中西文化之间的比较，给国内和国外的朋友们带回一些中西文化比较后的思考。

如早期一部翻译片《三海旅行》中，最后主人公回到家乡，深深地亲吻脚下的土地。晚年，我离开了恩师和导师们的轨道，离开了我终身奔跑的"中西文化"之间的小路，我曾经师过古人也师过造化，我同样离开了"师古人不如师造化"……生命走到了知天命时期，我终于回归人性。我在乎的是探索"生命的真谛"是什么？艺术是为生命服务的工具，我能不能启动它，为生命的愉悦，唤醒它；美妙，能不能陪伴人生到最后一秒？

我爱森林，很想深深地爱一棵大树。我走过一排排大树，最终找到最后一棵。

这，也许是我对艺术一路陪伴的归宿。

罗小华

2022年5月

罗小华部分作品

《中国长城》

《女娲补天》

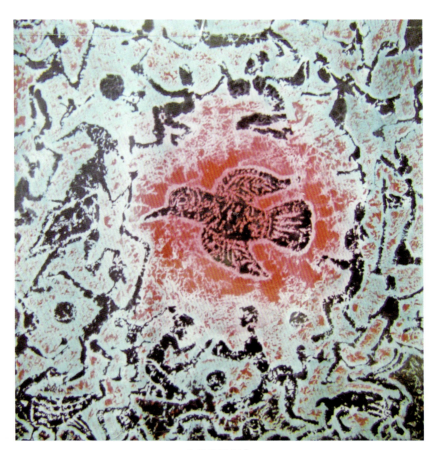

《夸父追日》

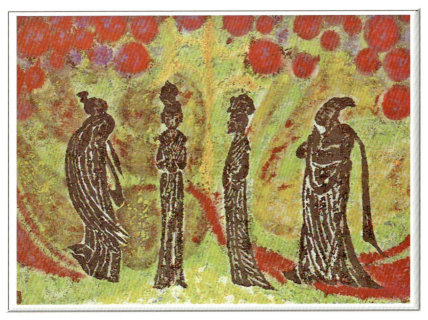

《京剧》

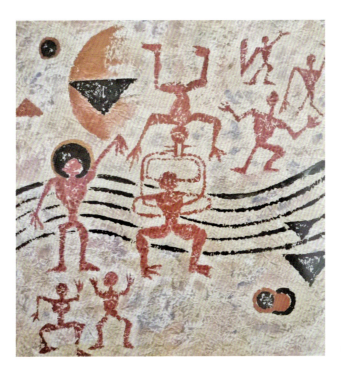

《乐》

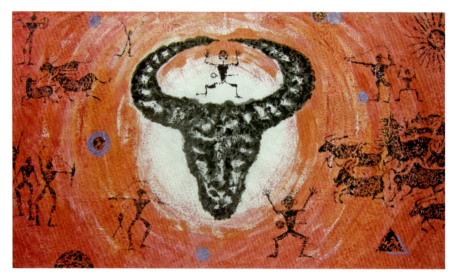

《红原野》

《双牛图》

《神州图》

《飞天》

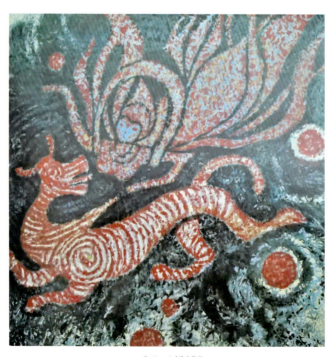

《飞天麒麟》

《狂奔》

《圣诞》

《牛郎织女》

知识分子的精神家园